中华文化
大博览

穿越古今的

古桥古道

郭艳红 编著

中国出版集团　现代出版社

图书在版编目（CIP）数据

穿越古今的古桥古道 / 郭艳红编著. -- 北京 ： 现
代出版社，2017.8
ISBN 978-7-5143-6488-0

Ⅰ．①穿… Ⅱ．①郭… Ⅲ．①古建筑－桥－介绍－中
国②古道－介绍－中国 Ⅳ．①K928.78

中国版本图书馆CIP数据核字(2017)第223450号

穿越古今的古桥古道

作　　者：郭艳红
责任编辑：李　鹏
出版发行：现代出版社
通讯地址：北京市定安门外安华里504号
邮政编码：100011
电　　话：010-64267325 64245264（传真）
网　　址：www.1980xd.com
电子邮箱：xiandai@vip.sina.com
印　　刷：天津兴湘印务有限公司
字　　数：380千字
开　　本：710mm×1000mm　1/16
印　　张：30
版　　次：2018年5月第1版　　2018年5月第1次印刷
书　　号：ISBN 978-7-5143-6488-0
定　　价：128.00元

习近平总书记在党的十九大报告中指出："深入挖掘中华优秀传统文化蕴含的思想观念、人文精神、道德规范，结合时代要求继承创新，让中华文化展现出永久魅力和时代风采。"同时习总书记指出："中国特色社会主义文化，源自于中华民族五千多年文明历史所孕育的中华优秀传统文化，熔铸于党领导人民在革命、建设、改革中创造的革命文化和社会主义先进文化，植根于中国特色社会主义伟大实践。"

我国经过改革开放的历程，推进了民族振兴、国家富强、人民幸福的"中国梦"，推进了伟大复兴的历史进程。文化是立国之根，实现"中国梦"也是我国文化实现伟大复兴的过程，并最终体现在文化的发展繁荣。博大精深的中国优秀传统文化是我们在世界文化激荡中站稳脚跟的根基。中华文化源远流长，积淀着中华民族最深层的精神追求，代表着中华民族独特的精神标识，为中华民族生生不息、发展壮大提供了丰厚滋养。我们要认识中华文化的独特创造、价值理念、鲜明特色，增强文化自信和价值自信。

如今，我们正处在改革开放攻坚和经济发展的转型时期，面对世界各国形形色色的文化现象，面对各种眼花缭乱的现代传媒，我们要坚持文化自信，古为今用、洋为中用、推陈出新，有鉴别地加以对待，有扬弃地予以继承，传承和升华中华优秀传统文化，发展中国特色社会主义文化，增强国家文化软实力。

浩浩历史长河，熊熊文明薪火，中华文化源远流长，滚滚黄河、滔滔长江，是最直接的源头，这两大文化浪涛经过千百年冲刷洗礼和不断交流、融合以及沉淀，最终形成了求同存异、兼收并蓄的辉煌灿烂的中华文明，也是世界上唯一绵延不绝的古老文化，并始终充满生机与活力。

中华文化曾是东方文化摇篮，也是推动世界文明不断前行的动力之一。早在五百年前，中华文化的四大发明催生了欧洲文艺复兴运动和地理大发现。中国四大发明先后传到西方，对于促进西方工业社会发展和形成，起到了重要作用。

中华文化的力量，已经深深熔铸到我们的生命力、创造力和凝聚力中，是我们民族的基因。中华民族的精神，业已深深植根于绵延数千年的优秀文化传统之中，是我们的精神家园。

总之，中国文化博大精深，是中华各族人民五千年来创造、传承下来的物质文明和精神文明的总和，其内容包罗万象，浩若星汉，具有很强的文化纵深，蕴含着丰富的宝藏。我们要实现中华文化的伟大复兴，首先要站在传统文化前沿，薪火相传，一脉相承，弘扬和发展五千年来优秀的、光明的、先进的、科学的、文明的和自豪的文化现象，融合古今中外一切文化精华，构建具有中国特色的现代民族文化，向世界和未来展示中华民族的文化力量、文化价值、文化形态与文化风采。

为此，在有关专家指导下，我们收集整理了大量古今资料和最新研究成果，特别编撰了本套大型书系。主要包括巧夺天工的古建杰作、承载历史的文化遗迹、人杰地灵的物华天宝、千年奇观的名胜古迹、天地精华的自然美景、淳朴浓郁的民风习俗、独具特色的语言文字、异彩纷呈的文学艺术、欢乐祥和的歌舞娱乐、生动感人的戏剧表演、辉煌灿烂的科技教育、修身养性的传统保健、至善至美的伦理道德、意蕴深邃的古老哲学、文明悠久的历史形态、群星闪耀的杰出人物等，充分显示了中华民族厚重的文化底蕴和强大的民族凝聚力，具有极强的系统性、广博性和规模性。

本套书系的特点是全景展现，纵横捭阖，内容采取讲故事的方式进行叙述，语言通俗，明白晓畅，图文并茂，形象直观，古风古韵，格调高雅，具有很强的可读性、欣赏性、知识性和延伸性，能够让广大读者全面触摸和感受中国文化的丰富内涵，增强中华儿女民族自尊心和文化自豪感，并能很好地继承和弘扬中国文化，创造具有中国特色的先进民族文化。

桥的国度——穿越古今的著名桥梁

天下第一桥——赵州桥

　　鲁班兄妹打赌修桥　　　　　　004

　　李春设计建造赵州桥　　　　　011

　　雕塑艺术与历次修缮　　　　　022

苏州第一桥——宝带桥

　　仙女玉带化作宝带桥　　　　　028

　　王仲舒修建宝带桥　　　　　　031

　　宝带桥的千古美名　　　　　　036

最古立交桥——鱼沼飞梁

　　汇聚著名泉潭池的晋祠　　　　040

　　鱼沼飞梁的建构与美誉　　　　044

海内第一桥——洛阳桥

　　吕洞宾助蔡襄造桥　　　　　　050

　　蔡襄主持修建洛阳桥　　　　　061

　　洛阳桥的千秋佳话　　　　　　068

天下最长桥——安平桥

　　道人铲除孽龙并造桥　　　　　076

　　僧祖派主持在泉州建桥　　　　081

江南第一桥——广济桥

　　仙佛造桥的美丽传说　　　　　090

　　历任太守修建广济桥　　　　　095

明代知府王源劈石造桥　　　　　103

广济桥的美名远播　　　　　　　109

京西锁钥——卢沟桥

　　神仙老汉帮建卢沟桥　　　　　118

　　金朝两代帝王令建桥　　　　　124

　　康熙皇帝重建卢沟桥　　　　　130

　　乾隆皇帝与卢沟晓月　　　　　135

　　卢沟桥地域人文风情　　　　　145

西南最长桥——祝圣桥

　　祝圣桥的魁星阁传说　　　　　156

　　祝圣桥的建构与美誉　　　　　162

古桥天姿——千姿百态的古桥艺术

侗乡之宝——风雨桥

　　风雨桥的花龙传说　　　　　　170

　　三楚第一桥龙津风雨桥　　　　175

　　广西三江的程阳风雨桥　　　　179

情人之桥——断　桥

　　神仙助段家夫妇修桥　　　　　184

　　西湖断桥的历代美誉　　　　　187

最美廊桥——彩虹桥

　　二胡合力共筹建彩虹桥　　　　192

　　婺源彩虹桥的构建之美　　　　197

最大石梁桥——江东桥

    神虎负子渡江助建桥   204

    江东桥的建造奇迹   208

扬州城徽——五亭桥

    美好姻缘促成桥的修建   214

    "中国月亮城"的美誉   219

石雕宝库——五音桥

    鲁班助奚何建五音桥   224

    文人骚客称赞构建之美   229

最古跨江桥——铁索桥

    铁索桥的建造传奇   238

    贵州关岭花江铁索桥   244

长虹卧波——玉带桥

    双祝河东坡造桥记   248

    江西信丰的玉带桥   251

    颐和园中的玉带桥   256

独特之美——十七孔桥

    鲁班助建十七孔桥   260

    颐和园的十七孔桥   265

    双龙桥的修建传说   270

    云南建水的十七孔桥   275

著名夫妻桥——安澜桥

    动人的修建传说   280

    悠久的历史与美誉   284

廊桥之乡——泰顺廊桥

    与风雨相随的修建传说   290

    建桥的起源与特点   295

    不断发展的历史传承   300

古道依稀——古代商贸通道与交通

商贸纽带——陆上丝绸之路

    古代丝绸业兴起发展   308

    丝绸之路显现的雏形   315

    西汉张骞开辟丝绸之路   324

    班超正式打通丝绸之路   335

    唐宋丝绸之路二度繁荣   349

    宋代丝绸之路继续拓展   363

    元代丝绸之路走向衰落   373

文明桥梁——海上丝绸之路

    商代箕子开辟海上丝路   386

    三国孙权拓展海上丝路   395

    唐宋海上丝路继续发展   402

    元代海上丝路逐步完善   412

    明代海上丝路达到极盛   420

    清代海上丝路逐渐没落   430

汉藏通途——西部茶马古道

    隋唐首先开辟茶马古道   438

    明清茶马古道继续发展   446

    茶马古道富有文化内涵   455

    茶马古道的繁荣和发展   464

桥的国度

——穿越古今的著名桥梁

赵州桥

赵州桥建于605年前后，由隋代著名匠师李春设计和建造，已有1400多年历史，是世界上最早和保存最完整的石拱桥。

赵州桥又名"安济桥"，位于河北省赵县的洨河上。赵州桥是一座单拱桥，拱长达37.02米，在当时可算是世界上最长的石拱。

桥洞不是普通半圆形，而像一张弓，桥面平坦宽阔，成为"坦拱"，兼顾了水陆交通，方便了车马通行。古人用"初月出云""高虹横水""奇巧甲天下"来形容赵州桥的绝妙。赵州桥曾被评为国际土木工程里程碑，被誉为"天下第一桥"。

鲁班兄妹打赌修桥

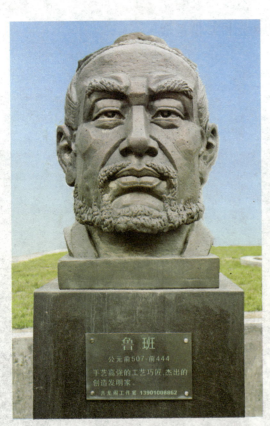

传说是在古时候，木匠祖师爷鲁班领着妹妹鲁姜走到河北赵州城的南洨河渡口，一条白茫茫的洨河拦住了去路，河宽水深，风高浪急。

河边上推车的、担担的、卖葱的、卖蒜的、骑马赶考的、拉驴赶庙会的，闹闹嚷嚷，争着过河进城。河里只有

■ 鲁班（前507—前444），姓公输名般，又称公输子、公输盘、班输、鲁般。故里在山东滕州。春秋末期到战国初期鲁国土木工匠。鲁班是我国古代一位出色的发明家，2000多年以来，他的名字和有关他的故事，一直在广大人民群众中流传。我国的土木工匠们都尊称他为"祖师"。

■ 赵州桥

两艘小船摆来摆去，半天也过不了几个人。

鲁班看到后，就问他们："你们怎么不在河上修座桥呢？就不用每天在河里穿梭了！"

人们都说："这河又宽、水又深、浪又急，谁敢修哇！打着灯笼，也找不着这样的能工巧匠！"

鲁班听了心里一动，和妹妹鲁姜商量好，要为来往的行人修两座桥。

于是，鲁班就对妹妹说："咱先修大石桥后修小石桥吧！"

鲁姜说："行！"

鲁班说："修桥是苦差事，你可别怕吃苦啊！"

鲁姜说："不怕！"

鲁班说："不怕就好。你心又笨，手又拙，再怕吃苦就麻烦了。"

这一句话把鲁姜惹得不高兴了。她说："你别嫌

庙会 又称"庙市"或"节场"。是指在寺庙附近聚会，进行祭神、娱乐和购物等活动。庙会是我国民间广为流传的一种传统民俗活动，是一个国家或民族中被广大民众所创造、享用和传承的生活文化。

■ 赵州桥石栏板

我心笨手拙，今个儿，咱俩分开修，你修大的，我修小的，和你比赛一下，看谁修得快，修得好。"

鲁班说："好，比吧！啥时动工，啥时修完？"

鲁姜说："天黑出星星动工，鸡叫天明收工。"

一言为定，兄妹俩于是分头开始准备。

鲁班不慌不忙地溜溜达达往西向山里走去了。鲁姜到了城西，急急忙忙就动手。她一边修一边想：等着瞧吧！我非赢不可！果然，三更没过，她就把小石桥修好了。

随后，鲁姜悄悄地跑到城南，看她哥哥修成什么样子了。她来到城南一看，河上连个桥影儿也没有。鲁班也不在河边。她心想哥哥这回输定了。

当鲁姜扭头一看，西边太行山上，一个人赶着一群绵羊，蹦蹦蹿蹿地往山下来了。等她走近了一看，原来赶羊的是她哥哥。

哥哥哪是赶的羊群哪！分明赶来的是一块块像雪

望柱 也称"栏杆柱"，是栏板和栏板之间的短柱。望柱分柱身和栏头两部分。柱身的截面，在宋代多为八角形，清代望柱的柱身，截面多为四方形。望柱柱身各面常有海棠花或龙纹装饰。柱头的装饰，花样繁多，常见的有龙纹、凤纹、云纹、狮子、莲花、葫芦。

花一样白、像玉石一样光润的石头，这些石头来到河边，一眨眼的工夫就变成了加工好的各种石料。

有正方形的桥基石，长方形的桥面石，月牙形的拱圈石，还有漂亮的栏板，美丽的望柱，凡桥上用的，应有尽有。

鲁姜一看心里一惊，这么好的石头造起桥来该有多结实呀！相比之下，自己造的那个不行，需要赶紧想办法补救。重修来不及了，就在雕刻上下功夫胜过哥哥吧！

鲁姜悄悄地回到城西动起手来，在栏杆上刻了盘古开天、大禹治水，又刻了牛郎织女、丹凤朝阳。什么珍禽异兽、奇花异草，都刻得像真的一样。刻得鸟儿展翅能飞，刻得花儿香味扑鼻。

鲁姜瞅着那精美的雕刻简直满意极了，她又跑到城南去偷看哥哥。

■ 赵县赵州桥

蓬莱 又称为蓬莱山、蓬山、蓬丘、蓬壶、蓬莱仙岛等。实际上，早在秦始皇之前，"蓬莱"作为海上神山的名字就已经传开了。"蓬莱"作为地名，而不是神山名，最早有文字可考的记载见于唐代杜佑的《通典》："汉武帝于此望海中蓬莱山，因筑城以为名。"

乍一看哪！她简直惊呆了。天上的长虹，怎么落到了河上呢？她定睛再仔细一看，原来哥哥把桥造好了，只差安好桥头上最后一根望柱了。

鲁姜怕哥哥赢了自己，就跟哥哥开了个玩笑。她闪身蹲在柳树后面，捏住嗓子伸着脖子"咕咕哏"地学了一声鸡叫。

她这一叫，引得附近老百姓家里的鸡也都叫了起来。鲁班刚刚装饰好桥的中部，忽然听到鸡叫，真的以为是天亮了。他为人最讲信用，并谨遵约定，他赶忙把最后一根望柱往桥上一安，桥也算修成了。

这场兄妹建桥比赛，两人各有千秋，大石桥以工程巨大而领先，小石桥以栏板雕饰而更胜一筹。哥哥鲁班虽然输了，但他为妹妹的精湛技艺而感到十分高兴。

这两座桥，一大一小，都很精美。

鲁班修的大石桥，气势雄伟，坚固耐用。鲁姜修的小石桥，精巧玲珑，秀丽喜人。赵州一夜修起了两座桥，第二天就轰动了附近的州衙府县。

人人看了，人人赞美。能工巧匠来这里学手艺，巧手姑娘来这里描花样。每天来参观的人，像流水一样。

这件奇事很快就传到了蓬莱仙岛仙人张果老的耳朵里，他就骑着毛驴，兴冲冲地赶来看热闹。他在路上遇到了推车的柴王爷和拉车的赵匡胤，于是三人一同来到洨河畔观桥。看过赵州桥后，三人无不暗暗惊叹鲁班的精湛技艺。

为了考验鲁班，张果老与鲁班打赌，如果他们三位能顺利过桥，而桥不倒，从此便倒骑毛驴。鲁班心想：这座桥，骡马大车都能过，三个人算什么，于是就请他们上桥。

三人走上桥时，张果老转身施法术，聚来日月星辰，装入身上的褡裢里，柴王爷和赵匡胤也运用法术聚来了五岳名山，悄悄放在了独轮车上。

由于载重猛增，三人还没有走到桥中间，大桥就经受不住了，开始摇晃起来。

鲁班一见不好，急忙跳进水中，用手撑住大桥的东

赵匡胤（927—976），宋太祖赵匡胤，大宋王朝的建立者。他在位16年，在位期间，加强中央集权，提倡文人政治，开创了我国的文治盛世，是一位英明仁慈的皇帝，是推动历史发展的杰出人物。

■ 张果老 姓张名果，隐于襄阳条山。唐代武则天时已逾百岁，多次被武后、唐玄宗召见，还被唐玄宗授以银青光禄大夫，赐号通玄先生。以后他以"年老多病"为由，又回到恒州山中去了，是当时有名的道士。后来他被神化了，成了八仙之一。

侧，大桥才转危为安，张果老三人顺利地走过了大桥。张果老当面认输，只好从此开始倒骑着毛驴子了。

因为鲁班撑大桥时使劲太大，大桥东拱圈下便留下了他的手印。桥上也因此留下了驴蹄印、车道沟、柴王爷跌倒时留下的一个膝印和张果老斗笠掉在桥上时打出的圆坑。

大桥是鲁班建造的传说以及张果老倒骑毛驴的故事，被民间口口相传，流传十分广泛。其中最有名的，就是那首脍炙人口的民歌《小放牛》这样唱道：

赵州桥是什么人修？玉石栏杆什么人留？

什么人骑驴桥上过？什么人推车轧了一道沟……

赵州桥是鲁班爷修，玉石栏杆圣人留，

张果老骑驴桥上过，柴王爷推车轧了一道沟……

阅读链接

传说五代时期后周皇帝柴荣听到鲁班在赵州修桥的消息后，他为国家有这样的贤良能人而感到十分高兴。他化装成普通百姓，推上独轮车，并由殿前都点检赵匡胤拉车，到赵州桥考察封赏鲁班。

柴荣的小车将至桥中，因为车沉桥陡，柴荣脚下一滑，单膝跪在桥上，在桥面上压了一个膝印和一道车沟。鲁班看出这人是世宗皇帝，急忙上前跪拜。

柴荣说："你为民修桥有功，任你挑选，朕要封你为官。"

鲁班拜谢圣意，表示愿做工匠一世，别无所求。柴荣大喜，当场书写"鲁班仙师"匾额一块，赐予鲁班。

李春设计建造赵州桥

　　鲁班在赵州修桥仅仅是一个美丽的传说而已，真实的情况其实是这样的：隋代统一我国后，结束了长期以来南北分裂、兵戈相见的局面，大大促进了当时社会经济、文化等各方面的发展。

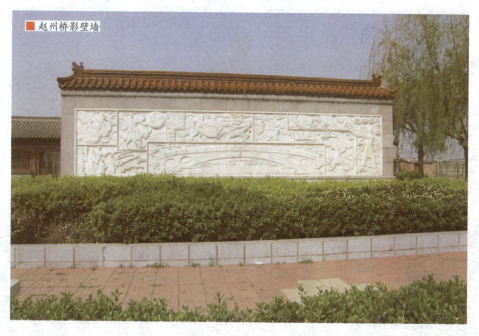

■赵州桥影壁墙

穿越古今的古桥古道

在当时，河北的赵县是南北交通的必经之地，从这里北上可到达重镇涿郡，南下可抵达京都洛阳，因此，这里的交通十分繁忙。

但是，赵县这一交通要道在当时却被城外的河流所阻断，严重影响了人们的交通往来，而且每当洪水季节甚至不能通行。

鉴于这种情况，605年，当地官府决定在洨河上建造一座大型石桥，以结束长期以来交通不便的状况。于是，官府就选派造桥匠师李春负责大桥设计和施工的主要工匠，在洨河建造大桥。

李春就地取材，选用附近州县生产的质地坚硬的青灰色砂石作为建桥石料。

在石拱砌置方法上，李春均采用了纵向的砌置方法，就是整个大桥是由28道各自独立的拱券沿宽度方向并列组合而成的。拱厚皆为1.03米，每券各自独

■ 李春铜塑像

■ 赵州桥远景

立、单独操作，相当灵活。

每券砌完全部合龙后就成了一道独立拼券，砌完一道拱券，移动承担重量的"鹰架"，再砌另一道相邻拱。

这种砌法有很多优点，它既可以节省制作"鹰架"所用的木材，便于移动，同时又有利于桥的维修，一道拱券的石块损坏了，只要嵌入新石，进行局部修整就行了，不必对整个桥进行调整。

李春还根据自己多年来丰富的实践经验，经过严格周密的勘察和比较，他选择了洨河两岸较为平直的地方建桥。

这里的地层是由河水冲积而成，地层表面是久经水流冲刷的粗砂层，以下是细石、粗石、细砂和黏土层。

根据后来测算，这里的地层每平方米能够承受

拱券 是一种建筑结构，简称"拱"，或"券"，又称"券洞""法圈""法券"。它除了竖向荷重时具有良好的承重特性外，还起着装饰美化的作用。其外形为圆弧状，由于各种建筑类型的不同，拱券的形式略有变化。

■ 赵州桥美景图

金刚墙 是指券脚下的垂直承重墙，又称"平水墙"，它是一种加固性质的墙。古建筑对凡是看不见的加固墙都称为金刚墙。此外，梢孔内侧的金刚墙一般做成分水尖形，故称为"分水金刚墙"，梢孔外侧的叫"两边金刚墙"。

45～66吨的压力，而赵州桥对地面的压力为每平方米50～60吨，能够满足大桥的要求。李春选定桥址后，便在上面开始建造地基和桥台。

桥台是整座大桥的基础，必须能承受大桥主拱圈轴向力分解而成的巨大水平推力和垂直压力。

李春在建造大桥时，采取了低拱脚，拱脚在河床下仅半米左右。还采用了浅桥基，桥基底面在拱脚下1.7米左右。还建造了短桥台，由上至下，用逐渐略有加厚的石条砌成5米长、6.7米宽、9.6米高的桥台。

这是一个既经济又简单实用的桥台。为了保障桥台的可靠性，李春采取了许多相应的固基措施。

为了减少桥台的垂直位移，就是由大桥主体的垂直压力造成的下沉，他采取了在桥台边打入许多木桩的措施，以此来加强桥台的基础。这种方法在后来的厂房、桥梁的建造上还经常采用。

为了减少桥台的水平移动，就是由大桥主体的水平推力造成的桥台后移，李春采用了延伸桥台后座的办法，以抵消水平推力的作用。

为了保护桥台和桥基，李春还在沿河一侧设置了一道金刚墙，一方面可以防止水流的冲蚀作用；另一方面金刚墙和桥基、桥台连成一体，增加了桥台的稳定性。

这些措施保证了大桥具有坚固的桥台，提高了大桥的坚实程度。

李春及其他工匠在设计和施工的过程中，提出了许多技术上的创新方案，他和工匠们一起创造性地采用了圆弧拱形式，使石拱高度大大降低了。

李春采用圆弧拱形式，改变了我国大石桥多为半圆形拱的传统。我国古代习惯上把弧形的桥洞、门洞之类的建筑叫作"券"。

圆弧拱 是取某圆周的一部分构成巷道拱部的形状。其拱形圆滑一致，并且在巷道周围压力作用下不易产生应力集中，支护结构受力状态好。此断面利用率较高，可减少开挖工程量，施工技术亦较简单，是采用较多的一种断面形式。

■ 具有"神桥"之称的赵州桥

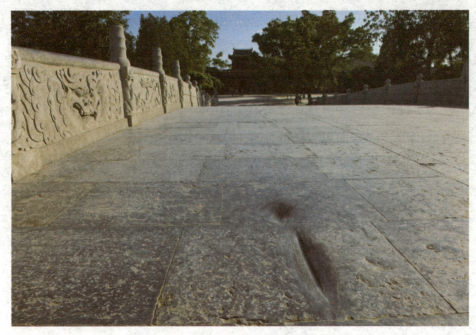

■ 赵州桥的桥面

石桥 即用石料建造的桥梁。有石梁桥和石拱桥，历史都很悠久。中国历史上著名的石梁桥有洛阳桥和虎渡桥。由于石梁抗弯能力较差，现已只能在人行桥或涵洞中使用。石拱桥不仅在历史上有过辉煌成就，在现代铁路和公路桥上也发挥了一定作用。

一般石桥的券，大都是半圆形。但在洨河上建桥跨度很大，从这一头至那一头有37.04米。如果把券修成半圆形，那桥洞就要高18.52米。这样车马行人过桥，就好比越过一座小山，非常费劲。

还有就是施工不利，半圆形拱石砌石用的脚手架就会很高，增加施工的危险性。

李春设计大桥的券小于半圆的一段弧，这既降低了桥的高度，减少了修桥的石料与人工，又使桥体非常美观，很像天上的长虹。

李春把桥的主孔设计成净跨度为37.02米，而拱高只有7.25米，拱高和跨度之比为1：5左右。这样就实现了低桥面和大跨度的双重目的，桥面过渡非常的平稳，车辆行人也非常方便，而且还具有用料省、施工方便等优点。当然，圆弧形拱对两端桥基的推力相应增大，需要对桥基的施工提出更高的要求。

李春还采用了敞肩的方式进行设计，这是李春对拱肩进行的重大改进。他把以往桥梁建筑中采用的实肩拱改为敞肩拱，即在大拱两端各设两个小拱，靠近大拱脚的小拱净跨为3.8米，另一拱的净跨为2.8米。

李春所设计的这种大拱加小拱的敞肩拱具有优异的技术性能。首先可以增加泄洪能力，减轻洪水季节由于水量增加而产生的洪水对桥的冲击力。古代河流往往每逢汛期，水势较大，对桥的泄洪能力就是个考验。

李春设计4个小拱就可以分担部分洪流，后来根据计算4个小拱可增加过水面积16%左右，大大降低了洪水对大桥的影响，提高了大桥的安全性。

其次，李春采取敞肩拱比实肩拱可节省大量土石材料，能够减轻桥身的自重。后来根据计算，4个小拱可以节省石料26立方米，并能减轻自身重量700吨，从而减少桥身对桥台和桥基的垂直压力和水平推力，增加桥梁的稳固。

再次是增加了造型的优美。4个小拱均衡对称，大拱与小拱构成了

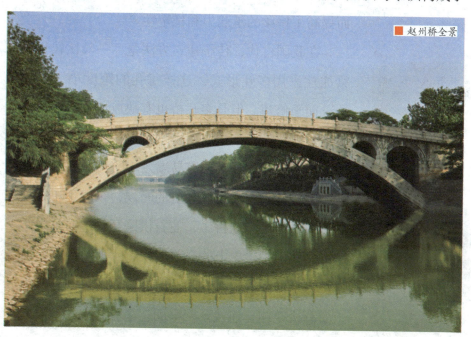

■ 赵州桥全景

赵州桥护栏石刻

一幅完整的图画，显得更加轻巧秀丽，体现了建筑和艺术的完整统一。

最后是符合结构力学理论，敞肩拱式结构在承载时使桥梁处于有利的状况，可减少主拱圈的变形，从而提高了桥梁的承载力和稳定性。

在我国古代，传统建筑方法是，一般比较长的桥梁往往采用多孔形式，这样每孔的跨度小、坡度平缓，便于修建。但是多孔桥也有缺点，如桥墩多，既不利于舟船航行，也妨碍洪水宣泄；桥墩长期受水流冲击、侵蚀，天长日久容易塌毁。

但是，李春在设计大桥的时候，采取了单孔长跨的形式，河心不立桥墩，使石拱跨径长达37米之多，这可是我国桥梁史上的空前创举。

为了加强各道拱券间的横向联系，使28道拱组成一个有机整体，连接紧密牢固，李春采取了一系列技

桥墩 在两孔和两孔以上的桥梁中除两端与路堤衔接的桥台外其余的中间支撑结构称为桥墩，也即是多跨桥的中间支承结构部分。桥墩分为实体墩、排架墩等。按平面形状可分为矩形墩、尖端形墩、圆形墩等。建筑桥墩的材料可用木料、石料等。

术措施。他采用了每一拱券下宽上窄、略有"收分"的方法，使每个拱券向里倾斜，相互挤靠，增强其横向联系，以防止拱石向外倾倒。

独具特色的赵州桥

在桥的宽度上，他采用了少量"收分"的办法，就是从桥的两端到桥顶逐渐收缩宽度，从最宽9.6米收缩至9米，以加强大桥的稳定性。

李春还在主券上沿桥宽方向均匀设置了5个铁拉杆，穿过28道拱券，每个拉杆的两端有半圆形杆头露在石外，以夹住28道拱券，增强其横向联系，并在4个小拱上也各有一根铁拉杆起同样作用。

李春在靠外侧的几道拱石上和两端小拱上盖上护拱石一层，以保

赵州桥近景

赵县 古称赵州，距今已有2500多年的历史。商朝时，为方国一国之地。战国初属中山国，后归赵国。汉为平棘县，西晋时，平棘治所移到棘蒲，属赵国。北魏置赵郡，曾为赵州治，隋改为赵郡。唐代改赵郡为赵州，明清恢复为赵州。后改为赵县。

护拱石。在护拱石的两侧设计有钩石6块，钩住主拱石使其连接牢固。

为了使相邻拱石贴合在一起，在两侧外券相邻拱石之间都穿有起连接作用的"腰铁"，各道券之间的相邻石块也都在拱背穿有"腰铁"，把拱石连起来。

而且每块拱石的侧面都凿有细密斜纹，以增大摩擦力，加强各券横向联系。这些措施的采取，使整个大桥连成一个紧密整体，增强了整个大桥的稳定性和可靠性。

赵州的洨河上修建起了一座石桥，于是当地的老百姓就叫它"大石桥"。石桥位于赵县的城南，飞跨在洨河之上，因赵县古称"赵州"，所以人们又叫它"赵州桥"。有史记载：

■ 冬季的赵州桥

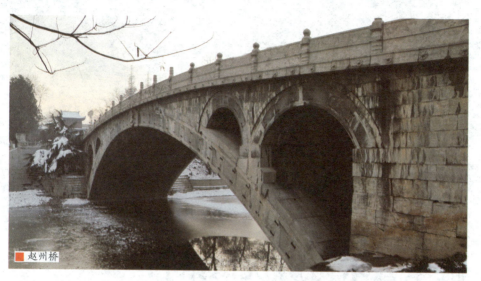

赵州桥

赵郡浈河石桥，隋匠李春之迹也，制造奇特，人不知其所以为。

意思是赵州桥制造奇特，人们都不知道它是怎样建成的！隋末越王杨侗在皇泰初年，就是618年，总结赵州桥的营造经验时，称赞李春为"圣人"。

阅读链接

在很久以前，很多到赵州柏林禅寺参访的人，都要从赵州桥经过。相传当时有个人想以贬低赵州桥来讥讽赵州的禅法，他说道："久仰赵州大石桥，怎么我只看到一座小小的独木桥？"

赵州和尚问："你只见独木桥，未见到大石桥？"

这人说："是啊，大石桥是什么样的？"

赵州和尚答："渡驴渡马。"

是这样的，赵州桥默默无语地为南来北往的行人和车马服务，以佛心方便行人，承受驴马践踏；以佛心普度众生，无论高贵低下。赵州桥渡过了多少生灵？古桥不语，流水无言！

雕塑艺术与历次修缮

　　赵州桥不仅是一座实用性的交通大桥，还是我国古代传统文化的
一大载体，又是一件不可多得的古代雕塑艺术的瑰宝。

　　赵州桥建筑结构独特，唐代中书令张嘉贞称其为"奇巧固护，甲

■ 赵州桥

于天下"，它被誉为"天下第一桥"，在建筑史上占有十分重要的地位，对后代的桥梁建筑有着十分深远的影响。

■ 赵州桥石栏板

赵州桥的玉石栏杆分列两侧，每侧各设21块栏板和22根望柱。布局是中间每侧设蛟龙栏板5块，蟠龙竹节望柱6根，两侧为斗子禾叶栏板和宝珠竹节望柱。

赵州桥的雕饰主要集中在中间部分的栏板和望柱上，龙雕是其精华。

大桥中部每侧有5块蛟龙栏板，6根蟠龙竹节望柱，内外均是龙的形象，每侧有28条龙，两侧共计56条龙。如果再加上主拱券顶部两侧的各一个蚣蝮，总计58条龙，从而形成了一个气势恢宏的群龙阵图。

大桥上面的蛟龙奇兽或盘或踞，或飞或腾，跌宕多姿，引人入胜。

在艺术表现手法上既有粗犷豪放的写意，又有精致细密的工笔。布局详略得当，既有局部的变化又有整体的统一，形成苍劲古朴、浑厚豪放的艺术风格。

赵州桥除了具有传说中的仙迹以外，还有玉石栏板和大石桥铭，人们称之为"三稀"，十分有名。

蟠龙 我国民间传说中蛰伏在地而未升天之龙，其形状盘曲环绕。在我国古代一些建筑中，一般把盘绕在柱上的龙和装饰在桩梁上以及天花板上的龙均习惯地称为"蟠龙"。

张嘉贞 （927—976），字嘉贞，能诗善赋，以五经举世闻名。他历仕武则天、唐睿宗、中宗和玄宗四朝，官至中书令，累封河东侯，是唐代颇有影响的大臣。

赵州石桥上的栏板大都仿照隋代以前的栏板而建筑，栏板上的龙图案是仿照隋朝图案而雕刻的，隋代的龙身上无鳞，尾巴细长，四爪和身体短健有力。

大桥上所雕的群龙之中，最引人注目的就是位于桥巅的饕餮。饕餮是传说中一种贪吃的怪兽，此兽以贪吃和凶险为特征。

赵州桥上的饕餮占据了大桥顶部最中间位置的整块栏板，毛发分披，两耳竖起，两只大眼凶光毕露，欻欻开合，怒视前方。

此恶兽形象与两旁飘逸的蛟龙形成了巨大的反差和鲜明的对比，使人望之生畏，不敢久留，这样就不会因桥上滞留多人而发生事故，从而达到通济利涉的目的。此乃以恶兽示警，实现劝善目的。

1086—1096年，宋哲宗赵煦在北巡途中，深为赵州桥的雄奇壮丽所动，于是赐赵州桥正名为安济桥，

■ 赵州桥护板

■ 赵州桥龙纹石刻

是取"利贯金石，强济天下，通济利涉，安全渡过，万民以福"之意。

赵州桥南桥头下还有一块汉白玉的标志牌，牌上刻着"安济桥"3个大字，这就是赵州桥的正名，也是官名。这正是北宋时哲宗皇帝赵煦所赐，所以赵州桥的正名叫"安济桥"。

在1563年，因为卖柴者在赵州大石桥下烤火，火势延烧，致使桥石出现小的缝隙，但因为有腰铁锁着，桥上照样有载重车马通过。看见这种情况，当地由居敬兄弟出面向知县李方至请求修缮石桥。

居敬兄弟也就是张居敬、张居仁，他们俩是明代举人张时泰之子，兄弟两人也是为官的，他们各捐资数十金，并倡导大家捐资，还从赵州境内募捐数千缗，把赵州桥修葺如故，颇得知州、知县和远近百姓称颂。

1821年，知州李景梅让庠生王元治负责修缮赵州

李景梅 字魁春，号仙原。明代嘉庆年间，任赵州知州。他为官数载，不但清正廉明，福泽一方，而且才华横溢，是当时颇负盛名的大书法家。最为世人称道的，便是他为"赵州桥"题写的"古桥仙迹"4个匾额大字，风神潇洒，令人美叹！

赵州桥辅桥

桥。李景梅率先捐资数十缗，在他的带动下，赵州境内众百姓纷纷出资，筹资很快完成。

修缮工程竣工后，知州赐予"急公好义"的匾额以表彰王元治的事迹。

赵州桥建成至今已有1400多年，它经历了10次水灾、8次战乱和多次地震，但丝毫都没有遭到破坏。

赵州桥的地理位置，在古代有"吞齐跨赵"的说法，地处兵家必争的咽喉要道，交通十分繁忙。大桥自建成后，就一直作为实用性交通大桥而使用，车马行人摩肩击毂，日夜不息。

赵州桥在漫长的历史长河中，历经车马重轧，战乱之祸，地震水患，风雨侵蚀，却一直安然雄居于洨河之上，在桥梁建筑史上堪称一大奇迹。

穿越古今的古桥古道

阅读链接

由赵州桥贯穿的历史古道，过去老百姓一直把它叫作"皇道"。在隋代时经由赵州桥这条南北大通道，向南可直达东都洛阳，向北则贯穿涿郡，直通北京城。

当年乾隆皇帝下江南时，3次所走的陆路，都是从赵州桥上经过而南下的。乾隆帝第一次是奉皇太后之命巡幸中州河洛之地，是为君临嵩岳之行；后两次则是著名的"南巡"之举。乾隆三过赵州，并在柏林禅寺为这块土地留下了可观的诗作和笔墨。

宝带桥

宝带桥始建于816—819年，它是由刺史王仲舒主持建造的，已经有1000多年的历史了。

宝带桥位于江苏省苏州京杭大运河边，跨澹台湖口玳玳河，为历代纤道所经。宝带桥用坚硬素朴的金山石筑成，桥长316.8米，宽4米，桥孔53孔。

宝带桥是我国最长的一座古代多孔联拱石桥，其中的3孔联拱特别高，用来通大船，两旁各拱路面逐渐下降，形成弓形弧线。宝带桥构造复杂而又结构轻盈，风格壮丽，奇巧多姿，成了江南名胜。

仙女玉带化作宝带桥

相传在很早的时候，天庭里面住着一位仙女，她看似每天过着无忧无虑的生活，但有时感到十分寂寞。

每当她感到百无聊赖的时候，就会去找其他仙女聊天，聊着聊着就听说人间有一个地方叫姑苏，那里山清水秀，土地肥沃，物产丰富，人们安居乐业，过着天堂般的生活。

有一天，仙女终于动了凡心，便悄悄地离开了天庭，驾着祥云来

■ 太湖公园

到了姑苏太湖的上空。此时250平方千米的太湖，风平浪静，72个岛像散落的珍珠一样镶嵌在湖面。这时天色已接近黄昏，湖面上白帆点点，正是渔民满载鱼虾归航的时候。

仙女就向东飞过天平、灵岩两山，来到了姑苏城上空。仙女放眼望去，只见湖的两岸，聚集着南来北往的过客，行人车马熙攘，丝竹管乐隐约可见。

当地的人们，因为苏州太湖的湖水澹澹，因此又称它为"澹澹湖"。仙女回头看了一眼身后的澹澹湖，然后拨转云头，不一会儿就来到澹澹湖上。

澹澹湖虽小，但湖面上却是白浪滚滚，让人觉得十分险恶。仙女忽然看见一艘小渡船，在巨浪中艰难地搏击着行进。

仙女看着船夫焦急的神情，便动了慈悲恻隐之心，于是她解下腰间的玉带，随手抛向了湖面。玉带在风中飘飘荡荡，落到了湖上，瞬间便幻化成了一座53孔的石桥。

湖水顷刻变得风平浪静了，原来是玉带化作的桥

天庭 也就是天帝的宫廷。指天地形成前的时期天斗统治三界，但天斗未称帝，并非天帝，故而三界的中央权力中心称之为"天庭"。主要管辖仙界，相对来说对"灵界"和"冥界"的管辖还停留在形式上。自玉帝统治三界之后，三界的中央权力中心称为"天庭"，三界都归其所管辖。

横卧于澹澹湖的宝带桥

梁镇住了湖中兴风作浪的湖怪。两岸的人们欢呼雀跃，他们第一次步行走过了澹澹湖。

从此以后，村民的生活恢复了往日的平静。可是由宝带变化而成的大桥，它的桥孔经常变化无常，让人们都感到十分惊恐。当地的一个渔民为了防止发生不测，便想了个办法，他带上100根竹签，依次在每个桥孔下放上一根，最后剩下46根。

从东望去，仙女抛下玉带化成的石桥，背衬青山，下托绿水，恰似一条宝带飘卧在澹澹湖口，宝带桥的美名便由此而生了。

尤其到了中秋之夜，澹澹湖面，宝带桥旁，当皓月高挂夜空，人们就会看到桥孔倒映，恰似圆月，就会忘了自己是在人间，还是进入了仙境。宝带桥犹如"长虹卧波"，横卧在大运河和澹台湖之间。

阅读链接

传说那只被仙女玉带镇住的湖怪不服输，就附在桥头的石狮上，每当夜深人静的时候，它便时常变成女儿身，到周围的村庄作孽，迷惑那些轻浮的青壮年。

但是，有一位不被女妖美色所迷惑的美少年，他非常勇敢，他趁女妖吐舌害人的时候，挥剑将女妖的舌头斩下来了。女妖从此不敢出来害人了。

王仲舒修建宝带桥

　　仙女抛玉带化作宝带桥，以及其他美丽传说，都说明了人们对宝带桥在人们生活中的重要性，因此赋予了它种种传奇的色彩。

　　苏州城的太湖上原来的确没有桥，宝带桥始建于唐代。那时在江浙一带，水网密布，到处都是渔民，这里自古就被称作"鱼米之乡"。所以，历代帝王都把这里作为征敛财赋的重地。

■ 苏州宝带桥

漕运 我国历代王朝将征置田赋的部分粮食经水路，送往京师或其他指定地点的运输方式。水路不通处辅以陆运，多用车载，故又合称"转漕"或"漕辇"。运送粮食的目的是供宫廷消费、百官俸禄、军饷支付和民食调剂。这种粮食称"漕粮"，漕粮的运输称"漕运"，方式有河运、水陆递运和海运三种。

在610年开凿了京杭大运河，将江浙地区的粮食和珍宝大量运往北方的京都。

至唐代，漕运就已经空前繁忙了。从苏州至嘉兴的一段运河为南北方向，秋冬季节货船要顶着西北风前进，不背纤是很难行进的。

而且纤道在澹台湖与运河交接处，有着一个宽约三四百米的缺口。如果填土做堤连接纤道，会切断苏州各湖经吴淞江入海的通路，而且路堤容易被湍急的湖水冲决。因此，在这里修建一座大桥是最好的选择。

当时在任的苏州刺史王仲舒，为了保证漕运的顺利畅通，他下定决心在此建造一座桥梁。

816年，王仲舒带领许多能工巧匠开始动工，历时4年时间终于将大桥建成。从此以后，船工纤夫和过往的人们都得到了极大的便利。

在修建大桥的开始阶段，由于当时的官府财政十分紧张，王仲舒就慷慨捐出自己的玉质腰带，用来充

■ 宝带卧波

■ 苏州盘门桥

资建桥，宝带桥也就因此得名了。

大桥建成后，有人说大桥好像一条悬浮在水上的宝带，真是恰如其实的美妙。从远处看去，宝带桥真像是一条飘动在绿色原野上的玉带，这样的命名显然是从它的观感角度出发的。

宝带桥用坚硬素朴的金山石筑成，桥长316.8米，桥孔53孔，是我国古代桥梁中最长的一座多孔石桥。其中3孔联拱特别高，以通大船，两旁各拱路面逐渐下降，形成弓形弧线。

宝带桥上的石塔高4米，它是以整块青石雕琢而成，底座正方形刻有海浪云龙纹，每级8面，各自都设有佛龛，龛内镌有佛像。而且在宝带桥的26孔与27孔间的水磐石上，也有同样的石塔一座。

宝带桥的两端各有一对威武的青石狮，北端还有4座碑亭和五级八面石塔各一座。北端的一对石狮一直蹲着迎接来往的客人，南端的一对早已经沉入深不见底的河床了。

云龙纹 是龙纹的一种，因其构图上以龙和云组成纹饰，故名。龙为主纹，云为辅纹，龙或做驾云疾驰状，或在云间舞动。始见于唐宋瓷器上，如晚唐五代越窑各色瓷瓶上的云龙纹、宋定窑印花盘上在祥云间盘曲舞动的龙纹等。元、明、清时期瓷器上云龙纹更为多见。

穿越古今的古桥古道

柔性墩 指的是墩身较细长，墩顶可随着上部结构顺桥向方位移动而相应变位的桥墩，是一种纵向刚度很小的桥墩。这种桥墩不能单独使用，必须通过桥跨与纵向刚度很大的刚性桥墩串联，形成共同承受纵向水平力的结构。

宝带桥北端的石塔坐落在离桥约2米处，高3米。在宝带桥的27孔和28孔之间也有同样的石塔一座。正是这样的一些附属物，为宝带桥的风光增添了姿色。

王仲舒同工匠们一起施工设计规划并构筑长桥，他们打破江南建桥的常规，不采用"垂虹架空"的石拱形建桥方式，而是将大桥设计成"宝带卧波"式的长堤形。

王仲舒和工匠们采用了多孔、狭墩以及"挽道"的结构，使湖水大大通畅了，提高了泄洪的能力。这也是宝带桥能够保留下来的一个关键创举。

在宝带桥的建造工程技术上，他们采用的是多孔薄墩联拱石桥，使用的材料是柔性墩。这样的建造方式和材料的考虑可以防止多桥孔连锁倒塌。

宝带桥的砌拱法，既不同于赵州桥的单拱并合，也不同于卢沟桥的条石弧砌，而是采用了结合两者优势的多绞拱。这样的多绞拱在古代也是罕见的。

宝带桥后来经过了历代的多次重修，大桥建成以

■ 太湖上的桥

太湖上的桥

后，屡受创伤，也历经了多次的兴废。唐、宋、元、明、清5代曾6次重建重修，后来清代湖广总督林则徐也主持维修过一次。

1436—1446年期间，庐陵周恂如以工部右侍郎身份巡抚此地，与苏州知府及吴县、长洲知县共同商议重建宝带桥，此时才建成了保存至后来的53孔石拱桥。

宝带桥不仅改善了大运河和澹台湖之间的交通条件，而且因其制造精巧，景色绮丽，又是处在苏州古城，横卧在大运河和澹台湖之间的玳玳河上，故有"苏州第一桥"之美称。

宝带桥的千古美名

苏州越城桥

宝带桥已经有上千年的历史了，桥面平坦，下由53孔连缀，整座桥狭长如带。全桥构造复杂而又结构轻盈，风格壮丽，奇巧多姿，成为我国江南负有盛名的一座文明古石桥。

从远处望去，整座宝带桥狭长如带，多孔联翩，倒映水中，虚实交映，犹如苍龙浮水，又似鳌背连云，不仅为行人纤夫提供了方便，还为江南水乡增添了旖旎景色。

元代高僧善住曾有一首描绘宝带桥的诗：

太湖雪景

借得他山石，还摒石作梁。
直从堤上去，横跨水中央。
白鹭下秋色，苍龙浮夕阳。
涛声当夜起，并入榜歌长。

从诗中不难看出，远在元代，宝带桥不仅是一座颇具规模的石拱桥，而且还肩负着繁忙的运输任务。

英国杰出外交家马戛尔尼在18世纪末期，千里迢迢来到我国，他见到了乾隆皇帝，却为下跪的问题闹得很不愉快。随后有一个法国学者，专门写过一本书来讨论这件事情。

法国学者形容马戛尔尼和乾隆的相见，一个代表着世界上最强大的帝国，一个代表着世界上最古老的帝国，都很有傲慢的资格，再加上文化的巨大差异，产生矛盾与冲突是必然的。

不过，除了不愉快，一路上中国这个东方古国的自然风光和人文景观，还是让马戛尔尼时时有惊喜。

鳌 海里的大龟或大鳖。传说女娲补天时曾经“断鳌足以立四极”，又有传说东海中有巨鳌驮着的3座仙山：蓬莱，方丈，瀛洲。龙生九子，九子各不同。鳌是龙头龟背麒麟尾的合体鱼龙。

　　马戛尔尼的一位同伴还称这座桥是不可思议的建筑物。这座桥就是苏州附近运河上的宝带桥。在以河运为主的时代，宝带桥见证了无数南来北往的船影，那些船影里面有着隐藏的历史风云。

　　春去秋来，年复一年，宝带桥一直静卧在湖口，注视着世间万物的更新变换，默默地为南来北往的旅客提供着方便，与闻名于世的京杭大运河一起，为苏州的繁荣做出了贡献。苏州宝带桥在古石桥的历史长河中源远流长。

阅读链接

　　清代晚期诗人徐崧曾目睹了宝带桥的重修，他并题诗一首叫《见宝带桥重修有作》：

　　澹台湖在具区东，利涉全资宝带功。

　　山对楞伽邀串月，塘连葑水捍冲风。

　　石狮对坐行人过，水鸟群飞钓艇通，

　　乱石圮崩谁再建，捐资直欲媲王公。

　　由此可见，澹台湖与宝带桥自古桥建成之日起，就是一体的，简直密不可分。

鱼沼飞梁

鱼沼飞梁修建于384—534年，起初是为晋国始祖叔虞周武王次子而建的，后来在1023年重建。我们常说的鱼沼飞梁为北宋遗物。

鱼沼飞梁东西桥面长15.5米，宽5米，高出地面1.3米，东西向连接圣母殿与献殿；东北桥面长18.8米，宽3.3米，两端下斜至岸边，与地面平行。

鱼沼飞梁是一座十字形的桥梁，也被称作"十字桥"。这种十字形桥为世界独有的一例。在后来，鱼沼飞梁被誉为"世界上最古老的立交桥"。

汇聚著名泉潭池的晋祠

唐叔虞塑像

相传那是在西周时期，周武王姬发之妃邑姜怀孕的时候，梦见天帝说："我给你的儿子起名为虞，将来在唐地兴国立业，那里是参宿的分野，叫他在那里养育自己的子孙。"

说来也巧，在当时山西南部的翼城、曲沃和绛县之间，确实有一个殷商时期分封的诸侯小国叫"唐"，依山傍水，美丽富饶。

胎儿出生后，手上果然有个"虞"字，于是，邑姜就给他起名"虞"，他就是周朝晋国的始祖唐叔虞，邑姜因此被后世尊为"天圣"。

唐叔虞，姓姬，名虞，是周武王幼

鱼沼飞梁

子，周成王姬诵的同母弟弟。周武王死后，周成王姬诵年幼，便由周武王的弟弟周公摄政。周公灭掉殷商封国唐后，就遵照邑姜的意愿把唐封给了叔虞。

公元前1054年，周都镐京举行了盛大册封仪式。在典礼上，周成王把唐地分封给了叔虞，并准许叔虞因地制宜，从唐国实际情况出发治理当地。叔虞在唐时，励精图治，鼓励民众发展农牧生产，兴修水利，使民众逐步过上了安定、富足的生活。附近的许多部落先后归附于他，使唐国疆土日渐扩大了。

叔虞之子燮父继位后，迁都于晋水之旁，因境内有条晋水河，便改国号为晋，这就是晋国历史的开始，也是后来山西简称"晋"的由来。作为晋国立国创业的始祖，叔虞的历史功绩不可磨灭，因此他得到了后人称颂。人们为了祭祀他，就在叔虞曾经的封地上建了一座"唐叔虞祠"，也就是后来的"晋祠"。

晋祠所处悬瓮山麓，背负悬山，面临汾水，依山就势，利用山坡之高下，分层设置，在山间高地上充分向外借景，依地势的显露，山

鱼沼飞梁十字桥

势的起伏，构成了晋祠周围壮丽巍峨的景观。

据有关记载，北魏时期晋祠里面的主要建筑祠、堂、飞梁都已具备了，也就是说早在1500年前，晋祠在晋阳就已经具有相当大的规模了。在漫长的岁月中，晋祠曾经过多次修建和扩建，面貌不断改观。

北齐天保年间，文宣皇帝高洋将晋阳定为陪都，又在晋祠"大起楼观，穿筑池塘"，进行了一次大扩建。晋祠的难老泉亭、善利泉亭、八角莲池、雨花寺、上生寺等，都是这个时期的建筑。

晋祠坐北朝南，山门三楹，门外台阶高耸。院中设享堂，将祠宇隔为前后两进。叔虞像端坐大殿神龛正中，身穿蟒袍，手执玉圭，神采奕奕。神龛内左右各有一侍童待召，神台下文臣武将对峙而立。

难老泉俗称"南海眼"，位居水母楼前，是晋水的主要源头，因其水温恒定而清澈如碧玉，常年不息，所以有人便摘取我国最早诗歌总集《诗经·鲁颂》中"永锡难老"的锦句命名其为"难老泉"。难老泉有"晋阳第一泉"之称，泉水自悬瓮山底岩层涌出，潜流10多米，从水塘西岸半壁的石雕龙口注入溏中，看似白练飞舞，听如鸣琴合奏，构成了晋祠八景之一的"难老泉声"，此景为晋祠胜景的精华所在，也是"晋祠八景"之最。

难老泉上建有"难老亭"，泉亭下端的清潭西壁半腰间，有汉白玉雕成的龙头，泉水由此向东喷水，泻入下方清潭。

清潭又名金沙滩，也叫"石塘"，在晋祠中的圣母殿南面，潭水清澈见底，游鱼历历可数，水中草藻，四季常青。

善利泉又名北海眼，一年四季，水温如常，泉流如玉，晶莹剔透，游鱼细石，清澈可视。

八角莲池又名放生池，形八角，周围有矮砖的护栏。善利泉水自西北入，鱼沼水自西南入，东有浅水口通北河。八角池中植莲，一向被人们所赞赏，有"莲池映月"之称，为晋祠内八景之一。

总之，晋祠经过北齐扩建后，其规模更胜于北魏。当时，著名文人祖鸿勋曾写了篇《晋祠记》，盛赞晋祠的山光水色和亭台楼阁。可见，晋祠里面的泉、潭、池非常有名，可以说这里是一块风水宝地。

阅读链接

有一年夏天天气特别炎热，身披铁甲的鱼沼飞梁桥边附近金人台上的晋祠铁人忍受不了这难熬的痛苦。独自走到汾河边，见一船家，便要求船家把他渡到对岸。

船家说："渡你一人，人太少，再等有无旁人。"

晋祠铁人说道："你能渡我一个，就算你有能耐啦！"

船家看了看铁人说："你能有多重，一艘船不止载一人，除非你是铁铸的。"话一落音，一语道破了铁人的本相。瞬间，铁人立在汾河边，纹丝不动了。

船家抬眼一看，面前立着一位铁人，这不是晋祠的铁人吗？赶忙找了一些乡亲，把铁人抬回金人台。

圣母勒令手下将领，在铁人的脚趾上连砍三刀，表示对铁人不服从戒律的惩罚。铁人的脚上从此留下了三道刀的印痕。

鱼沼飞梁的建构与美誉

晋祠里面既然汇聚了有名的泉、潭、池，可谓是福水长流。有水便有桥，晋祠的修建者也把里面的桥修建得巧夺天工一般，真是名水配名桥。

■ 山西晋祠鱼沼飞梁

晋祠里的桥被称为鱼沼飞梁。北魏文学家郦道元的《水经注》中记载：

■ 晋祠圣母殿

际山枕水，有唐叔虞祠，水侧有凉堂，结飞梁于水上

山海经曰："悬瓮之山，晋水出焉"……后人……蓄以为沼……结飞梁于上。

这段描述说明了鱼沼飞梁是建造于北魏之前的，可能是后来经历了毁坏与重修才又完整地保留了下来。其中北宋年间就有一次重建的记录。

在1023—1032年，宋徽宗为追封唐叔虞为汾东王，并为他的母亲建造了宏伟的圣母殿，同时利用殿前的泉水筑了砌石泉池，并在上面修建了一座十字形桥梁，据推测应该是在原来的基础上重修的。

因为古时候人们以圆形为池，方形为沼，因方形的沼池原为晋水第二大源头，流量甚大，游鱼非常的

郦道元（470—527），北魏时期地理学家、散文家。仕途坎坷，终未能尽其才。他博览奇书，幼时曾随父亲到山东访求水道，后又游历秦岭、淮河以北和长城以南广大地区，考察河道沟渠，收集有关的风土民情、历史故事、神话传说，撰《水经注》40卷。他是我国游记文学的开创者，对后世游记散文的发展影响颇大。

■ 鱼沼飞梁的斗拱

献殿 位于鱼沼飞梁的前面。这座大殿原来是祭祀圣母、贡献礼品的场所。1168年创建，1594年修葺。面阔三间，进深两间，斗拱简洁，出檐深远，外观酷似凉亭，但整体结构轻巧稳固。

多，所以取名"鱼沼"。

人们又本着"架桥为座，若飞也""飞梁石磴，陵跨水道"的说法，在沼上架十字形板，桥沼内立34根约30厘米的小八角形石柱，柱头使用了明显卷杀手段，使柱头呈弧形，形成柔美而有弹性外观。

石柱的顶架斗拱与横梁，承托着上面的十字形桥面，整个造型犹如展翅欲飞的大鸟，所以就叫作"飞梁"。也就是说此桥是建造在鱼沼上的飞梁，所以这座桥的建造者后来就称它为"鱼沼飞梁"。

鱼沼飞梁是一座精致古桥建筑。北宋时期与圣母殿几乎同时建筑，它很大一部分是北宋时期保留下来的遗物。桥面呈十字形形状，东西长19.6米，宽5米，高出地面1.3米，前后与献殿和圣母殿相接，南北桥面长19.5米，宽3.8米，左右下斜连到鱼沼岸边。

鱼沼飞梁的桥梁周围插着一排大小一致的勾栏，这些勾栏可以用来围护沼池，又能用来供行人扶靠，保证行人的安全。

　　鱼沼飞梁的南北桥面的两侧，原来各有石质卧狮一对，后来只留下东北和东南端的两个。这两对卧狮造型生动，都在和身边自己的幼狮嬉戏打闹，西侧的这两对石狮应该是与鱼沼飞梁同时代的产物。

　　鱼沼飞梁东侧的这对铁狮原本是宋代作品，铸于1118年，一雄一雌，骨骼强健，造型生动，毛发拉直，威武而独特，也是古代的铸品佳作。

　　古代的桥梁大多数是一字形，只有鱼沼飞梁连通了沼池的两岸及四方结合成为十字形，所以在此举上可谓独具匠心。

　　鱼沼飞梁是我国少有的一种十字桥梁形式，在方形沼内，柱头置木斗拱与梁枋，承石头桥板与石栏

圣母殿 是晋祠内主要建筑，坐西向东，位于中轴线终端。是为奉祀姜子牙的女儿、周武王的妻子、周成王的母亲邑姜所建。创建于北宋天圣年间，是我国宋代建筑的代表作。圣母殿殿面阔七间，进深六间，重檐歇山顶，黄绿色琉璃瓦剪边，殿高19米。

 鱼沼飞梁勾栏

鱼沼飞梁及圣母殿

杆，石桥面中间高两侧面低，木斗栱与梁枋改变了石桥面的推力传递方向，使重量垂直传到桥柱上，桥柱从梁枋荷载角度分布间距宽窄不等。

鱼沼飞梁桥梁充分利用材质在三种环境中特长，石柱水中耐腐，木材韧性与塑性，石桥板耐磨、防火，达到了桥梁坚固、美观、耐久的效果。鱼沼飞梁凝聚了中华民族古代劳动人民的辛劳与血汗，更是智慧结晶，由于年代久远，被称为我国古代最早的十字桥。

十字飞梁的形制构造是我国保存下来的古桥中仅有的一例，因而其价值极为珍贵。

阅读链接

鱼沼飞梁所在的太原晋祠中，有周代种植的柏树、隋代种植的槐树、唐代刻立的石碑、宋代建造的殿堂和塑造的彩色泥塑像、明清时期的建筑，加上这千古闻名的鱼沼飞梁，晋祠成为人们创造的最值得自豪的文明成果之一。

圣母殿、鱼沼飞梁和献殿被称为"三大国宝级建筑物"。

洛阳桥是名闻海内外的我国四大古桥之一，建于1053年，1059年建成。

洛阳桥由当时郡守蔡襄主持兴建，工程十分艰难，历时近7年。桥原长约1.2千米，宽约5米，有46座桥墩，500个扶栏，28只石狮，7座石亭，9座石塔，规模宏大。

洛阳桥是我国古代著名的梁式石桥，坐落于福建省泉州市东约10千米、与惠安县分界的洛阳江上。洛阳桥是世界建桥史上一座重要的里程碑，被誉为"天下奇桥"，桥头有一块匾额，上面写着"海内第一桥"。

海内第一桥

洛阳桥

吕洞宾助蔡襄造桥

　　宋代以前，在福建泉州东郊的洛阳江上没有桥，只有一个渡口，叫"万安渡"，是南来北往的交通要冲，过江只有靠船，十分不便。因为这里靠近入海口，江面开阔，风大浪大，十分危险。

■ 洛阳桥的桥面及栏杆

■ 福建泉州洛阳桥

传说当年真武大帝得道成仙之时，曾将他的肠肚丢进洛阳江里了，年代一久，真武大帝的肠子就变作了蛇妖，肚子变成了龟精。蛇妖与龟精在洛阳江上兴风作浪，渡船常常被风浪打翻，往往乘客船夫统统落水，大多死于非命。

有一年，有位娘家住在惠安的卢氏，她在分娩前从娘家回来，路过万安古渡。这时天已是傍晚了，最后一趟渡船已经离岸向江心划去了，卢氏急忙大声招呼船夫。船夫听到岸上有妇人呼叫，就把船掉头靠岸，让妇人上船。

船驶到江心，忽然风紧浪急，渡船在江心颠簸得十分厉害，乘客个个吓得脸色苍白。眼看就要翻船了，忽然空中传来一声呼喊："蔡学士在此，水怪不得无礼！"

霎时，江上风平浪静，渡船顺利地向对岸划去

真武大帝 真武大帝又称"玄天上帝""玄武大帝""佑圣真君玄天上帝"，全称"真武荡魔大帝"，为道教神仙中赫赫有名的玉京尊神。道经中称他为"镇天真武灵应佑圣帝君"，简称"真武帝君"。民间称"荡魔天尊""报恩祖师""披发祖师"。明代以后，在我国的影响极大。

穿越古今的古桥古道

■ 洛阳江上的洛阳桥

了。全船人无不感到庆幸，知道这是托蔡学士的福。

但是，当船主问遍船上所有人时，竟无一人姓蔡，只有一个怀胎的妇女夫家姓蔡，大家认为这位妇人的腹中之儿，将来也许就是蔡学士。

卢氏笑着许愿说："如果我将来真的生一个男孩儿，长大后官居学士，一定叫他在这个地方建造一座桥，以保万代平安。"

卢氏回到枫亭的婆家不久，她果然生下一男孩儿，并取名蔡襄。

蔡襄自幼聪明伶俐，七八岁就能熟读《五经》。有一天深夜，蔡襄正在书房读书，突然天上传来阵阵雷声，令人十分恐惧。

蔡襄推开窗户向外观看时，只见云中有一个人身鸡公头的巨人，一手握斧头，一手捏盘子，不时用斧头敲击凿子，发出震雷的声音。

蔡襄正看得入神，忽见一粒米不知从哪里飞到书桌上，他捡起那粒米，突然那粒米对他讲话说："蔡

学士，快救救我！”

原来，那粒米是八仙之一的吕洞宾变的，他因犯了天条，玉皇大帝大怒，便派遣雷公来追打他，因此他只得变成一粒米，逃到蔡襄的书房中来了。

雷公知道蔡襄将来是学士，担心打了吕洞宾，会伤到蔡襄，掉头便回天庭复命去了。

吕洞宾见雷公走了，便现出原形，十分感谢蔡襄的救命之恩，并赠送一副笔墨给蔡襄，叮嘱蔡襄如遇困难，可用这副笔墨写字，自然就会逢凶化吉得心应手的。

■ 蔡襄雕像

1030年，蔡襄参加开封乡试获第一名。1031年登进士第十名，第二年授漳州军事判官，任职4年。1054—1063年，蔡襄两次在泉州任太守。

蔡襄一到泉州任职，就立即召集属僚乡贤商议在洛阳江上建桥的事，他亲自到江边勘察，下令招募造桥工匠，筹集建桥资金。百姓闻讯奔走相告，欢呼雀跃，一时四面八方的工匠纷纷前来参与建桥。

开工那一天，江岸人山人海。可是，由于洛阳江"水阔五里""深不可测"，一船船石料抛下江中，霎时被汹涌的江涛卷得无影无踪了。龟精蛇怪拼命地翻江倒海，撞沉了好几艘木船。

吕洞宾 原名吕嵒，字洞宾，道号纯阳子，是著名的道教仙人，八仙之一，道教全真派北五祖之一，全真道祖师，钟、吕内丹派、三教合流思想代表人物。在民间信仰中，他是八仙中最著名、民间传说最多的一位。

■ 洛阳桥旁的佛像

东海龙王 原名叫
"敖广"。神话
传说中在水里统
领水族的王，掌
管兴云降雨。龙
是我国古代神话
的四灵之一。而
东海龙王为四王
之首，原因在于
龙王怕火，而东
海龙王手中握有
火种。此外，在
我国，东方为尊
位，按周易来说
东为阳，故此东
海龙王排第一便
是理所应当。

蔡襄简直愁眉不展。一天夜里，仙人吕洞宾托梦
对蔡襄说："此事无须过虑，我给东海龙王写封信，
让他停潮一天，就可以把桥基砌起来了。"

蔡襄听后大喜，从梦中醒来，只见桌上果然放着
一封信，上书"面呈东海龙王"。于是他在堂上问
道："谁下得海？"

差役夏德海连忙叩见说："小人便是夏德海，不
知大人有何吩咐？"

蔡襄一听大喜，便说："你既下得海？那就把这
封信面呈东海龙王吧！"

原来这"夏德海"是他的名字，但他并不谙水
性，下不了海，但上命难违，只好硬着头皮去了。

夏德海领命回到家中，把下海投书之事告诉了妻
子，其妻不禁失声痛哭，但也无可奈何，只得给夏德

海置酒饯行。

夏德海喝得酩酊大醉，昏昏沉沉来到海边，瘫倒在海滩上，被巡夜的虾兵蟹将发现了，将其捉入龙宫，把信交给了龙王。

东海龙王与吕洞宾交情非常深，便让夏德海带回一信。

黎明时分，夏德海从昏睡中醒来，他看见有一封信，上写"面呈蔡襄收"，便急忙将信交给蔡襄。

蔡襄将信打开以后，只见信中只有一个"醋"字。他琢磨了好一会儿才恍然大悟，立刻下令二十一日酉时开始抢修桥基。原来"醋"字可拆为"廿一日"与"酉"。

到了这天，果然海潮退落，水底裸露，桥工们昼夜施工。

蔡襄亲自指挥数千工匠抛石奠基、砌筑桥墩，洛阳江畔车水马龙，穿梭不息，很快一座座坚固的桥墩

■ 洛阳桥旁的建筑

奠基 是古代在打地基盖房搞建筑或一切破土动工的时候，选择一个吉时，向在此地埋葬的无主坟或者一切生灵祭奠，告知他们将于此地破土动工，请他们知悉并谅解或迁徙他方，这是一种尊重和告慰之礼，也是阴阳和合，我国古代的和谐哲学，是我国古老的传统仪式。

055

海内第一桥

洛阳桥

泉州洛阳桥

便巍然屹立在江中了。

可是，到了砌筑第四十六座桥墩时，江边的石头已经用尽了，如果不能赶在海水退潮3天的期限内把最后一座桥墩造好，一旦海潮呼啸而来，就会冲毁桥基，前功尽弃！

就在紧急关头，恰巧吕洞宾驾云漫游经过这里，他深为蔡襄建桥的非凡气魄所感动，便不慌不忙地飘落万安山上，轻轻把拂尘一挥，顿时漫山顽石皆点头了。

吕洞宾又把拂尘一挥，山上所有的岩石跃然而起，他再一挥，一块块大石全变成了"猪母"，成群结队奔下山来，跑到海滩，纷纷跳进建造桥墩的江底。转眼间，这些"猪母"又都化作大石头层层堆叠起来了。

有一只"猪母"不小心跌伤了一条腿，走得很慢，落在了后头，赶到江边时，最后一座桥墩已经造好了。它只好卧在旁边，成了一块躯体肥硕的"猪母石"。

当奔腾的海潮再度席卷而来时，蔡襄已经指挥工匠们奠定了桥基。首战告捷，群情鼎沸，欢声雷动，46座桥墩犹如中流砥柱威镇狂澜，吓得龟精蛇怪胆战心惊。

为了铺筑1200米长、50米宽的大石桥，急需把数以万计的巨大石板架在桥墩上。这个时节，偏偏缺乏一大批杉木造船装运石料，因此施工进展缓慢，蔡襄为此十分着急。

一天深夜，蔡襄思虑着如何解决这个难题。想着想着，不觉伏在案上睡着了。梦中忽见吕洞宾，指点他差人到清源山麓请"三人一目仙"帮助。

蔡襄一觉醒来，将信将疑，便传唤衙吏夏德海速往清源山探寻个究竟。夏德海急忙赶到清源山等候了大半天，也没碰见什么"三人一目仙"的影子。

将近黄昏，忽见3个衣衫褴褛的乞丐，以手搭肩鱼贯而来。为首一个只睁着一只眼睛，另一眼瞎；其余两个，双目皆盲。

夏德海不禁又惊又喜，这不就是"三人一目仙"吗？

夏德海慌忙拔腿奔了过去，一把拦住，苦苦恳求。那3个乞丐见他十分诚恳真挚，也就应允了。其中一个口中念念有词："洛阳江头，

■ 泉为洛阳桥

■ 洛阳桥桥墩

李铁拐 也叫"铁拐李"，他是八仙中年代最久，资历最深的一位。遇太上老君而得道。一天神游华山赴太上老君之约，嘱他的徒儿7天不返可化其身。然而徒儿因母亲病而欲归家，6天即化之。到第七日时，李玄返魂无所归，乃附在一跛脚乞丐的尸体上，蓬头垢面，以水喷倚身的竹杖变为铁拐，故名"李铁拐"。

古井一口，木可造舟，水可饮酒……"

说罢，3个乞丐忽地全睁开了眼睛，原来竟是吕洞宾、李铁拐和张果老。三仙哈哈大笑，像一阵风飘然而去。夏德海吓得目瞪口呆，赶紧回来禀报蔡襄。

数日之后，果然在洛阳江畔一口古井中，喷泉似的涌出许多杉木，蔡襄和造桥工匠喜出望外，都拍掌赞叹不已。建桥民工到井中汲水，一股酒香扑鼻，水喝到肚里顿觉止饥消渴，大家你一口，我一口喝了个痛快。

蔡襄集中了工匠们的智慧，创造出了"筏形基础"，让船尖形的桥墩分开水势，减少了浪潮的冲击力。他又利用海水的浮力，发明了"悬机浮运"，借助潮涨船高，把一块块重达数千千克的大石板，轻轻托举起来铺在桥墩之间，使大桥渐渐显出了奇伟的雄姿。

泉州洛阳桥

有一天，蔡襄发现洛阳江中每一块礁石中，都生长着密密麻麻的牡蛎丛，他心想要是能采用"种蛎固基"的方法，使牡蛎繁生把桥基和桥墩石胶合凝结成牢固的整体该有多好啊！

突然间，江上刮起一阵飓风，下雨似的把满江的牡蛎丛全都吹到洛阳桥墩上了，仿佛打上无数的钢钉，使雄峙江上的石桥更加坚不可摧。

蔡襄惊奇万分，抬头一看，只见南海观音立在云端微笑道："学士苦心精诚可感，方才是我略施小技。"南海观音接着又说，"建此长桥，已花金钱1000万两，财库业已匮乏，待我帮你筹足资金，尔后再叫八仙助你除妖，永绝后患！"

说罢，南海观音倏然化作一位绝色美女，泛舟洛阳江边，声称谁若能用金钱投中她，她愿嫁与为妻。一时，沿江两岸人头攒动。

人们围观烟波江上花容月貌的美女，争相投掷金

筏形基础 也称为"片筏基础""筏板基础"。当建筑物上部荷载较大而地基承载能力比较弱的时候，用简单的独立基础或条形基础已不能适应地基变形的需要，这时常将墙或柱下基础连成一片，使整个建筑物的荷载承受在一块整板上，这种满堂式的板式基础称"筏形基础"。

钱。那些平日贪财如命的富豪子弟，不惜抛掷千金万银。金钱雨点般落在小舟上，却无一人能投中。小舟天天满载金钱而归，纨绔子弟则垂头丧气败兴而回。

就这样，蔡襄又筹集了一大笔资金，用于建造长桥两面三翼的扶栏，以及建造"七座亭，九座塔，石狮二十八"。

眼看大桥即将竣工，潜伏江底的龟精蛇怪不肯甘休，它们纠集洛阳江上游的99条蛟龙，掀起狂风恶浪，张牙舞爪，直向石桥扑来。

吕洞宾知道后，就让张果老倒骑着驴子，把作恶多端的龟精踩成了一团烂泥。

铁拐李打开火葫芦，葫芦中立即喷吐出一股浓烟烈火，把那99条蛟龙活活烧死了。这时天上出现彩虹，江上波平如镜，岸上弦歌声声。洛阳江两岸人们喜气洋洋，敲锣打鼓，欢呼历经7年终于建成的跨海长桥。

阅读链接

泉州白沙寺的义波和尚，他竭尽心力募集建桥资金，却受到不少朱门豪富的刻薄嘲笑。但他还是不辞劳苦地把俯首讨来的每一个铜钱都用在造桥事业上。

有一回，由于连日风雨，伙房里的柴草都烧光了。临时从山上砍下的柴草，湿漉漉的也烧不着。为了照常施工，早日建成大桥，义波和尚悄悄地掩上伙房的门，毅然把自己的双脚伸入了灶膛中……

说也奇怪，义波和尚的双脚顿时像两根熊熊燃烧的薪木，升腾起炽烈的火焰。当他的双脚烧成灰烬时，伙房里一大锅一大锅的饭都煮熟了，造桥工匠无不感动得流下了热泪。

后来有人作诗赞颂义波和尚的义举："为架虹桥甘舍身，伐薪双膝泣鬼神。釜底炽火红似血，留得千古美名存。"

蔡襄主持修建洛阳桥

其实，早在唐宋之前，泉州一带就居住着越族人。至唐朝初年，由于社会动荡不安，时有战争爆发，所以造成大量的中原人南迁。

在那个时候，迁到泉州及闽南一带的多数为河南、河水和洛水一

■ 洛阳桥风光

穿越古今的古桥古道

■ 洛阳桥桥面

带的人士。因此，后来泉州乃至整个闽南地区所用的语系称为"河洛语"，也就是人们所说的闽南语。

这些中原人士带来了中原先进、发达的农业技术和经验，引导当地人们开垦农田和社会发展。他们来到泉州，看到这里的山川地势很像古都洛阳，就把这个地方也取名为"洛阳"。

由于当时的洛阳江水宽2.5千米，整日波涛滚滚。人们往返只能靠渡船，每次遇到大风海潮，常常会连人带船翻入江中，所以，人们为了祈求万无一失地平安过渡，就把这个渡口称为"万安渡"。

早在1041—1048年间，有个叫李宠的泉州人。他为了群众过桥方便，便在江中筑造了几个石礅，并架上了木板。但作为浮桥，一遇到水急潮涌，浮桥常被冲走，不能解决问题。

后来，人们接受了教训，几年以后，泉州人民纷纷倡议把浮桥改造为固定的石桥。为了顺应民意，在

史馆 官署名。北齐始置，以宰相兼领，称监修国史。唐时以史馆为丞相兼领职务之一，置史馆修撰、直馆等官，掌修国史，后为定帽。宋以史馆与昭文馆、集贤院为三馆，其官员并称馆职，为文臣清要之选。元置翰林兼国史院，翰林学士兼修国史。明以修史之职并归翰林院。清置国史馆撰述国史。

后来的1053年，有位叫蔡襄的人到泉州府任职太守。

蔡襄，字君谟，他原籍本是福建仙游枫亭乡东垞村人，后来迁居莆田蔡垞村了。

他于1030年中进士，先后在宋朝中担任过馆阁校勘、知谏院、直史馆、知制诰、龙图阁直学士、枢密院直学士、翰林学士、三司使、端明殿学士等职，后出任福建路转运使，然后调任泉州太守。

蔡襄任泉州太守期间，为了解除洛阳江沿岸人民的渡江困难，决心建造一座大桥。然而，要在这深不见底、流急浪大的洛阳江上建造大桥，堪比登天还难。

但一心为民的蔡襄却选择了迎难而上，并亲自到万安渡勘察地形、观察水势、请教名师巧匠。最后，他在万安渡选定了一个较为合适的建桥地点。

1053年4月，蔡襄母舅卢锡带领许多人一道来协

翰林学士 古代官名。学士始设于南北朝，唐代初期，常以名儒学士起草诏令而无名号。唐玄宗时，翰林学士成为皇帝心腹，常常能升为宰相。北宋时期翰林学士承唐代体制，仍掌制诰。此后地位渐低，然相沿至明清时期，拜相者一般皆为翰林学士之职。清代以翰林掌院学士为翰林院长官，无单称翰林学士官。

■ 泉州洛阳桥

穿越古今的古桥古道

卢锡 北宋时期，在涂岭虎岩寺受教于其父卢仁，与他一起读书的还有他的外甥蔡襄。史志上记载卢锡"以处士终，生平好义，济人利物"。他一生最大的贡献是主持建造洛阳桥。

助他建桥。他们广泛宣传，发动群众捐工捐资。在蔡襄的主持下，人们集思广益，就地取材，开采沿江山上巨石用来修桥。

在建桥的过程中，由于海潮汹涌，导致建桥工程一度非常艰巨。于是，他们便采用了一种新型建桥方法，也就是在江底随桥的中线铺满大石头，然后在石堤上用条石横直垒砌桥墩，他们创造式地运用了"筏型基础"来建桥墩。

大桥在沿桥梁中线的河底下，用许多大石条垒成桥墩。这里水深流急，石条抛下去后就会被大水冲走。为了解决这一难题，能工巧匠们反复试验，终于寻找到了一个好办法。

他们等待风平浪静，潮水低落时，同时出动许许多多装满石条的船只，把它们同时填进江里。就这样，他们在水底垒起了一座宽20多米，长约500多米

■ 泉州洛阳桥远景

的水下长堤。长长的桥基就宛如一条水下长龙，静卧江底了。

蔡襄心想，要铺设10米多长、又厚又大的石板，谈何容易，要知道每一块重达二三十吨，怎样把石块运到高高的桥墩上去呢？

但是，这个问题并没有难倒他们，修筑桥梁的工匠们又从潮涨潮落中受到启发。他们将巨石凿成长10米左右，宽0.7米，净重10多吨的巨石板，利用涨潮浮舟的功能，立石为梁。

于是，工匠们等到涨潮时，就将石块用木排运到桥墩跟前，借用涨潮的浮力，把石块放置在石礅上。洛阳桥上大概有300多块石板和上万块石料，都是采用这种方法架上去的。

桥墩全部利用巨大条石，它们被错落有致地垒砌成形。桥墩两端均做尖形来分水，墩面两层石条向左右挑出。为了增强桥面的承受力，桥面全部都用石条板铺好。

海底有一种长有贝壳的软体动物，名叫"牡蛎"。它有两个壳，一个壳附在岩礁上或者另一个牡蛎上，互相交错在一起，另一个壳则盖着自己的软体。

石雕 又称"雕刻"，是雕、刻、塑三种创制方法的总称。它是造型艺术的一种，指用各种可塑材料或可雕、可刻的硬质材料，创造出具有一定空间的可视、可触的艺术形象，借以反映社会生活、表达艺术家的审美感受、审美情感、审美理想的艺术。

牡蛎繁殖能力很强，而且无孔不入，一旦跟石胶成一片后，用铁铲也铲不下来。工匠们利用牡蛎的这个特性，在桥基上种牡蛎。

为了把水底那些堆积在一起的石条凝聚成一体，使之不被大水冲塌，造桥的工匠们又想出了一个绝妙的办法。他们巧妙地利用繁殖"蛎房"的方法，来连接胶固石块。这种用生物加固桥梁的方法，简直是一项创举。古今中外，绝无仅有。

洛阳桥有桥墩46座，桥长1.2千米，宽5米。桥的两侧有500个刻有石雕的栏柱，用来保护行人的安全。桥的两侧共建置了9座石塔，用以镇风，桥上共建了石亭7座，供路人休息。

大桥的两旁还装饰有许多精美的石狮子、石塔、石亭，桥两端立有石刻人像守护。桥身及其附属建筑物，还有许多石碣。它们个个造型美观，有昂首挺拔的石狮，有口含石球的球狮子。

整个工程的建造是巨大的，而且花费了14000多

■ 蓝天下的洛阳桥

两银子，这些全是人们
自动捐献的。蔡襄也卖
了家里10多公顷的地，
将款捐献给洛阳桥。

洛阳桥栏杆上雕刻的石狮

蔡襄不仅在主持建
桥过程中，受尽艰辛，
克服了种种困难，而且
顶住了丧子亡妻的痛
苦。最后，才有这座神
奇的"画海长虹"。

就这样，经过6年8个月的艰苦施工，终于在1059年12月，完成了
这一宏伟的工程。

太守蔡襄亲自主持竣工仪式，并书写"万安渡石桥"5个大字，
也称为"万安桥"。后来由于大桥在洛阳江之上，因此人们又称它为
"洛阳桥"。

桥头有两通石碑，上面刻有蔡襄亲自撰书的《万安桥记》，石碑
每通高约3米，宽1.5米，文字精美，笔体苍劲。书法艺术和桥的建筑风
格相得益彰，互为注释。

阅读链接

福建省泉州有一条洛阳江，江上有一座洛阳桥。桥在泉州
城东10千米处，一座500多米长的跨海梁式浅灰色花岗岩桥体，
在阳光下遍体粼光，远望如一条银龙横卧碧波，如一条银链漂
向大海。

人们为了纪念蔡襄修建洛阳桥的丰功伟绩，便在桥头修建
了蔡公祠。祠柱上有一副楹联写道："架桥天地老，留笔鬼神
惊。"它称赞洛阳桥是惊天动地的大手笔。

洛阳桥的千秋佳话

在洛阳桥建成以后的几年中，许多建桥的能工巧匠，在闽南各地兴起了一股建桥热潮，这种情况延续了几百年。

他们在闽南、闽中建起几十座沿海大石桥，一举改变了闽中南沿海交通阻塞现象。

南宋孝宗乾道年间，泉州知府王十朋咏诗称赞：

洛阳桥

北望中原万里遥，
南来喜见洛阳桥；
人行跨海金龟背，
亭压空间玉虹腰。
功不自成因砥柱，
患宜预备有风潮；
蔡公力量真刚者，
遗爱胜于郏国桥。

■ 郡守蔡襄塑像

洛阳桥是我国历史上一座最伟大的石桥，这么巨大的建筑工程，牵动了千千万万过往行人的感情，人们对于倡导修桥的郡守蔡襄无不产生敬仰之情。为了纪念他，后来人们修建了蔡襄祠。

蔡襄祠修建在洛阳江的南面，它始建于宋代，这是沿江两岸的人们为了纪念蔡襄修建洛阳桥的功绩，自发捐献募款而建立的，人们并在此处为蔡襄塑像立碑。

蔡襄祠为清代典型殿堂式建筑，坐北朝南，三开间，进深三间，宽15米多，每进深20米，三进计约60米，总建筑面积约900平方米。

在大门的门楣顶匾额书有"宋郡守蔡忠惠公祠"8个字。大门上还有一副1875年探花进士黄贻楫写的对联：

架桥天地老

留笔惊鬼神

王十朋（1112—1171），南宋时期著名的政治家和诗人。1157年状元。以名节闻名于世，刚直不阿，批评朝政，直言不讳。诗才横溢，凡眼前景物，常常感而成诗，大多是爱民忧民、寓含教育之作，有咏蔡襄修建洛阳桥的诗。

泉州洛阳桥

穿越古今的古桥古道

前支柱有对联集蔡襄诗句：

晓虹跨江一千尺

乐事全归众人心

后支柱有对联：

四谏经邦昔日芳型垂史册

万安古渡今朝济众肃观瞻

　　正殿中央，有蔡襄端坐雕像，体态庄重而洒逸，颇有文士、名宦之风范。塑像前为举世闻名的《万安渡石桥记》丰碑两通，分立左右两侧。这两通碑都是蔡襄亲自撰文，亲笔题写的。《万安渡石桥记》的碑文简洁凝练，仅有153字，书法精湛，笔力雄健遒劲，刻工传神，世称文、书、镌三绝。

东侧的为原碑，西侧为后来摹刻的。其他9通碑刻分立廊下两侧，均系明清两代重修万安桥及蔡襄祠之碑记，其中不乏考证文物和书法艺术价值。

第三进殿厅系为仿制泉州境内各地古代大小石桥的模型，展示了中华民族古代能工巧匠的高超修造桥梁艺术和智慧而建造的模型。

蔡襄祠门庭左右两侧分别竖立着两通巨碑，并修建了碑亭来做保护。

右侧为清朝提督、关中人张云翼亲自撰文重修蔡忠惠公祠碑记及怀蔡忠惠公七言古长诗，这首七言古诗分别刻于巨碑两面。巨碑左侧刻有清代文人蔡致远撰写的《舆庆堂》记，以及《张公又南去思歌》也分刻于巨碑两面。

此两碑亭，巍峨壮观，为蔡襄祠增色不少。

多少年来，洛阳桥虽经历过多次重修，但其承载

提督 古代武职官名。全称为"提督军务总兵官"，负责统辖一省陆路或水路官兵。提督通常为清代各省绿营最高主管官，称得上封疆大吏。若以职能分，提督分为陆路提督与水师提督，掌管区域达一至两省，数万平方千米，甚至数十万平方千米。

■ 洛阳蔡襄祠

穿越古今的古桥古道

■ 洛阳桥一角

梯航 指水陆交通。明代文人梁辰鱼《浣纱记·治定》写道："而今应受天王宠，看万国梯航一旦通。"近代文人严复《论世变之亟》："自胜代末造，西旅已通，迨及国朝，梯航日广。"

能力却是惊人的。因为一座桥建成后，不但要承受过桥运输，还要能抵抗天灾人祸，洛阳桥在这方面经受住了考验。

洛阳桥在建成后，使得洛阳江天堑变通途，泉州也因此成为"梯航万国"的东南巨镇。洛阳桥的修建，不仅为南宋时期泉州出现的大规模造桥工程提供了丰富的经验，而且后来福建境内的安平桥、石笋桥、顺济桥等，都是仿造洛阳桥而建造起来的。

洛阳桥简称"万安桥"，据说后来真与万姓发生了关系，这是为了纪念抗倭名将万民英。

万民英是河北保定易州人，曾是海防守将，他曾经组织人们抵御日本倭寇，屡建奇功，保卫了洛阳桥，保卫了泉州。

洛阳桥全部由坚硬的花岗岩筑成，是我国古代著名的梁式石桥。洛阳桥在泉州与惠安的交界处洛阳江上，在古代这里是福建与广东北上的陆路交通要道，后来一直是福州、泉州、厦门往来的必经之地。

福建泉州的洛阳桥，一块块的大石头牢固且扎实地将隔着一条江的两岸彼此联系起来，四周辽阔空荡，使得放肆的风任性地到处奔跃。

江边停放着许多小船，在平静的水面上随着风轻轻地飘摆着船身，像个老人在摇椅上静静地、轻轻地、缓缓地摇荡着，回味一生。

江上有几处沼泽地，上面繁殖了许多牡蛎。当地人们依靠养殖牡蛎和捕鱼为生。顺风的方向，立着一尊巨大的观世音神像，双眼遥望湖面，祥和地凝视远方，看守着每一艘远出的小船。

洛阳桥当地居民也将精神寄托在那尊菩萨上，祈求保佑他们的家人，守护他们远出的家人。人们烧香、拜神、祭祀、供养神明等，从此成了人们生活中的习惯，从而造就了洛阳桥古朴的地方特色。

后来，有关洛阳桥修建的碑记达26通，分布在桥中亭周围及桥南蔡襄祠和桥北的昭惠庙。

一座桥的兴建及修建的石刻碑文有26通之多，这

菩萨 梵语菩提萨埵的简称，汉译为"觉有情"，就是众生、有情之意。菩萨的意思，还有开士、始士、高士、大士等。开士者，以法开导众生之士；始士者，开始觉悟之士；高士者，高明之士；大士者，实践大乘佛法之士。

■ 泉州开元寺

洛阳昼锦堂记碑

在国内桥梁中是罕见的，可见洛阳桥兴建的艰难和修理的繁复，更重要的是这座桥与人们的生活具有密切的关系。

著名的旅行家和商人马可·波罗描绘洛阳桥"宏伟秀丽的刺桐城"时，还特别提到这座"车桥头""风樯林立""舶货山积"的繁荣景象。

洛阳桥的建成，成了我国造桥史上的一座丰碑，成为人们千古传诵的佳话。

穿越古今的古桥古道

阅读链接

相传有个经商做生意的李五路过洛阳桥，此时蔡襄造桥已经过了300多年，因为洛阳桥年久失修，桥墩下沉，桥面坎坷不平，桥底沙土沉积，水位上升。若是遇到涨潮，还有暴风雨，桥就不能过，只好雇渡船。

李五决定修缮洛阳桥。

在李五的捐资和主持下，工匠们先是将洛阳桥的栏杆、亭子、石狮、大桥板拆下来，将歪歪斜斜的桥墩移正，再打新石料叠上去，将桥墩加高，再架上大石板，安好栏杆、石狮、石将军，盖好石亭、石塔等。

最后，洛阳桥的面貌焕然一新，不管风雨涨潮，都畅通无阻了。

安平桥

安平桥始建于1138年，位于福建省晋江安海镇和南安水头镇之间的海湾上。大桥历时13年建成。

安平桥长2255米，宽有5米余，桥面宽约4米，桥墩361座，疏水道362孔。安平桥因安海镇古称安平道而得名，又因桥长约为2.5千米，俗称"五里桥"。

安平桥宛如一条玉龙横卧于晋江、南安两市交界的海湾上，东连安海镇，西接水头镇，是我国古桥梁中首屈一指的大长桥，享有"天下无桥长此桥"之美誉，更是我国古代世界最长的梁式石桥。

道人铲除孽龙并造桥

传说很早以前，福建安海这地方常年遭受洪水和海潮的双重侵袭，使当地的人们苦不堪言。人们经常去寺庙祈神拜佛，但还是无法改变这种苦难的现状。

后来有位道人听说了，便亲自赶往此地，想法查出究竟是什么原

安平桥附近村庄

因使这里的灾难这么多。经过一段时间，道人发现原来竟是东海和南海的两条孽龙在作祟。

道人此前已经潜心修炼多年，就想在人间打抱不平，为民除害。正好赶上了安海的孽龙在此嚣张，他岂能坐视不理？于是便决定亲自作法，铲除孽障。

有一天，他来到安海的岸边，看到这两条孽龙正在海滩上嬉戏，玩得不亦乐乎，心想等你们玩累了看我怎么收拾你们。等到孽龙玩累了在睡觉的时候，道人做起法术来想法镇住孽龙。

施法完毕后，见两条孽龙已经昏迷不醒了，道人便决定将它们挑到常年闹水患的安海港，于是他用法力变化出两个大畚箕和一把大铁铲，把这两条孽龙铲到畚箕上，准备运走去填海。

道人便将两条孽龙用畚箕装上，只听"砰咚"一声巨响，顿时，海滩上留下了两个大窟窿，后来水流聚积就变成了龙湖和虺湖。

"龙湖"是黑龙住过的地方，所以这个湖的泥土是黑色的。"虺湖"是赤龙睡过的地方，因此这个湖的淤泥是赤色。

道人装好孽龙后便挑着这两筐孽物走到一处叫大山后的地方。由

真身 所谓真身，就是本来面目。是该人、神、妖根本面貌，在这种状态下，能发挥最大能力。真身是一切变化的基础，但真身并不意味着完美，事实上真身是在修炼中的某个时间点触发并固定下来的，可以说成道之身即为真身。

于跨越溪涧时，步子迈得过大，将扁担给压断了。

刚被法力镇住的两条孽龙从梦中醒来，趁着道长来不及下手，变成了两堆土，然后，真身飞上天去了。

这两堆土就成了现在的"黑麒麟山"和"赤麒麟山"，后来人们说这两座山被推去填入"龙湖"和"虺湖"正好丝毫不差。道长看没收拾好这两条孽龙，就闷闷不乐地回灵源山继续修炼去了。

没想到的是，两条恶龙依然恶习不改，隔了不到半年，就又前来作怪，弄得安海地界大雨下个不停，九溪十八涧的大水翻过了石壁峡，直冲安海港而来。

安海镇的人们就这样不得安宁地过日子，人们的房屋和牲畜经常被大水冲走，有时甚至性命都难保。

在深山修炼的道人，知道孽龙不死，还会祸害人间，而且这几年的修炼中都无时无刻地在惦记着这里人们的安宁。但是只能先修炼成仙再说了。

■ 安平桥中亭

■ 安平桥

　　若干年后，道人终于修得正果。得道成仙的道人早知道这两条孽龙还会重来这里作怪，便用法力在灵源山顶向安海方向望去，果然那两条孽龙又在作怪。所以决定马上出关，下山赶往安海。

　　道人一来到安海便施法运功吐出一条七彩锁链，从安海镇跨过海湾，直至南安的水头镇，孽龙见状吓得魂飞魄散，马上潜入水底，逃到大海去了，大水也退了。

　　人们见到道人用长虹击退了孽龙，连忙道谢并告诉道人，这里近几年一直遭受孽龙的祸害，简直民不聊生。道人怕以后孽龙又会卷土重来，就提议当地的人们用长条大石，一段一段地铺砌起来，建造一条天长地久的锁蛟玉带。

　　这样的话，一来可以镇锁孽龙再次作怪；二来也便于两岸百姓的往来。道人将建造锁蛟玉带的意见提出来后马上得到了众人的支持，人们纷纷捐款捐物，

麒麟　亦作"骐麟"，简称"麟"，外形像鹿，头上独角，全身有鳞甲，尾像牛尾。它是我国古籍中记载的一种动物，与凤、龟、龙共称"四灵"，是神的坐骑。古人把麒麟当作仁兽、瑞兽。雄性称麒，雌性称麟。麒麟是吉祥神兽，主长寿。

有钱的出钱，有力的出力，很快这条长达2.5千米的跨海大石桥就建造起来了。

两条蘖龙知道了，这里的大桥会将他们锁住，只好望风而逃了。当地的人们见蘖龙逃走了，也都拍手叫好，称赞道人法力无边。

从此，蘖龙再也不敢来此处兴风作浪了。各地商旅船只也纷纷相邀而来，所以后来，商业日益发达，庄稼年年丰收，百姓们安居乐业，这座桥就被称作"安平桥"。

阅读链接

据说，僧智渊原是南安的一名秀才，叫李学智。他一心想功名成就，可因家贫如洗，双亲年迈多病，临考前无可奈何去安海向巨商世家黄护的父亲黄文斌借钱，保证日后一定报恩。

黄文斌见他为人忠厚老实又孝顺父母，就借给他白银362两。谁知他乘小船返回南安至水头时，却遇大头龟兴风作浪，船沉海底，幸得被尼姑救往天竺山修身念佛。

20年后，黄文斌已去世，他的儿子黄护筹建安平桥，僧智渊就下山相助。为纪念黄文斌的功德，就特意将疏水道分成了362孔。

僧祖派住持在泉州建桥

　　神话终归是神话，其实真正的大桥建造是非常艰苦的。泉州自南北朝时期起，就有了海外交通，至唐代，泉州更是成为全国对外贸易的四大港之一。安海镇古时名安海渡，原是个水陆码头。

安平桥

安海 古名"湾海"，由于安海海港弯曲而得名。宋开宝间，唐安金藏之后安连济居此，易湾为安，称安海。以后，关于安海名称的由来，都沿袭此说。明朝称"安平镇"，清朝复称安海。历史上的湾海港凭借港湾深邃，交通发达，物产丰富，商人善贾等优越条件，形成了一个很有特色的地区。

■ 福建东关桥

由于泉州繁盛，它就跟着兴旺起来。南宋赵令衿《石井镇安平桥记》记载：

濒海之境，海道以十数，其最大者曰石井，次曰万安，皆距闽数十里，而远近南北官道所从出也……惟石井地居其中，而溪尤大，方舟而济者日千万计。

可见安海渡需要安平桥，同万安渡需要洛阳桥，同样的迫切。而且由于都是跨海，这两座桥的修建也同样艰难。安海到水头的海面，已经够宽了，同时，还有从西面来的注入海湾的河水，秋季还有台风。

安海港的山洪暴发再加海潮袭击时，海湾里的波涛汹涌，过渡都十分危险，何况要在这险滩之上造一

■ 安平桥

座跨海大桥呢！可见当时的困难是非常大的，但人们还是将这项巨大的工程建起来了。

据记载泉州并及闽南一带的历史沿革及政军民情风俗的《泉州府志》载：安平桥是1131年，安海大财主黄护和僧智渊带头各捐钱10 000缗，并由僧祖派主持开始兴建这座大石桥。

建桥工程快完成一半时，因为黄护和僧祖派相继亡故而停工，直至1151年11月，郡守赵令衿来泉州上任后，再次主持续建，又花了一整年时间，才完成了这个浩大工程，名为"安平桥"。

安平桥，又因安海镇东建有东桥，故相对称"五里西桥"。它东连晋江安海镇，西接南安水头镇，横跨在两市交界的海湾上，是我国古代首屈一指的长桥，历来享有"天下无桥长此桥"的美誉。

083

天下最长桥

安平桥

僧 是梵语"僧伽"的简称，意译为"和合众"，即指信奉佛陀教义，修行佛陀教法的出家人；亦指奉行"六和敬"，"和合共住"的僧团。它的字义就是"大众"。僧伽是出家佛教徒的团体，至少要有四个人以上才能组成僧伽。出家男女二众都在僧伽之内。

蟾蜍 俗称癞蛤蟆。两栖动物，体表有许多疙瘩，内有毒腺，俗称癞刺。我国古代器物的纹饰中就已经有了蟾蜍的模样，殷商青铜器上有蟾蜍纹，战国至魏晋，蟾蜍一直被认为是神物，有辟邪功能。蟾蜍亦被认为是五毒之一。在我国民间，寓意财源兴盛，生活幸福美好。

■ 安平桥

安平桥之所以要这样长，是因为要跨过一个海湾，从东面安海镇的海岸至西面水头镇的海岸，海湾通向台湾海峡，里面的船只虽不能远涉重洋，但在安海与水头之间，却是古代的唯一交通工具。

较安海桥，也就是安平桥为三分之二的东洋桥，居然在半年内就建成了，可见赵令衿的造桥队伍中，确实有卓越的工程师。自从东洋桥建成后，安平桥就又名"西桥"，但东洋桥不久就被毁坏了。

明代的安海史志《重修安海桥募缘疏》记载：

自东桥荡析，恻孤影以存羊，叹反复之无常，觉成亏之有数。

安平桥的材料全系花岗岩石砌筑，属石礅石梁桥。面宽约4米，原有桥墩361座，疏水道362孔。

■ 安平桥旁水心亭

大桥的桥墩是用长方形条石横竖交垒而成，上部顺桥梁方向有三四层出挑，以缩短桥梁跨度，增强桥面承受能力。

大桥的桥基根据地层的不同分别采用"卧本沉基"和木桩基础。桥面每间架设5～8条石板，长度在5～11米，重量在4.5～25吨，相传这些巨大的石材采自隔海的金门岛、大佰岛。

大桥建造时，利用潮汐的涨落，来控制运石船只的高低位置，把石板架上桥墩。为了安全，桥面的南北两端都筑有石栏杆防护。桥两侧的石护栏的柱头雕有狮子、蟾蜍。

在桥的南北两侧，可见方形石塔4座、圆塔1座竖立在水中。

安平桥上的5座桥亭，即东西两座路亭，桥尾水

潮汐 由于月亮和太阳的引力而产生的周期性运动。潮汐现象是指海水在天体引潮力作用下所产生的周期性运动，习惯上把海面垂直方向涨落称为"潮汐"，而海水在水平方向的流动称为"潮流"。古代称白天的河海涌水为"潮"，晚上的称为"汐"，合称为"潮汐"。

穿越古今的古桥古道

■ 史上最长的桥

前沿的海潮庵，桥头的这座超然亭，还有中亭，用来供行人歇脚。

在桥的构造上，根据桥梁横跨海湾中贯穿着5条港道的特点，桥墩分别设计了三种形式：

一种是长方形墩，筑于水浅流缓水域，有308座；一种是一头尖、一头方的半船形墩，筑于较深的水域，尖端朝向深海，以缓和海潮的冲力，有25座；一种在深港处的桥墩则设计为双头尖的船筏形，可用来分解溪流和海潮对大桥的冲击。

从结构形式来说，安平桥几乎是完全模仿万安渡的洛阳桥的，两桥都在泉州濒海地区，也都是所谓的"简支式"的石梁桥。

安平桥自宋代以来历经十数次重修。宋代建桥时，乡人用造桥剩下的钱建成的镇塔，也经过多次重修。明代重修后的镇塔改名为"文明塔"，塔内有旋梯达塔顶，可以瞰望长桥的雄姿。

隘门 我国传统建筑之一，普遍设置于村落或城市街道巷弄中的防御建筑。形式有砖石造的墙门及单开间的门楼，平日入夜后即行关闭，以确保居民的安全。隘门形式传自客家或闽南传统建筑居多，主要功能除了阻止盗贼进犯，也预防了各类械斗。

在清代，安平桥的桥头桥尾还各增建一座拥有拱形门的石牌楼，俗称"隘门"。桥头这座叫"望高楼"，是原桥头被拆毁一小段后于1864年在新桥头建造的，用来表示这是桥的开头。

望高楼楼上嵌有一方1864年邑人黄章烈所写楷书"望高楼"3个字的石匾额，楼下嵌有一块题有楷书"寰海镜清"4个字的石匾额。

安平桥桥尾的牌楼是1808年建造的，当年南安知县盛本所写的楷书"水国安澜"4个字。距该牌楼几步远的地方还竖立着一通镌刻着篆书"安平桥"3个字的石碑。

中亭叫"泗州亭"，原称"水心亭"，也就是现在桥头那座亭子的名称，因它位于桥的中部，又是晋江南安的分界处，而俗称"中亭"。

中亭也是大桥建成时的建筑物，后来又多次重修

篆书 是大篆、小篆的统称。大篆指甲骨文、金文、籀文、六国文字，它们保存着古代象形文字的明显特点。小篆也称"秦篆"，是秦国的通用文字，大篆的简化字体，其特点是形体匀称齐整、字体较籀文容易书写。在汉文字发展史上，它是大篆由隶、楷之间的过渡。

■ 安平桥

安平桥旁碑文

或重建，其中最后的一次是1866年重建的，本祀供奉着泗州佛，后祀供奉着观音。

中亭的石柱上有一对十分引人注目的楹联，上面写有："世间有佛宗斯佛，天下无桥长此桥。"

亭的四周和墙上还立有明代至现代重修安平桥的碑记14通。亭前还有两尊石将军，高约1.60米。

在安平桥建成的时候，安海龙山寺的佛祖为了保证五里桥的长治久安、不受水妖陆怪的破坏，特地派了两名石将军，以观音的名义，驻镇在桥的中亭。这两名石将军威武无比，手握神器，日日夜夜守在这里。

安平桥的建成充分显示了我国古代劳动人民的智慧和能力。

阅读链接

古代泉州是海上丝绸之路的起点，而安海又是古代泉州海外交通的重要港口。

960—1368年期间，由于商贸兴盛，经济繁荣，为利于物资运转、行旅往来，泉南沿海掀起一股"造桥热"。

据记载宋代泉州城外晋江县境造桥达40多座。安平桥也就是这一时期因安海港地位的更加重要而兴建的。

安海宋代改称"石井镇"，明代又改称"安海镇"，后来郑芝龙开府安海后，又改回古名称"安平"。

广济桥最开始建于1171年，当时它还只是一座浮桥。1530年，经过多次修改与重建，最后形成"十八梭船廿四洲"的格局。

广济桥位于广东省潮州古城东门外，横跨韩江，连接东西两岸，为古代闽粤交通要道。桥全长518米，分东、西、中三段，东西两段皆为石礅、石梁桥。东段共有12孔13墩，长约283米；西段共有7孔8墩，长137米；桥面宽约5米；中间一段长约100米。

广济桥具有集梁桥、浮桥、拱桥于一体的独特风格，是世界上最早的启闭式桥梁。

广济桥

仙佛造桥的美丽传说

广济桥一角

相传，唐代著名文学家、政治家韩愈被贬潮州之后，喜欢独自登上笔架山饱览胜境。

他站在笔架山的顶峰，遥望东门之外的恶溪，只见江水汹涌，人们驾舟渡江，那一叶叶扁舟被急流冲得颠簸打旋，险象环生，稍有不慎，便可能连人带舟被江水吞噬。

韩愈见此情景，是看在眼里，急在心上。于是，他决心要在这恶溪之上建造一座大桥，以方便百姓往来东西两岸。但是，恶溪的水流这么湍急，要想在这上面建一座大桥是极为困难的，谁能担此重

■ 广济桥凌霄楼台

任呢？

　　韩愈在心中不停地琢磨这个问题，最后决定叫来自己的侄孙，就是八仙之一的韩湘子和自己法力无边的好朋友广济和尚来帮忙。

　　这是为人们做好事啊！

　　韩湘子和广济和尚很乐意地就答应了，而且，韩湘子还把其余7位仙人一起邀请过来帮忙建造修桥。

　　事不宜迟，仙佛们说干就马上开工了。经过韩愈的协调和大家的协商，便决定由八仙负责大桥的东段工程，广济和尚一人负责桥的西段。就这样，两边各施其法，各显神通，开始筑桥。

　　广济和尚穿过潮州城，出了西门，来到桑浦山下。

　　他看到山上满是石头，便点点头，口中念着符咒，用手一指，霎时间风起云涌，草木飘摇，只见山

韩愈 （768—824），世称韩昌黎。唐代文学家、思想家、政治家。唐代古文运动的倡导者，宋代苏轼评价他"文起八代之衰"，明代人推他为唐宋八大家之首，与柳宗元并称"韩柳"，有"文章巨公"和"百代文宗"之名，著有《昌黎先生集》《外集》等10卷。

穿越古今的古桥古道

广济桥桥楼

上的石头纷纷滚落山下，变成一只只温顺的羔羊。羔羊跟在广济和尚后面朝着潮州城行进。

同一时间，韩江东岸那边八仙也在到处寻找建桥的材料。他们来到凤凰山麓，一起施展法力，把山上的石头变成猪群，然后赶着猪群奔向工地。

人多好办事，八仙每人各赶一群猪。铁拐李因为瘸腿，拄着拐杖，走路很慢，没过多久，便被众人抛在后面。这时，从路旁的山坡上传来一阵凄厉的啼哭声。

铁拐李循声望去，只见一个身穿白衣、头扎白带的妇女在坟地里哭泣。铁拐李立刻感到事情不妙，喊道"不好！"正想把猪群赶开，但为时已晚，猪群化作石头堆成一座山。这座山就是"猪山"。

原来，仙法如果被丧气一冲，便会失灵！铁拐李无奈，只好独自回工地，把事情经过告诉大家。

那边，广济和尚也碰上了麻烦。他把羊群赶回潮州城，清点了一下却发现少了两只，于是赶紧回头

和尚 在印度是对教师的通称，而在我国则常指出家修行的男佛教徒，有时也指女僧。"和尚"原来是从梵文这个字出来的，它的意思就是"师"。和尚本是一个尊称，要有一定资格堪为人师的才能够称和尚，不是任何人都能称的。

去寻找。这两只迷途的羔羊在半路上找到了，正要把它们赶回羊群时，忽然，路旁蹿出一个人来，厉声吼道："你这个和尚，竟然偷我家的羔羊！"

广济和尚一看，就知道他是一个贪财的地主，便耐心地解释道："你认错了，这不是你家的羔羊。"

但贪财的地主却听不进去，硬把羊拖走了。

地主将羊拖到自己的田里时，羊怎么也不肯走了。地主便气急败坏地在羊身上抽了一鞭。不料这一鞭抽下去，忽然天昏地暗，四野一片苍茫。

等到天空恢复明朗时，那两只羔羊已经变成两座小山，把地主连同他的田地都压在山下。这两座山就被后人叫作"乌洋山"。

大桥因为少了八仙的一群猪和广济和尚的两只羊，桥建到江心，石料便没有了。这可急坏了铁拐李，他气得跺了一脚，却把东端近江心的桥墩闪掉了一角。

眼看江水滔滔，大桥连接不起来，正在大家都觉得手足无措时，聪明的何仙姑心生一计，只见她将手中的宝莲花抛下，花瓣在江心散开，变成18艘梭船。只是这些梭船在江面上打旋，无法连接起来。

■ 广济桥的浮桥

■ 广济桥

穿越古今的古桥古道

广济和尚见状，立即抛下自己手中的禅杖，禅杖化成一根大藤，把18艘梭船系住，成为浮桥。这样，整座大桥便连接起来了。

大桥建成后，潮州老百姓为了纪念韩湘子他们8位仙人和广济和尚的功绩，就给桥起了两个名字，一个叫"湘子桥"；一个叫"广济桥"。就这样，八仙和广济和尚为潮州人们建立了一座世上绝无仅有的集梁桥、浮桥、拱桥于一体的大桥，横跨韩江之上，为后人所乐道。

阅读链接

相传，古时有一个醉汉，天天拎着酒壶到广济桥梭船上独饮。他经常喝得酩酊大醉，时而骑上牛背，时而卧倒牛旁，时而吟唱，时而哭泣，狂态百出。

一天，他大醉后爬上牛背，倒骑牛，大声吟唱道："骑马不及骑牛好，陆马难追水牛走。湘子桥头水牛生，骑牛翻身朝北斗。"

话音刚过，就看见韩江上游有只大水牛缓缓游到醉汉身边，他翻身骑上牛背，往凤凰山顶飘然飞去。人们这才知道，他竟是一位神仙。

因为这个传说，大诗人丘逢甲便作了这样的诗句："何处骑牛寻醉汉，凤凰山上日云烟。"

历任太守修建广济桥

　　仙佛造桥其实也只是民间流传的一个神话传说，大桥是在1171年，由潮州太守曾汪修建，当时修建的是一座浮桥，由86艘巨船连接而成，当时称为"康济桥"。

■ 潮州广济桥

穿越古今的古桥古道

启闭式梁桥

丁允元 官居太常寺卿，后来被贬为潮州知州。治潮多有建树，除了增筑康济桥西段4座桥墩外，还把原建在城南的"昌黎伯韩文公庙"，易名为"韩文公祠"。特别崇拜韩愈兴学育才的风范，规定各地增置"学田"，以此发展地方教育事业。为政清廉，关心民疾，深得民心，为后世潮人所敬仰。

后来在1174年，初建不到3年的浮桥康济桥就被洪水冲垮。太守常炜又开始重修浮桥，并在河的西岸创建了一个高阁子，还开始了西岸桥墩的建筑。

至1194年，朱江、王正功、丁允元、孙叔谨等太守相继增筑桥墩，共计完成了10个桥墩的建造。

后来大桥重修数次，其中1189年，太守丁允元建造的规模最大、功绩最显著而改称西桥为"丁公桥"。

1194年，潮州太守沈宗禹在大桥的东岸筑"盖秀亭"，并称东桥为"济川桥"。

紧接着，后来太守陈宏规、林骠、林会相继增筑，至1206年，历时12年，建成桥墩13座。东西桥建起来后，中间仍以浮舟连接，形成了梁桥与浮桥相结合的基本格局。

宋代末期至元代，广济桥又有许多次的兴建与修缮。1435年，知府王源主持了规模空前的"叠石重修"，竣工后，西岸为10墩9洞，长为165米；东岸为13墩12洞，计长约287米；中间为浮桥，长91米，造了24艘船并排相连接。

在大桥上共建造了126间房屋，建成后更名为"广济桥"。

1513年，新一任的潮州知府谭纶又增建了1桥墩，减少了浮船6艘，然后使它形成了"十八梭船二十四洲"的独特风格。

1724年，知府张自谦修广济桥，并铸造牲牛两只，分别立在西桥第八墩和东桥第十二墩，是为了"镇桥御水"。

■ 广济桥的亭子

1842年，潮门洪水，东桥第十二墩的铁牛坠入江中。后来就有了民谣：

> 潮州湘桥好风流，十八梭船廿四洲，
> 廿四楼台廿四样，两头锉牛一头溜。

广济桥集梁桥、拱桥、浮桥于一体，是我国桥梁史上的首例，也是唯一的一例。

广济桥桥墩上建有形式各异的二十四对亭台楼阁，还有两头铁牛分东西镇水，兼做经商店铺，所以就有了"廿四楼台廿四样""一里长桥一里市"的美称。

广济桥最有特色的结构就是梁舟结合，刚柔相济，有动有静，起伏变化。广济桥的东、西段是重瓴联阁、联芳济美的梁桥，中间是"舳舻编连、龙卧虹跨"的浮桥。

■ 潮州广济桥浮桥

所有见过的人都称：这简直是一道妙不可言的风景线。

清代乾隆年间有人赋诗赞美广济桥：

湘江春晓水迢迢，十八梭船锁画桥。

"湘桥春涨"因而被列为潮州八景之首。从结构上说，梁舟结合，广济桥开启了世界上启闭式桥梁的先河。

广济桥的浮桥可以发挥启闭桥梁的作用，它主要用于通航、排洪，正如《粤囊》记载：

潮州东门外济川桥……晨夕两开，以通舟楫。

所以，每当韩江发洪水，又可解开浮桥，让汹涌澎湃的洪流倾泻而出。

除此之外，广济桥还有关卡的作用。潮州的广济桥是盐商的商船必经之处，所以自明代就在这里设了关卡来收取盐税。后来，朝廷还派人与潮州府共同管辖此地。

穿越古今的古桥古道

知府 古代官名。宋代至清代地方行政区域"府"的最高官位。唐代以建都之地为府，以府尹为行政长官。宋代升大郡为府，以朝臣充各府长官，称为某官知某府事，简称知府。明代以知府为正式官名，为府的行政长官，管辖所属州县。清代沿明制不改。知府又尊称"太守""府尊"，也称"黄堂"。

另外，方志中有记载：

1725年，由盐运同驻潮州与知府分管桥务，东岸属运同掣放引盐，西岸属潮州府稽查关税。

"廿四楼台廿四样"，是广济桥的初创阶段，其实这时已经有了筑亭"覆华屋"修建于桥墩上的举措，并被称为"冰壶""玉鉴"等美称。

1426—1435年，知府王源除了在500多米长的桥上建造126间亭屋之外，还在各个桥墩上修筑楼台。

这些楼台并分别以奇观、广济、凌霄、登瀛、得月、朝仙、乘驷、飞跃、涉川、右通、左达、济川、云衢、冰壶、小蓬莱、凤麟洲、摘星、凌波、飞虹、观滟、挹翠、澄鉴、升仙、仰韩为名。

■ 广济桥的楼台

从此以后，桥楼的建设，将广济桥推上桥梁建筑的顶峰。正像明代文人李龄在《广济桥赋》中所记载：

■ 韩江上的广济桥

五丈一楼、十丈一阁，华桷彤橑，雕榜金桷，曲栏斜槛，丹漆鬷垩，鳞瓦参差，檐牙高啄……

这样绮丽壮观的美景，在古代岭南地区的风雨桥是最为常见的，但规模如此之大，形式如此之多，装饰如此之美，确实是世间少有。

此外，广济桥还有"一里长桥一里市"之美名，因为这里是"全粤东境，闽、粤、豫章，经深接壤"的枢纽所在，桥上又有众多的楼台，因此，这里很快便成为交通、贸易的中心，成为热闹非凡的桥市。

天刚破晓，江雾尚未散尽，桥上已是"人语乱鱼床"了。待到晨曦初露，店铺竞先开启，茶亭酒肆，

李龄 明代进士，1406年，出生于潮阳棉城的一个书香门第。其父李宪举，福建兴化府儒学教授。少年聪慧，随父赴福建上任，游赏莆田等地。他多次得闻闽学大师朱熹遗训，牢牢记在心里，并潜心培育士子，学风兴起，成绩斐然，宾州百姓、士林感恩戴德。

潮州广济桥

各色旗幡迎风招展，登桥者抱布贸丝，问卦占卜，摩肩接踵，车水马龙，络绎不绝。正如李龄的《广济桥赋》所描写的：

诺夫殷雷动地，轮蹄轰也；

怒风搏浪，行人声也；

浮云翳日，扬沙尘也；

响遏行云，声振林木，游人歌而驿客吟也；

凤啸高冈，龙吟瘴海，士女嬉而箫鼓鸣也；

楼台动摇，云影散乱，冲风起而波浪惊也……

活脱脱地就像一幅活动的《清明上河图》。这就有了后来游客闹出"到了湘桥问湘桥"的笑话。

阅读链接

广济桥虽几经修筑，但还保留着美轮美奂的绝妙景致。而且规模如此之大，形式如此之多，装饰如此之美，在国内外都是绝无仅有的。

广济桥还以"十八梭船廿四洲"的独特风格与赵州桥、洛阳桥、卢沟桥并称中国四大古桥，曾被誉为"世界上最早的启闭式桥梁"。

明代知府王源劈石造桥

　　王源是福建龙岩人，字启泽，号苇庵，明永乐甲申科进士，当时也就是1404年。等到了1435年，他到潮州任知府。当时皇帝委派11个朝官为边陲州知府，据说其中一个便是传统昆曲《十五贯》中的况

■ 广济桥的楼台

■ 广济桥的铁牛

钟，另一个便是王源。

在王源任潮州知府期间，横跨韩江的广济桥已颓败不堪，过江的人们只能靠摆渡。

这时地主和豪绅便乘机霸占了渡口，借渡敛财。王源见到了这种状况痛心疾首，于是决心要把广济桥修好。

在那时，西湖葫芦山上有两块怪石，大数十围，高数丈，因为形状很像蟾蜍而得名"蟾蜍石"。这两块怪石朝城区方向倾斜，潮州人都说这是"白虎瞰城"，潮州因此经常闹火灾，百姓经常到官府诉讼。

身为知府的王源也更是为此事着急，他心想：修桥正需要石料，不如将此两块怪石除去，一来可以将石料用来修桥；二来可以为民除害。想到这儿王源便打定了主意要除石修桥，他就派衙使李通、陆雄率领一些民工到西湖山除石。

这一下惊动了收惯桥捐和渡船钱的豪绅们，赶忙出来拦阻说："这怪石动不得！"

王源回答说："既是怪石，只能使潮城人受火灾又多诉讼，为何不除掉？除了怪石又修了桥，一举两得，何乐而不为呢？"

富绅们心里不悦，因为此举定会断了他们的财路，便在民间造谣惑众，说谁动了怪石，便惹了灾祸，潮郡人将要大难临头。

一时间风声鹤唳，李通、陆雄被吓得不敢动手，只得回报说，这怪石根深蒂固实难除也。

但王源的决心已定，他说："韩文公来潮能祭走鳄鱼，我难道连这石头都搬不动吗？"

王源心想肯定是有人在背后捣鬼，急忙吩咐李通、陆雄商量对策，并说："怪石必须除，若招来祸灾，概由本官担待！"

韩江 广东省和福建省境内共有的河流，唐代称"恶溪"，后为纪念韩愈驱鳄又改称"韩江"。干流长度470千米，北源发源于福建省宁化境内武夷山南段的木马山北坡，南源发源于广东省汕尾乌突山的七星崉，经韩江三角洲，分北、东、西溪在广东省汕头市出南海。它是潮汕地区、兴梅地区与福建的重要联系水道。

■ 广济桥远景

穿越古今的古桥古道

葫芦山 位于广东省肇庆莲花镇，与四会市一山之隔，葫芦山的形成有着神奇的八仙传说。葫芦山奇山秀水不绝，渡涧泉浅流涓涓，宛如世外桃源。常有云雾升降，缠绕山麓，使庙宇楼台宛如仙境。

王源便选定吉日，亲自带了百余名兵勇，大闹葫芦山。王源对着大家庄重地宣布："我先动手，如果平安无事，那大家齐动手。"说罢，猛向石头挥去。

"轰"的一声，火花四溅，怪石已缺了一片。王源取了笔在石上大书：

敕广东潮州知府王源除怪石

王源的这一举动深得广大民众的拥护，人们看到知府自己动手，也纷纷挥动铁镐。

大家齐心协力，没多久，两块怪石已破成数段，推倒在地上。

除掉了怪石，经过石工的加工，大的拿去做桥梁，小的拿去砌桥墩。

没多久便把破烂的湘子桥修复，广济桥修好了，

■ 广济桥仰韩阁

还增建了5个桥墩，并在每个桥墩上建造了不同式样的楼阁，非常别致。

■ 广济桥——济川楼台

自此，潮州的火灾及诉讼也少了许多。人们无不拍手称快！

王源还把"济川桥"改名为"广济桥"。从此，葫芦山上不再闹怪石，潮城人也不再怕"白虎煞气"了。

而那些被断了财路的豪绅们以王源造桥为自己树碑立传，挂自己肖像于亭中为借口诬告他，王源因此被捕坐牢。幸好潮州父老派代表上京请愿，他才得以平反冤狱，官复原职。

后来这段故事成了最富有传奇色彩的石刻、碑记，刻有《王源除怪石诗》《王源除怪石记》及《王

白虎煞气 迷信的说法。认为白虎伸手导致阴盛阳虚。居家阴气重，损财运，财源不通难招财。白虎探头导致阴差阳错。阴差阳错的主人破财、散财，搞不好还有血光之灾。五黄大煞主破财、破家、重病、突发灾祸，而且要有人伤亡来祭白虎。

■ 潮州广济桥

《侯除怪石记》等。

王源在潮州时，为人们做了许多好事，后人曾在湘子桥头兴建"王公祠"纪念王源的功绩。

因为后来桥头经常水涨，不便祭祖，就把"王公祠"迁移到金山麓下，每年前往祭祀的人很多。

阅读链接

吴府公是清代道咸年间的潮州知府吴均。某年韩江水大涨，淹上城墙，潮城告急。吴府公为拯救全城百姓，登上东门楼祭水，祈求水退，但水始终没退。

于是他把自己的官帽、官服投于水中，表示与城共存亡。说也奇怪，此时洪水竟就退了。

后来，老百姓为了颂扬他的功绩，在东门楼设了他的神像祭祀，并在湘子桥的东桥建了"民不能忘"牌坊。

广济桥的美名远播

广济桥是一座美轮美奂、活色生香的文化古桥。广济桥，在潮州城东门外，横卧在滚滚的韩江之上，东临笔架山，西接东门闹市，南眺凤凰洲，北仰金城山，景色壮丽迷人。

广济桥，多次修复仍面貌一新，其独特之风姿与高雅之造型艺术，令人叹为观止。而且桥上琳琅满目的楹联亭匾，更让人恍若置身于诗文书法的艺术长廊中。

潮州的广济桥被誉为我

■ 广济桥济川楼台

杨万里 (1127—1206)，字廷秀，号诚斋。吉州吉水人。南宋杰出的诗人，与尤袤、范成大、陆游合称南宋"中兴四大诗人""南宋四大家"。创作抒发爱国情思诗作4200余首。代表作品有《初入淮河四绝句》《舟过扬子桥远望》《过扬子江》等。

国古代四大名桥之一，不但历史悠久，建筑壮观，而且洲梁与浮梁相结合，桥道和桥市相结合，具有独特的功能与风貌。

从宋代初建时起，著名诗人杨万里称赞广济桥就有题咏：

玉壶冰底卧青龙，海外三山堕眼中

明代潮州知府王源曾大规模重修广济桥，架亭屋126间，桥楼24座，会稽王友直也曾撰写碑记称，四面八方来的游客，都说广济桥为江南第一。

明月初上的广济桥，酒肆中灯笼高悬，疍艇里猜拳行令，妓篷中丝竹细语，真是"万家连舸一溪横，深夜如闻鼙鼓鸣"，待到"遥指渔灯相照静"，已是"海氛远去正三更"。

■ 广济桥的亭子

■ 韩江上的广济桥

广济桥的夜色也是别有一番情趣的：

> 吹角城头新月白，卖鱼市上晚灯红。
> 猜拳疍艇犹呼酒，挂席盐船恰驶风。

广济桥也被誉为"湘桥春涨"，是著名的潮州八景之一：

> 时当暮春三月，韩江水涨，河面增阔，湘子桥东西段中间十八梭船连成一线，真似长龙卧波。

观上游两岸的滴翠竹林，下游仙洲盛开的桃花和沿江的绿柳都像浮在水面，景色宜人，疑似三湘。这一番景致在清代乾隆进士郑兰枝盛传海内外的《潮州

潮州八景　有内外之分，内八景是指于古城街巷之间，而外八景则指城外韩江两岸。内八景后来被逐渐湮没，人们所说的潮州八景主要是指外八景，也就是"鳄渡秋风""西湖渔筏""金山古松""北阁佛灯""韩祠橡木""湘桥春涨""凤台时雨""龙湫宝塔"。

穿越古今的古桥古道

丘逢甲（1864—1912），1889年进士，是清代末期著名诗人和爱国志士，也是一位卓越的教育家。虽然在潮汕地区任教的时间不长，但他扬弃旧式以时务、策论、诗、古文辞课士，摒弃八股试帖，创办当时粤东各县独一无二的新式学堂，开创了潮汕近代新学的先声。

八景》诗中，描绘得绝妙：

湘江春晓水迢迢，十八梭船锁画桥。
激石雪飞梁上冒，惊涛声彻海门潮。
鸦洲涨起翻桃浪，鳄渚烟深濯柳条。
一带长虹三月好，浮槎几拟到云霄。

这座充满神奇的大桥，每一个桥墩距今都有几百年的历史，从宋代建成第一个桥墩到形成"十八梭船廿四洲"的格局，前后共延续了300多年。

1426—1435年，王源在桥上建造的126亭屋和24座桥楼，的确不是单纯为了点缀景观和遮蔽风雨，而是当时的东南沿海一带的资本主义商品生产，已经有了最新的萌芽。

潮州人利用桥屋来做生意也许比大街通衢更有利于招徕和流通。

至清代，商品物资交流更是进一步活跃。潮州府

■ 广济桥全景

城人口稠密，士商富足，湘桥桥市更为繁荣。近代诗人丘逢甲在《广济桥》一诗中便写出了这样的情景。

五州鱼菜行官帖，两岸莺花集妓篷，
涨痕雨急三门信，夹道风喧百果香。

五州是指潮州、嘉应州、汀州、赣州、宁州，这么广阔地区的食盐、鱼盐均由桥市发运，称为"桥盐"，一年税额高达16万两白银。至于"百果香"一句，丘氏自注说"卖果者千筐万篓毕集于桥"。

由此看来，桥市有向专业化市场发展的趋势。当时，不但桥面上熙熙攘攘，油栏画槛，桥下江湄，还有成列的花艇，当时称为"六篷船"。

丘逢甲对湘子桥桥市也有生动的描述，民间则流传着："踏上湘桥不知桥，疑是身在闹市中"的民谣。

然而有关潮州湘桥的最早照片拍摄于1868

六篷船 清代中叶以后，潮州韩江有载妓花艇称"六篷船"，被一些文人称为"平康盛事"，潮州俗语遗留"花娘花艇"一语。艇身昂首巨腹而缩尾，前后五舱。首舱停时设门摆几，行时并篷施楫。中舱为款客之所，两旁垂湘帘，敞若轩庭。榻左右立高几，悬名人书画，焚香插花，俨然有名士风味。

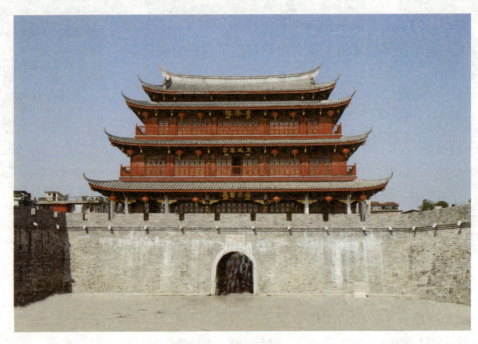

■ 广济桥边的广济楼

年,这张照片是最早的一张,已经有100多年了。照片是英国人约翰·汤姆逊所拍,他尤为擅长拍摄建筑物。1868年的一天,汤姆逊随着外国教士、官员首次来到潮汕地区。由于职业的本能和行家的眼光,使得汤姆逊对湘子桥深感兴趣。

汤姆逊先生后来写道:

拍摄韩江桥的工作是艰辛的。拍摄时,为了避开喧闹的不友好的人群,我一清早就开始工作。但人们还是骚动起来。当他们看到我拿着枪炮般的摄影家伙对准他们那高悬桥外摇摇晃晃的住处时,他们认定我是在耍外国巫术,加害古桥及上面的居民。

于是人们便丢下店铺摊档不管,由一个"勇敢分子"纠集一批擅长于投掷的无赖,与其他市民一起，齐心协力，准备好泥巴、瓦片等投掷物开始向我发起攻击。

没过多久，这些东西便如雨点般落在我的身旁和头上。我跃入水中，狼狈不堪地向停靠附近的篷船撤退，登船躲避。当人群中一个"无赖汉子"不顾一切继续进逼，欲毁我摄影机时，我不得已抄起尖利的三脚架当作武器把他击退。

对于我来说，损失并不大。说真的，古桥的照片还是在三脚架上拍摄到的。

潮州韩江桥也许是中国的一条最值得提的桥梁。它和伦敦老桥一样，它们都为城市提供了一个可供居民做生意的地方。

原来汤姆逊的着眼点在"桥市"。湘子桥历史悠久规模宏大的桥市确实堪称中国第一，也是世界所罕见的。

有的船布置清雅，疍家姑娘才貌出众，竟可与珠江花艇媲美。真是"春水三篙湘子渡，红栏一曲女儿花。"这是《韩江记》里的一段

■广济桥桥面

■ 广济桥的亭子及浮桥

穿越古今的古桥古道

话，而且也是当年桥市生活繁华的一个侧面写照。

汤姆逊先生将广济桥与伦敦桥相提并论自有他的见地和道理。除了桥上做生意这一点相似外，伦敦桥也是举世闻名的古桥。

广济桥桥上有形式各异的亭台楼阁，这也是该桥的一大奇观，因兼作经商店铺，故有"廿四楼台廿四样""一里长桥一里市"之美称。潮州的广济桥与赵州桥、洛阳桥、卢沟桥并称中国著名古桥。古人有"到潮不到桥，枉向潮州走一遭"之说。

阅读链接

德化广济桥坐落于福建省戴云山麓的德化的一个村落里，它始建于1522年，后经过1657年因为水灾冲毁而重建。

广济桥上的廊屋内部装有藻井。广济廊桥上的藻井雕刻有虎、豹、狮、象、鱼虾水族、花卉鸟鸣。这一仅有一米见方"藻井"共有5层斗拱，每层斗拱下大上小层层收敛成外六角形内圆形状，每层斗拱的斗随层逐层变小，每层33斗，共计165斗，斗拱排列有序、结构严谨、线条流畅。

广济廊桥的藻井，装饰成了德化廊桥中的"一绝"。它寓意着鞭策后人秉承先贤、历经磨炼、方有作为。

卢沟桥

卢沟桥始建于1189年，坐落在北京西南约15千米处永定河上。大桥全长266.5米，宽7.5米，下分11个涵孔。桥身两侧石雕护栏各有望柱140根，柱头上均雕有卧伏的大小石狮共501个，神态各异，栩栩如生。

卢沟桥两旁有281根汉白玉栏杆，每根柱头上都有雕工精巧、神态各异的石狮，或静卧，或张牙舞爪，更有许多小狮子，千姿百态，数之不尽。民间有句歇后语说："卢沟桥的石狮子——数不清"。

世界著名旅行家马可·波罗在他的游记中称赞卢沟桥是世界上最好的、独一无二的桥。

神仙老汉帮建卢沟桥

　　传说很久以前，永定河上没有桥，来往的行人都要坐船过河。在河畔的沿岸住着一个姓卢的青年，整年靠摆渡为生。

　　因为他出生时正好赶上永定河发大水，结果把他家门前冲出了一道沟，所以父母就给他起了个名字叫"卢沟"。

　　卢沟长大后常年在河上摆渡，经常见到河中恶龙闹水，恶龙一闹

■ 北京名胜卢沟桥

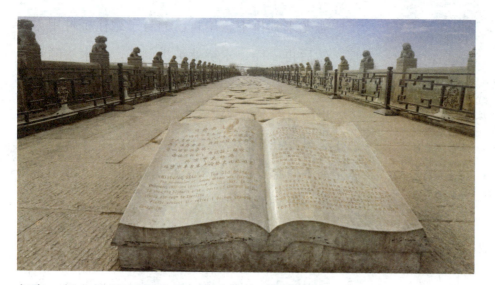

■ 北京卢沟桥桥面

起来，行人就无法过河。卢沟后来就琢磨着要想出一个好法子来，既能治住恶龙，又能方便过往的行人。

有一年夏天，又赶上恶龙闹水，卢沟只得收了渡船，在家歇息。这时，来了个老汉要过河，说是有急事，求卢沟无论如何要送他一趟。卢沟无奈，只得硬着头皮撑船下河。

说来也怪，卢沟的小船所到之处，风平浪静，没有一丝浪花，卢沟正在纳闷，就听得老汉说："这河面上要是有座桥，恶龙就不敢这么胡闹了。"

刚说完，老汉就不见了。卢沟愣了一下，接着一个劲儿地揉着眼睛，他心想，是碰见神仙了吧！卢沟听了老汉的话，打这儿以后，一心想着在渡口修座桥。

于是，卢沟每天摆渡完后就到西山去伐树，凑在一堆，就扎成一排顺河放到家门口。就这样，卢沟用了整整一年工夫，终于在河上架起了一座大木桥。

木桥架好后，乡亲们都挺高兴，可恶龙却生气

龙 我国古代的神话与传说中，龙是一种神异动物，它具有9种动物合而为一的九不像的形象，为兼备各种动物之所长的异类。在封建时代，龙是帝王的象征，也用来指至高的权力和帝王的东西：龙种、龙颜、龙廷、龙袍、龙宫等。龙与白虎、朱雀、玄武一起并称"四神兽"。

了。恶龙来到桥下，用自己的身子缠住桥桩用力拉拽，然后再一撞，木桥就被拱倒了。大木头顺水而下，一会儿就没了影。

卢沟看到木桥被毁，非常生气，他决定索性不摆渡了，开始在岸边烧起砖来。他用了3年工夫，又在永定河上修起了一座砖桥。卢沟心想，这下子可不怕恶龙再来拆桥了。

谁知道恶龙又来了，它在桥墩下又撞又晃，桥没倒。恶龙又弓着背往上拱，砖桥吃不住劲了，"轰"的一下倒下了。卢沟这回伤心极了，只觉得眼前一黑，他昏了过去。

当卢沟醒来时，他看见那个他曾经送过的神仙老汉正站在他面前。见卢沟睁开眼了，老汉就对他说："好孩子，有志气，让我来帮你建一座大石桥吧！"

穿越古今的古桥古道

神仙 神仙分为"天、地、人鬼"三个类别。这些神仙大都在道教里被古人广泛崇拜。我国神话传说中指经过人的不断修炼，不断领悟。心灵境界达到某一种超脱的状态，人的肉体得到了升华。道家指人所能达到的至高神界的人物。

说完，老汉就领着卢沟来到西山，指着那些大石头说："你把这些石头凿出810块大方石，140根石柱子吧！"

卢沟拿起老汉给他的大锤和凿子，二话没说就干了起来。老汉指点了几天，见卢沟的手艺练得差不多了，就告诉卢沟凿完后到云水洞去找他，说完就走了。

卢沟没日没夜地干了起来，头碰破了、手震裂了也不停锤，整整干了3年，才准备齐石料。

卢沟到云水洞去找老汉，老汉告诉他，让他再把洞外的10个山峰削下来，凿成10把石剑。

这活可就更难了，卢沟用了足有100天，才凿出10把两面尖尖的大石剑。

当石剑凿好后，老汉这次又告诉卢沟，再凿出

■ 卢沟桥美景

■ 卢沟桥风景

永定河 北京地区最大河流，海河五大支流之一。上游源于山西宁武的桑干河，在河北怀来的支流源自内蒙古高原的洋河，流至官厅始名永定河，全长650千米，流域面积5.08万平方千米。流经山西、河北两省和北京、天津两市入海河，注入渤海。

490只大小不一的石狮子和四头大象来。

卢沟还是没说二话，干了起来。这次用的时间更长，用了5年时间才把石狮子、石大象凿完。

老汉这次没等卢沟找，他就自己来了。看着卢沟凿出的石料，他满意地笑了，对卢沟说："好孩子，太辛苦你了，要不是我这些年拖累你，你早该成家立业儿女满堂了。不过你干的是件大事，后代儿孙知道了，也会感激你的。你去吧！现在可以建桥了，我太老了，就叫石狮子和石大象去帮助你吧！"

说着，老汉挨个儿拍了拍石狮子和石大象，那些石狮和石大象突然活了，它们帮助卢沟把石料全部运到了永定河边。卢沟喜出望外，连夜指挥石狮和石大象建桥，一夜之间，大石桥就建成了。

卢沟激动得流下了眼泪，当地的百姓们也敲锣打鼓赶来庆贺。那恶龙可气坏了，怒气冲冲地赶到石桥下，使劲用身子缠住桥墩又摇又掀。

恶龙没有想到，这次的桥墩是用石剑做的，一下子刺得它鲜血淋漓，疼得上蹿下跳的，这一下可麻烦了，平坦的桥面被拱弯了。

那490只石狮一看大事不妙，就连忙跳上了桥栏杆，压住了桥身。有的跳得慢点，没地方了，只好几只挤在一起。

恶龙的身子被压了下来，可是心里还是不服气，它就把身子猛地伸直了往两边撑，就想把石桥头挤掉在水里。石大象一看急了，马上扑上去顶住了桥头。恶龙又气又累，吐了几口黑血，便死去了。

从此以后，这座大石桥就成了拱桥，桥栏上站满了石狮，桥头还有石大象顶住，非常的坚固。当时皇帝看了非常高兴，就赐名叫"广利桥"。

可是，人们为了纪念卢沟，都叫它"卢沟桥"，并一直流传着。而那位神仙老汉呢？人们都说他就是鲁班爷。

阅读链接

据说从前永定河只有一个渡口，有个姓卢的山西人在渡口附近经商，生意非常兴隆。

有一年秋天，他带着钱财，搭乘田氏的摆渡船准备回老家探亲。谁料田氏见卢钱财不少，顿起歹心，将卢氏翻入永定河中淹死了，将银圆据为己有，也经起了商来。

第二年，田氏生了个儿子，在儿子10岁时，每天要打田氏3个嘴巴，不让打就哭闹不止，田氏十分懊恼，求教于老和尚。

老和尚对田氏说，你这儿子是被你害死的卢氏转世而来的，与你算账来了。

田氏一听，求老和尚开恩救命。老和尚说："救你不难，只要你把劫走的钱财都拿出来修座桥就可以了。"

田氏连忙请了不少工匠在渡口修起了一座桥。田氏又向老和尚讨教桥名，老和尚微笑着说："你这是还卢氏的账，我看就叫卢沟桥吧！"

金朝两代帝王令建桥

　　永定河原名叫"卢沟河"，因为水混浊乌黑，流速湍急，有诗人形容它"其急如箭"。在古代，由于人们以黑为卢，所以卢沟河又叫"黑水河"。

卢沟桥头的华表

卢沟河的河水发于太原的天池，经过朔州、雷山后，合并为桑乾河，再汇合成雁门、云中诸水，过怀来，流经石景山地段，土质疏松，携起大量泥沙。

■ 卢沟桥水景

卢沟河再经大兴、东安、武清流入白河，之后也多次改道。北宋文学家苏轼曾说：

> 盖桑乾河下流为卢沟，
> 以其浊故呼浑河，
> 以其黑故呼卢沟。

那时候，卢沟河水经常泛滥，据史料记载，在1185年5月，卢沟河的上阳村决口。皇帝随即下令，派遣金中都150千米以内的民夫全去堵塞，可惜后来河水又再次决口。

苏轼（1037—1101），北宋时期的文学家、书画家。他一生仕途坎坷，学识渊博，天资极高，诗文书画皆精。其文辞开豪放一派，对后世有巨大影响。其书法主要擅长行书、楷书，有天真烂漫之趣。画学文同，论画主张神似，提倡"士人画"。著有《苏东坡全集》和《东坡乐府》。

■ 卢沟桥的桥墩

河神 是人类历史
时期对水文化的
一种极度崇拜。
由于古代人们对
水的破坏和水的
祸害无法预见,
过度的水涝不仅
会吞没一切, 还
会滋生传染病或
地方病。 河流,
水体, 或是与水
关系密切的地
方, 只要与一定
数量的人口存在
利害关系, 就会
产生相应的河神。

永定河是北京的母亲河, 它孕育了北京城, 京城内的水系也得益于它, 同时对它的泛滥十分敬畏, 历朝历代都想尽了办法治理它。

611年, 隋炀帝就派遣了诸将领, 在蓟城南桑干河上, 建筑了社稷两坛。1161—1189年建造了卢沟河神庙。1436—1449年, 在堤上建起了龙神庙。

1698年, 圣祖仁皇帝动用国库资金重建龙神庙, 敕封永定河神。河神庙内后殿恭悬皇上御书匾额: 永佑安澜。庙匾额为: 南惠济者。大殿上恭悬着圣祖御书匾额曰: 安流润物。对联为:

巩固藉昭灵, 惠同解阜;
馨香凭报祀, 济普安恬。

卢沟河在此处也是商旅使者进京往来的重要渡

口。1188年5月，皇帝下令建石桥。但是，桥还没有建成，金世宗便驾崩了。

1190年6月，金章宗见行旅中多有体弱多病者，水流又急，随即下命建造舟船，解决人们的交通问题。又施令建造石桥，于是在卢沟河上开始破土动工修建大桥。

1192年3月，大桥建成并投入使用。因为大桥处在卢沟河上，人们又叫它"卢沟桥"。

卢沟桥全长266.5米，宽7.5米，下分11个涵孔，中间大，两边小。桥身两侧石雕护栏各有望柱140根。每根望柱上有雕刻数目不同的石狮。

特别是在栏杆望柱上雕刻的狮子，往往在大狮子的身上又雕了许多小狮子，大的10余厘米，小的仅几厘米。它们三三两两，有的趴在大狮身上，有的伏在背上或头上，有的在大狮身上似在奔跑，有的则在大狮怀里嬉戏，有的只露出了半个脑袋或一张嘴，有的在戏弄大狮的绒头和铃铛，等等。

由于石狮子的数目众多，在观赏或计数时，稍不留神便会漏掉。明代文人蒋一葵在其《长安客

127

京西锁钥

卢沟桥

■ 卢沟桥的石狮子

■ 卢沟桥石栏刻

话》一书中，曾这样描述其情景：

> 左右石栏刻为狮形，凡一百状，数之辄
> 隐其一。

明代末期，居京文人刘侗、于奕正在其所著的《帝京景物略》写道：

> 石栏列柱头，狮母乳，顾抱负赘，态色
> 相得，数之辄不尽。

其实，大部分石狮是后来明清两代的原物，金代的很少，元代的也不多。后来对石狮统计过多次，各有不同。据最后一次统计的结果，共有大小石狮501只。正因为如此，人们面对叹为观止的大桥上的石狮

蒋一葵 字仲舒，号石原，明代江苏武进人。1594年中举人，曾历任官灵川知县、京师西城指挥使，四处访问古迹，并作记录，官至南京刑部主事。作品有《尧山堂外纪》《尧山堂偶隽》《长安客话》。有人称他"其所著撰，琳琅脍炙人口"，是当时负有重名的骚人墨士。

留下了一句歇后语："卢沟桥上的石狮子——数不清。"

有一种动物，能变化出500多种神态各异的形象，每只栩栩如生，如此杰作必出自大师之手。卢沟桥不仅造型美观，科学技术含量也很高。10座桥墩建在9米多厚的鹅卵石与黄沙的堆积层上，坚实无比。

桥墩平面呈船形，迎水的一面砌成分水尖。每个尖端安装着一根边长约26厘米的锐角朝外的三角铁柱，抵御洪水和冰块对桥身的撞击，以保护桥墩。人们把三角铁柱称为"斩龙剑"。

桥墩、拱券等关键部位，以及石与石之间，都用银锭锁连接，以互相拉联固牢。这些建筑结构都闪烁着我国先民的智慧与创造。

古代的石桥，一般来说，桥面都要起拱，唯独卢沟桥，平坦笔直卧于河上。世界著名旅行家马可·波罗在游记中称赞："它是世界上最好的、独一无二的桥。"

阅读链接

在明代，宛平城有一位官员对"卢沟桥的狮子数不清"的说法很不以为然。一次，他亲自坐镇桥头派了许多士兵去清点卢沟桥上的石狮。不料，两列士兵数了一遍又一遍，前后的数字却总是对不上。

这位官员很是恼怒，认为是"士兵无能"，他决定亲自弄个明白。待到夜深人静之时，他独自一人再次来到卢沟桥上。此时，天色朦胧尚未大亮，但是桥两边的狮子蹦跳往返，翻滚嬉戏，好不热闹。

此情此景，让这位官员看得目瞪口呆。突然间他好像悟出了一个"数不清"的缘由："啊！这卢沟桥上的狮子原来是活的啊！"

康熙皇帝重建卢沟桥

卢沟桥建成后，成了京城的西南大门。

1638年，在桥东建造了500多米长的小城。当时正是明代的战乱时期，建此城用以屯兵守卫京城。

那时，因为卢沟桥刚修好不久，有人建议，这里是车马商旅的交

■ 卢沟桥景观

■ 卢沟桥桥面

通要道，应该在河两岸建造房屋，让人居住和看守。

崇祯皇帝说："何必这样？地方衙门可以自己建造嘛！"

左丞相守贞说："那样恐怕被豪强占有，况且商人多停留在河东岸，如果朝廷建，两岸可以对称，也便于观察治理。"

崇祯皇帝听了左丞相守贞的建议，便开始修建此城。崇祯皇帝随即特命专人来负责建造此城，说要把此城建成拱卫京都的桥头堡。

小城建好以后，当时取名为"拱北城"。因为拱北城是作为军事设施建造的，因此它不同于一般县城，人们一般称其为"斗城"或"卫城"。

拱北城原是明代顺天府下辖的京城附郭县之一，后来改称为"拱极城"，当时的拱极城也一直作为军营屯兵之所。拱极城内，路东有观音庵，路西有

崇祯皇帝

（1611—1644），明思宗朱由检，庙号思宗，后改毅宗、怀宗，明代第十六位皇帝。他是一位年轻有为的皇帝，但由于内忧外患太多最终导致明朝解体，也成了明代最后一位皇帝。

穿越古今的古桥古道

兴隆寺。

拱极城城外因为有卢沟桥，这里商旅兴盛，人员密集，过往卢沟桥的人与车马从此络绎不绝，这就大大增加了卢沟桥的负荷。长此以往，卢沟桥就破损了。

至清代时，金代所建的卢沟桥简直不能使用了，康熙皇帝就下令重新在卢沟河上建造了一座桥。

他励精图治，亲自冒着寒风用仪器测量河床，又亲自指挥和监督施工，修筑河堤，定方向，钉木桩，施丈量，用石堤，固水涮沙，用莽牛河水冲刷浑河泥沙。他还让河兵在堤岸两边大植柳树，保持水土。

排桩防水，按比例绘图，修成水坝、石闸，加固堤防。在组织上设立河兵建制，平时维护，在康熙皇帝精心治理永定河的情况下，从 1698 年后30年里未有大的水患。

康熙帝带领大家挑挖新河，防淤塞，还采取了与民有利的措施，施行雇募民工的办法，改强制无偿劳役为雇募，对民工有一定的报酬。

康熙还从国库直拨经费治河，并由直郡王允统领八旗属下步军千人治河修桥。

在康熙的努力下，永

■ 康熙重修卢沟桥碑

■ 卢沟桥上的石狮子

定河泥沙减少，河道通畅，这既减少了大水对卢沟桥的冲击，也减少了泥沙对桥墩的侵蚀，这一行动大大保证了新修卢沟桥的安全。

从 1692—1722 年的30年间，康熙皇帝直接参与了对永定河的治理，并于1698 年赐名"永定河"，而后一直沿用。

在康熙之后，也有人为卢沟桥的修缮工作费心不已。有个著名的廉洁小吏，名叫徐淡，他虽然不是很出名，但因为其廉洁捐银修桥的行为，也被记录在卢沟桥的修建历史上。

徐淡年少时，经常看到人民饱受苦难，早早就下定决心发奋读书，立志长大做个爱民、为民做实事的好官。但是科举仕途他没有走通，但最终还是因为他

八旗 是清代满族的皇家士兵的组织，1601年正式创立，初建时设四旗：黄旗、白旗、红旗、蓝旗。后将四旗改为正黄、正白、正红、正蓝，并增设镶黄、镶白、镶红、镶蓝四旗，合称八旗，统率满、蒙、汉族军队。

具有真才实学和优良品性，在清代嘉庆年间被推荐出任了大名府通判一职。

徐淡到任不久，曾有人将12000两银子送到他面前。他这个新官上任的"乡巴佬"头一次见到这么多银子，一时惊得目瞪口呆。徐淡把银子拿在手中掂了一掂，这么多银两要搜刮多少地皮呢？他决定把银子退回去。

徐淡的这一举动引来了街谈巷议，并很快传入了京城。吏部知道了这件事，嘉庆皇帝下诏书褒扬徐淡，号令各地官员学习徐淡为官清廉和忧国忧民的优良品德。

徐淡为官20年不光为官廉洁，而且还捐出了自己的很多银子，都用在修建卢沟桥上了，卢沟桥上的狮子，有很大一部分是徐淡捐资修建的。

因此，当地有人说："卢沟桥上数百个石狮子可以做证，徐淡称得上是个清正廉明的好官。"

穿越古今的古桥古道

阅读链接

在很久以前，从山东来了个枣贩子，他经过卢沟桥时，看见桥上那么多的石狮子。他想数一数有多少只，然后就开始从西数至东，又从东数至西，可是怎么也数不清。

同行的伙计告诉他，卢沟桥的狮子数不清是由来已久的，劝他别再费力气了。

可这枣贩子生性倔强，越劝越来劲儿，偏要赌这口气不行。他还真有主意，从枣筐里数出一大堆枣来，然后开始数狮子，见一个石狮子就往狮子嘴里塞一个枣。

可是数来数去，总是看到有的狮子嘴里没有枣。他就又数出一堆枣来，继续数狮子，可数了一天，枣贩子的枣筐见底儿了，石狮子也没数清，最后只得死了心，垂头丧气地离开了卢沟桥。

乾隆皇帝与卢沟晓月

从前，卢沟桥这地方十分荒凉，桑乾河一片混浊，号称"小黄河"，时常泛滥。可是自从有了卢沟桥，河水变清了，人们说这桥有灵气，就把它说成了"神桥"。

■ 永济河上的卢沟桥

八抬大轿 古代轿子的形制也有规定。例如在清代初期亲王坐的轿子是银顶黄盖红帏。三品以上大官虽可用银顶、皂色盖帏，四品以下只准乘锡顶、两人抬的小轿。至于一般的地主豪绅，用黑油齐头、平顶皂慢的。在京城内4个人抬，出京用8人。所以叫"八抬大轿"。

但当地人说，卢沟桥的神奇还不在这里，在于这里的月亮比别的地方出得都早。

别处农历初一、初二就看不见月牙，但卢沟桥农历每月三十那天晚上就能看见月亮了。

在大年三十儿夜里，这里的月亮更是非常神奇，一到五更，东南方向就衬出一弯明月，并渐渐上升，那弯明月照得桥身通亮，连桥上的石狮子都能看得一清二楚。

但是，相传这种情景只有两种人可以看见，一种是15岁以下的童男童女；另一种是"大命之人"。

后来，民间的传说被乾隆听到，他就决定亲自去察看一番。

乾隆皇帝自年轻时就是个好游山玩水的人，他几次下江南时都要从这桥上路过，可是就没有看见过这种奇景。

■ *卢沟桥石雕*

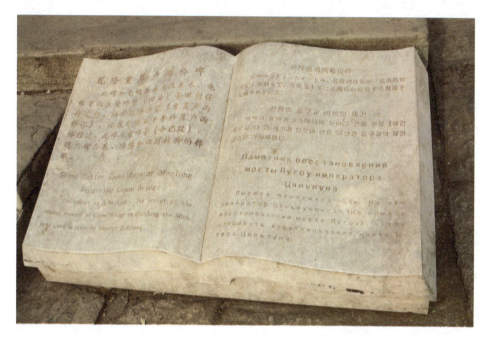

■ 乾隆皇帝重修卢
沟桥碑

但自从听说这卢沟桥上空的月亮有这么神，又觉得自己是大命之人，就打算专程前去瞧瞧。

这一天，正好是大年三十儿的晚上，乾隆认为这可是到卢沟桥看月亮的好时候。于是，他就叫人预备八抬大轿，说是要上卢沟桥。

这时宫里正忙着过年，一听皇上要上卢沟桥，大家都愣住了。

按照老规矩，这天无论是谁也不能离开皇宫。皇上怎么突然提出来要上卢沟桥呢？可是皇上下了命令，谁敢说个不字呢？

大家只得照办。于是，朝中的护卫等人就用八抬大轿把乾隆抬到了卢沟桥。

卢沟桥当时归属于宛平县管辖，而此时的宛平县县令正在忙着过年，一听说皇上驾到，吓出一身冷汗，赶紧点了灯笼、火把，列队迎接。

灯笼 我国的灯笼又统称为灯彩，起源于西汉时期，每年的农历正月十五元宵节前后，人们都挂起象征团圆意义的红灯笼，来营造一种喜庆的氛围。后来灯笼就成了我国人喜庆的象征。经过历代灯彩艺人的继承和发展，形成了丰富多彩的品种和高超的工艺水平。我国的灯笼综合了绘画艺术、剪纸、纸扎、刺缝等工艺，以宫灯和纱灯最为著名。

穿越古今的古桥古道

紫禁城 是指明清两代24个皇帝的皇宫。明代第三位皇帝朱棣在夺取帝位以后，决定迁都北京，即开始营造紫禁城宫殿，至1420年落成。依照我国古代星象学说，紫微垣，即北极星位于中天，乃天帝所居，天人对应，是以皇帝的居所又称"紫禁城"。

天刚擦黑，京城的鞭炮声就响成一片了，处处呈现出一派欢乐祥和的景象。乾隆皇帝带领一干人马，出紫禁城西行，再往南到宛平城的卢沟桥。

乾隆下了轿二话没说直奔卢沟桥，人们也都跟随着上去了。等到了桥头，乾隆皇帝使劲朝东南方向张望，可看了半天，只见满天的繁星点点，却不见半点月亮的影子，更别说把卢沟桥照得通亮了。

乾隆此时感觉非常扫兴，询问左右："我怎么看不见月亮呢？"

左右也不知缘由，只好上前瞎说一气。有的说，灯笼、火把多，所以才看不清楚。

乾隆一听，觉得这话有理，立即下令把所有的灯笼、火把吹熄。顿时，卢沟桥变得一片漆黑，只有一片寒星照着卢沟的河水。

乾隆又使劲望了望，还是没瞧见。他心里急起

■ 卢沟桥美景

■ 卢沟晓月记事碑

来，叫来宛平知县，大声斥责道："你这个官是怎么当的？这卢沟桥不是三十儿晚上出月亮吗？"

县令连忙说："是，是！"

"那为什么看不见？"

"小的也只是听别人说，这月亮只有'大命之人'才能看得见。"

乾隆心想，我是一朝天子，难道还不是"大命之人"吗？怎么我看不见呢？

可转念又一想，我大年三十儿跑到这儿来看月亮，如果说看不见，传出去岂不被天下人耻笑？

想到这里，他对随从们说："你们都退下，让我仔细看看。"

随从退下后，乾隆一个人站在桥上使劲看起来。

看着看着，就觉得眼前一亮，一弯明月挂在东南的天际，整个桥身也立刻变得通亮了。

知县 古代官名，起于战国时期，秦代及三晋时期县的长官均称为令。古时候管理一县的县官，在周朝时称为县正，春秋时期则称为宰、尹、公等。秦汉时期，县拥有万户以上者称"县令"。

笔砚 笔指毛笔，是一种源于我国的传统书写工具，也逐渐成为传统绘画工具。砚也称"砚台"，在"笔墨纸砚"的排次中位居殿军，但却居领衔地位，所谓"四宝"砚为首，这是由于它质地坚实，能传之百代的缘故。

乾隆急忙叫随从近身来看，大家顺着乾隆手指的方向，看得眼睛都酸了，也没有看见月亮。有的随从便说："我们是凡夫俗子，没有这个眼福啊！"其他人也跟着附和着。

乾隆听了特别高兴，觉得自己的确是大命之人。随后，他吩咐说："给我预备笔砚，我要赋诗。"

宛平县令急忙令人抬出雕漆书案，呈上文房四宝，灯笼火把立刻点亮。

乾隆坐在那里沉思，一会儿吟诵道：

河桥残月晓苍苍，照见卢沟野水黄。
树入平郊分淡霭，天空断岸隐微光。

■ 蓝天下的卢沟桥

■ 卢沟桥桥面

乾隆一会儿吟道：

　　河声流月漏声残，咫尺西山雾里看。
　　……

　　乾隆想从中找点儿比较好的句子，可是吟来吟去，都不满意。

　　这时，有一个臣子说："陛下，臣知道明代文学家徐渭有一首《竹枝词》，不知可用否？"

　　乾隆说："讲来。"

　　这位臣子放声吟道：

　　沙浑石涩夹山椒，苦束桑乾水一条。
　　流出卢沟成大镜，石桥狮影浸拳毛。

　　乾隆没听完就摇了摇头。他觉得徐渭这首诗写得太凄凉了，应该写出这卢沟幽美的月色。

徐渭（1521—1593），明代的文学家、书画家、军事家。在诗文、戏剧、书画给当世及后代留下了深远的影响。他的诗，被尊之为明代第一，他的戏剧，受到汤显祖的极力推崇，至于绘画，他是我国艺术史上成就最突出的人物之一。

吏部 我国古代官署。吏部掌管全国官吏的任免、考核、升降、调动等事务。下设四司：明清为文选清吏司、验封司、稽勋司和考功司。文选清吏司掌考文职之品级及开列、办理月选。验封司掌封爵、世职等事务。稽勋司掌文职官员守制、办理官员之复姓等事。考功司掌文职官之处分及议叙，办理京察、大计。

另有一个翰林看出了乾隆的心思，上前说："臣有几句不知如何？"

乾隆说："讲。"

翰林吟道：

霜落桑乾水未枯，晓空云尽月轮孤。
一林灯影稀还见，十里川光澹欲无。

乾隆一听，连说："好！好！"他当即想了一下，随后提起笔来，挥毫写下了4个大字："卢沟晓月"。

众人一看，齐声喝彩，宛平知县急忙吩咐刻碑。就这样，一通"卢沟晓月"的石碑就立在卢沟桥头了。后来，"卢沟晓月"也就成了卢沟桥的美称而出了名。

■ 卢沟桥的抱柱石

■ "卢沟晓月"碑刻

好一个卢沟晓月！它勾勒出这样一种意境：桥下流水潺潺，桥上行人流连，近处杨柳拂堤，远处山峦连绵，一轮明月在淡淡的晨雾中时隐时现……

抑或是另一种意境：羁旅、过客、晓风、残月，淡淡的离愁别绪，剪不断，理还乱，不需浓墨重彩就赚足了才子佳人的眼泪。

据说过了几年后，乾隆皇帝又来到卢沟桥赏月，当时是夏天，吏部天官刘墉陪同乾隆爷到南苑海子墙里打猎。

回来时，乾隆说："朕好长时间没去卢沟桥了，趁着天还早，咱们绕远点走一趟吧！"

于是，乾隆皇帝和刘墉及护卫随从等一帮人骑着马，带着猎物，顺着东河堤来到卢沟桥的龙王庙行宫。

刘墉（1719—1804），字崇如，号石庵，另有青原、香岩、东武、穆庵、溟华、日观峰道人等字号，清代书画家、政治家。乾隆十六年进士，做过吏部尚书，体仁阁大学士。他兼工文翰，博通百家经史，精研古文考辨，工书善文，名盛一时。著有《石庵诗集》刊行于世。

吃过晚饭，天气特别闷热，乾隆漫步来到卢沟桥的东桥头乘凉。

他说："朕前几年路过这里，当时正值初月，仰望蓝天，疏星淡月，远眺河水如带，西山时隐时现；俯桥眺水，月亮光照在水面，像镜子一样明亮，真好似身临仙境。朕触景生情，写了'卢沟晓月'诗。等一会儿月亮出来，朕要再写一首夏季美景，咱们君臣乘凉的诗！"

说完，乾隆便触景生情作了一首诗：

茅店寒鸡咿唔鸣，曙光斜汉欲参横。

半钩留照三秋淡，一练分波平镜明。

入定衲僧心共印，怀程客子影尤惊。

迩来每踏沟西道，触景那忘黯尔情？

随从的大臣纷纷叫好。前来接驾的宛平知县赶紧接着说："凡是从这儿经过的文人墨客，看到万岁爷的诗，一定都会赞叹写得景美情深，真是诗中极品啊！"

阅读链接

金章宗完颜璟走遍了京城的好山好水，他开发了京城的许多景观。比如熟知的燕京八景：居庸叠翠、玉泉垂虹、太液秋风、琼岛春阴、蓟门烟雨、西山积雪、卢沟晓月、金台夕照。

北京史志文献资料集《日下旧闻考》记载："自金明昌中始有燕山八景之目，元明以来，著咏颇多。"

北平旧志也记载"金明昌遗事有燕京八景，元人或作为古风，或演为小曲"。可见燕京八景对后世的深远影响啊！

卢沟桥地域人文风情

卢沟桥历经数百载仍矗立在永定河畔，这简直是个奇迹，历史上有许多讴歌卢沟桥的诗，为卢沟桥留下了不朽的人文风情。

金代礼部尚书翰林学士赵秉文的一首《卢沟诗》这样写道：

河分桥柱如瓜蔓，路入都门似犬牙。

落日卢沟桥上柳，送人几度出京华。

■ 历史悠久的卢沟桥

雉堞 古代城墙的内侧叫"宇墙"或"女墙"，而外侧则叫"垛墙"或"雉堞"，是古代城墙的重要组成部分。它是指古代城墙上掩护守城人用的矮墙，也泛指城墙。

单以晓月形容卢沟桥之美，据说是另有原因：每当旧历的月尽天晓之时，下弦的钩月在别处还看不分明，如有人到此桥上，就会率先看见月亮的清辉。

"一日之计在于晨"，何况是行人的早出发。朝气清新，烘托着勾人思感的月亮，以及上浮青天，下嵌白石的巨桥。京城的雉堞若隐若现，西山的云霭似近似远，大野无边，黄流激奔。

这样的情景，这样的色彩，这样的地点与建筑，不管是料峭的春晨，还是凄冷的秋晓，景物虽然随时有变。但若无雨雪的降临，每月末五更头的月亮、白石桥、大野、黄流，总可凑成一幅佳画，飘浮于旅行者的心灵深处，生发出无尽的美感。

13世纪时，世界著名旅行家马可·波罗跟随父亲和叔叔途经中东，历时4年来到中国。据说此次来中国，马可·波罗曾经到访过卢沟桥，并写下了对卢沟

■ 卢沟桥雪景

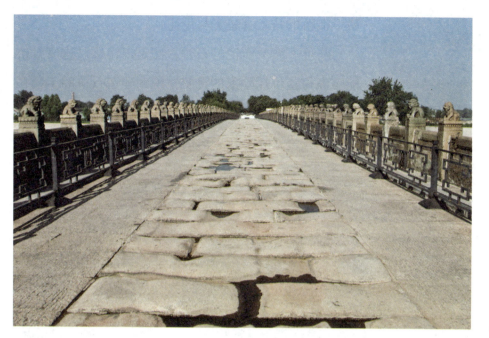

卢沟桥桥面

桥的赞美之词。

据说当时马可·波罗来到我国后，元世祖忽必烈十分欣赏这个勇敢的年轻人。那一年的春天，百花齐放，阳光明媚。

有一天，忽必烈召见马可·波罗，十分认真地说：“马可·波罗，我想派你到云南去，一路看看地方风光，了解民情风俗，有什么奇闻或风吹草动，就立即向我报告。”

马可·波罗接旨以后，准备好行装，第二天一早，他就出发了。

走出大都城，经过永定河上的一座石桥。在桥头，这位探险家矗立良久。

他赞叹道：“啊，多美的石桥！它简直是世界上最好的石桥。那么宽，可以容下10个人骑马并肩前行。它是那么长，足有300多米！24个桥拱，25座桥

旨 本为意见，上下均可通用。宋代以后专指皇帝的命令。明代王在晋《三朝辽事实录·袁可立题叙毛文龙奇捷疏》记载：“行巡按御史复勘，再为议序以俟俞旨施行。”皇帝下的是圣旨；皇后妃子下的是懿旨；其他人是令。

陈孚（1259—1309），元代学者。浙江省临海县白水洋镇松里人。讲学于河南上蔡书院，为山长，曾任国史院编修、礼部郎中，官至天台路总管府治中。诗文不事雕琢，纪行诗多描摹风土人情，七言古体诗最出色，著有《观光集》《交州集》。

墩。造桥的技术真是无与伦比！"

马可·波罗所说的石桥，便是卢沟桥。这座石桥能够赢得这位探险家的赞叹，说明建造石桥的工艺在当时已经十分先进。

元代诗人陈孚在《卢沟晓月》中写道：

长桥弯弯抵海鲸，河水不溅永峥嵘；
远鸡数声灯火杳，残蟾犹映长庚月。
道上征车铎声急，霜花如钱马鬃湿；
忽惊沙际影摇金，白鸥飞下黄芦立。

元代有一幅《卢沟伐木图》，把当时卢沟河畔茶肆酒馆、客商旅店的繁华以及策马驱车、步行担担、风尘仆仆的景象描绘得淋漓尽致。

■ 卢沟桥的狮子

在卢沟河畔留宿的客人一觉醒来，发现鸡已经叫了三遍，洗漱后又踏上了新征程。

首先看到的是晓月当空，东方露出鱼肚白色，天空残月倒挂，大地似银，卢沟桥上月如霜，此时才真正体会到了"卢沟晓月"的美妙。

明代张元芳的《卢沟晓月》诗也很有代表性：

■ 卢沟晓月石碑

禁城曙色望漫漫，霜落疏林刻漏残；

天没长河宫树晓，月明芒草戍楼寒。

参差阙角双龙迫，迤逦卢沟匹马看。

万户鸡鸣茅舍冷，遥瞻北极在云端。

卢沟桥修建以后极大地方便了人们的出行，特别是在元朝定都北京后，卢沟桥的作用更加明显了。

卢沟桥已经成为当时北京的人们通往西南的必经之道。因此，很多当时在北京生活过的人，也都曾经过了卢沟桥。

元代诗人张野写了一首《满江红·卢沟桥》的词：

半世干忙，漫走遍，燕南代北。

凡几度，马蹄平踏，卧虹千尺。

京西锁钥

卢沟桥

张元芳 字宗五，祖籍南京，明初迁居太原府阳曲县。自幼受到良好教育，素怀大志，胸有韬略。1680年，奉命出征，收复海坛、厦门等各处海岛，身先士卒，威震敌军，立下了汗马功劳。在巩固西北边防，与民休养生息中鞠躬尽瘁，死而后已，贡献了毕生精力。

杨荣（1371—1440），明代首辅，其性警敏通达，善于察言观色。他既以武略见重，又有文才，据《明史·艺文志》记载，其著作有《训子编》一卷、《北征记》一卷、《两京类稿》30卷、《玉堂遗稿》12卷。

眼底关河仍似旧，

鬓边岁月还非昔。

并栏杆，唯有石狻猊，曾相识。

桥下水，东流急。

桥墩上客，纷如织。

把英雄老尽，有谁知得？

金斗未悬苏季印，

绿苔空渍相如笔。

又平明，冲雨入京门，情何极。

　　明代的杨荣不仅是一位政治家，还是一个有名的诗人。有人评价道："杨荣的诗文雍容平易，很像他的为人。"他曾经多次到访过卢沟桥，并写下了《卢沟桥北上》，诗曰：

■ 卢沟桥的石雕

河声流月漏声残，咫尺西山雾里看。

远树依稀云影淡，疏星寥落曙光寒。

石桥马迹霜初滑，茅屋鸡鸣夜可阑。

北上已看双阙近，五云深处是金銮。

■ 卢沟桥石雕

　　明代的顾起元，是应天府江宁人，字太初。1600年戊戌科考中探花，官至吏部左侍郎。这位探花出身的吏部侍郎，并不贪恋虚华。对于学问文章，他所持态度也是一丝不苟，他先博览群书，而后提笔作文。

　　顾起元曾经多次游览过卢沟桥，并写下了《卢沟桥》，诗写道：

　　　　西山笼雾晓苍苍，一线桑乾万里长。

　　　　最是征夫望乡处，卢沟桥上月如霜。

　　诗人在前两句交代了卢沟桥所处的地理方位，同时，还用了两句诗给卢沟桥定下了苍凉的基调。诗的

顾起元（1565—1628），1600年，中进士，官至吏部左侍郎，兼翰林院侍读学。明代官员、金石家、书法家。退后，筑遁园，闭门潜心著述。朝廷曾7次诏命为相，均婉辞之，卒谥文庄。著有《金陵古金石考》《客座赘语》《说略》等。

穿越古今的古桥古道

古迹 是先民在历史、文化、建筑、艺术上的具体遗产或遗址。包含古建筑物、传统聚落、古市街、考古遗址及其他历史文化遗迹，涵盖政治、防御、宗教、祭祀、居住、生活、娱乐、劳动、社会、经济、教育等多方面领域，弥补文字、历史等记录之不足。

最后一句用卢沟桥上的月光含蓄地表达了月光下征夫的望乡之情。

清代的乾隆帝曾到过卢沟桥，并写有《过卢沟桥》一诗：

薄雾轻霜凑凛秋，行旌复此渡卢沟。

感深风木睽逾岁，望切鼎湖巍易州。

晓月苍凉谁逸句，浑流萦带自沧州。

西成景象今年好，又见芃芃满绿畴。

卢沟晓月，不知倾倒了多少文人墨客和英雄豪杰。历来的名胜古迹都离不开名人，作为古代都城北京南部出城的交通要道，卢沟桥也自然吸引了许多名人的到访。

■ 卢沟桥石狮

到访过卢沟桥或者与卢沟桥有关的名人很多，这些名人或修缮过卢沟桥，或给卢沟桥写诗著文，他们的行为大大丰富了卢沟桥的文化内涵。

清代改良领袖康有为，也曾到访过卢沟桥。他在一首名为《过卢沟桥望西山》的诗中写道：

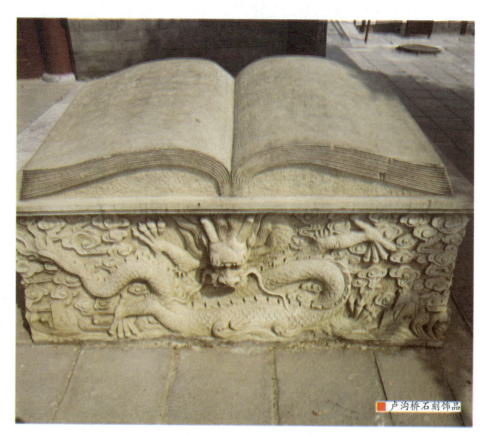

连山叠翠启皇州，万里云岚去素秋。

地落平原开德棣，天分中外作并幽。

浑河浩荡连沙转，香界岩深接汉浮。

萧槭西风催落日，羸驴驮我过卢沟。

　　和康有为同一时期并支持戊戌变法的另一位进步人士谭嗣同，也曾到访过卢沟桥，他在一首名为《卢沟桥》的诗中写道：

河流固无定，人亦困征鞍。

残月照千古，客心终不寒。

山形依督亢，天影接桑乾。

为有鲈鱼恨，重来泪欲弹。

卢沟桥记事碑

　　卢沟桥自古以来，吸引了大量的文人墨客为其挥毫泼墨。卢沟桥的确是一座名闻中外的古代桥梁，除了它建筑工程的巨大和工艺技巧的高超，都是历史所罕见之外，它也为社会留下了许多美丽的传说和人文气息。

阅读链接

　　传说永定河里有个铜帮铁底，是由龙王三公主为父王排忧解难而造的。三公主发动宫女编织铜网、铁网，并用织成的铜网把两岸的河堤保护起来，把织成的铁网铺在河底以防大水冲刷，这就是后来人们传说的"铜帮铁底"。

　　龙宫厚道孝顺的四太子、五太子，连连说自己也要为父王分忧。于是，每到汛期，他兄弟俩自动趴在桥孔处吸水保桥。因此，后来桥孔一直有两个龙头在吸水呢！

　　从此，永定河两岸再没有大的水患了！

祝圣桥

祝圣桥原名"溪桥"，后因为康熙大帝祝寿，改为"祝圣桥"。祝圣桥始建于1388年，据说当时因为阳河暴发山洪，该桥数次被冲毁。直至1723年才修建完成。

祝圣桥全桥长135米，宽8.5米，高14米，此桥是全青石建造而成。

祝圣桥位于贵州省镇远县潕阳河附近，镇远是西南大都会，是明清两代官府进军东南亚必经之路，也曾是商业物资集散地。

祝圣桥不仅在贵州，甚至在西南地区都是较长的一座桥，被誉为"西南最长桥"。

祝圣桥的魁星阁传说

穿越古今的古桥古道

　　朱元璋当上了明朝开国皇帝以后，为了安抚手握重兵的武将们，不得不改年号为"洪武"。朱元璋内心深知，要想建设、治理好国家，还得借助确有本事的文臣。于是，朱元璋便将军师刘伯温封为诚

镇远祝圣桥

意伯，命令他远行去云贵，作为安抚巡视此地。皇帝自己在朝中主持科考选拔人才事务。

刘伯温领旨后，便出发了，他先是路过四川，后又进入云南，最后来到了贵州。刘伯温来到镇远古镇时已经到了盛夏季节。

一天，刘伯温游览青龙洞、中元洞后，已经接近正午时分。走到祝圣桥上的亭阁内，一阵凉风吹来，顿觉神清气爽，于是在亭阁内坐下，正欲闭目养神，不料清风阵袭，肩后帽带不停敲打他的双眼皮。

刘伯温不禁一惊地说道："莫非上天怪我不认识此地的风水吗？"

然后睁眼环视一下四周，只见祝圣桥北接孔圣庙，南连中元禅院，好像明白了什么似的，便问随行的镇远知府："此阁何名？"

知府答道："它还没有取名字，因为路过人常在此避雨乘凉，所以人们都称它为'风雨亭'。"

刘伯温随即叹道："这原本是天赐的好风水，你们却没人给它取个好名字，怪不得贵州出头学子

■ 镇远祝圣桥

刘伯温（1311—1375），是元末明初杰出的军事谋略家、政治家、文学家和思想家，明代开国元勋。通经史、晓天文、精兵法。他辅佐朱元璋完成帝业、开创明朝并尽力保持国家的安定，因而驰名天下，被后人比作诸葛武侯。在文学史上，与宋濂、高启并称"明初诗文三大家"。

这么少！"

回到知府衙门，刘伯温挥笔写下"魁星阁"3个大字，又在另一张纸上画了一幅：魁星立于书案后，隔案举笔正向案前一只欲飞仙鹤头顶点去的图。

然后，刘伯温对知府说："祝圣桥上的风雨亭，从此应该叫作"魁星阁"，明白了就选择一个开工的好日子，按照此图在阁楼上塑魁星一尊供奉，案前仙鹤务必用铜铸成，日后贵州便可有奇才出世了。另外，一定要在当月之内竣工。"

第二天，刘伯温便乘船离镇赴京去了。

刘伯温入京后，匆匆去见皇帝复命。

皇帝刚好拟定完殿试题，闲坐在书案后面。看见刘伯温满面风尘地赶来，便说："请简单说说你这次出行的收获吧！"

衙门　旧时称官署为衙门。其实衙门是由"牙门"转化而来的。衙门的别称是六扇门。猛兽的利牙，古时常用来象征武力。"牙门"系古代军事用语，是军旅营门的别称，营中还出现了旗杆端饰有兽牙、边缘剪裁成齿形的牙旗。于是，营门也被形象地称作"牙门"。

158

穿越古今的古桥古道

■ 镇远祝圣桥

■ 镇远祝圣桥

刘伯温说道："云贵山川秀丽，物产丰富，民风淳朴，唯独读书人太少，而且他们那里道路崎岖，很难与外界接触。假如皇上怜恤他们，我觉得，五百年后这里一定会赛过江南！"

皇帝面带不悦地说："我认为这些都是日后的事，并非你我能看到的。"说完，皇帝告诉刘伯温，"如果三天后的殿试你能猜中新科状元姓名，我便相信你的话。"

刘伯温连忙说："报告皇上，此乃天机不可泄露，目前我已经备下密囊一只，里面写着他的名字，并在贵州镇远府祝圣桥上魁星阁内，设下了一个案子来做证，等您裁定之后，拆开囊封，便可证明了。"

这件事很快便传开了，所有人都替刘伯温感到担忧，因为如果他的话没有应验的话，自己的性命可就难保了。

殿试完了以后，皇帝钦点贵州桐梓人夏铜鹤为

殿试 为宋元明清时期的科举考试之一。即指皇帝亲自出题考试。会试中选者始得参与。目的是对会试合格区别等第。殿试为科举考试中的最高一段。由武则天创制，但尚未成定制，宋代始为常制。明清时期殿试后分为三甲：通称"状元""榜眼""探花"。

贵州祝圣桥

孔圣庙 是纪念祭祀伟大的思想家、教育家孔子的祠庙建筑，在历代王朝更迭中又被称作"文庙""夫子庙""至圣庙""先师庙""先圣庙""文宣王庙"等，尤以文庙之名更为普遍。后来孔庙的功能也远远超出了纪念性建筑的本身含义，成为中华民族文化的象征。

状元。马上命令在殿前拆开密囊，果然内书"夏铜鹤"3个字。满朝文官、武官都惊呆了。

皇帝却问刘伯温："你在镇远所设的案证是什么？"

刘伯温说："魁星拿起笔来在案上画了一幅点铜鹤头顶的图，将图呈给皇帝。"

皇帝看了半天，又问刘伯温："这个图不是专门作为物证所设的吧？"

刘伯温说："确实并非这样，我在巡视云贵期间，对夏铜鹤的才华出众早有耳闻，恰好赶上他进京城应试，不曾见上一面。于是，夜晚观察天象，看见一颗孤星游弋北斗西南方，其间有淡淡乌云阻隔，以致时明时暗。

"我苦思了数日，也不明白其中的预兆是什么？直至行到了镇远，看到城北'白未倒斗'山下，建有孔圣庙一座，与之隔河相望的竟然是修建于悬崖绝壁上，佛、道两家的一片寺院亭阁。绝壁西南头名青龙洞，东北头为中元洞，两洞彼此贯通。

"当地土人又跨舞阳河修成祝圣桥，使中元洞与孔圣庙间畅行无阻，大有儒、佛、道互济之象。只有桥面中间所建的亭阁，被百姓称为'风雨亭'竟含阻隔。臣便给它取名'魁星阁'，并在阁楼上设此案供奉，以求上苍护佑导引，使贵州有用之才能够为圣上效力。

"我临回京之前，再次观测天象，看到原孤星与北斗近在咫尺，中间隔着的云尽都散去了，所以才敢确定新科状元必定是夏铜鹤。"

这便是发生在祝圣桥上的一个奇闻逸事了，经后世相传，祝圣桥便因魁星阁而闻名天下了。

天象 是指古代对天空发生的各种自然现象的泛称。常用来指代天空的景象，如日月星辰的运行等。古人常用观察天象的方式来占卜吉凶。

魁星 是我国古代的传说神话人物，主宰文运，即文昌帝君，在儒士学子心目中，具有至高无上的地位。魁星信仰盛于宋代，从此经久不衰，我国很多地方都建有祭祀魁星的魁星楼。七月七日为魁星诞。

阅读链接

祝圣桥位于贵州省镇远县城东中河山。说到这座桥，还和张三丰有关。

据说，修这座桥的时候，给桥墩下脚就碰到了难题：河底淤泥太厚，挖不到底。众石匠苦苦思索，无良策，工程停下多日。

张三丰见了，却哈哈大笑，说："基脚挖成这样，已经行了，只是差一样东西垫在下面。"

张三丰找了个竹篮，去到街上买了一篮豆腐，晚上来到桥基地方，往每个基脚坑里撒了一些豆腐，口中还念念有词。

第二天，众人出工来到工地，往基坑一看，不禁大吃一惊！原来基坑底是整块的大青石，稳稳当当。就在青石上砌上了桥墩，所以镇远人都说祝圣桥是张三丰用豆腐垫的底。

祝圣桥的建构与美誉

祝圣桥始建于1388年，名"潕溪桥"，由镇远土司思南宽慰使田大雅与镇远土知州何惠同奏请朝廷修建，但没有建成。

后来在1609年重修，至1628年才告竣工，前后历经约250年时间，

■ 祝圣桥景观

■ 贵州祝圣桥

前后经过多次毁坏与重修。

　　祝圣桥位于贵州的镇远古镇，镇远在元代曾是一个军事重镇，由于地处滇尾楚头，从西往东走前面是云南，东边就是楚国。

　　元世祖忽必烈看到了镇远特殊的地理位置，派了大量的军队驻守在这里，因此需要不停地输送物资，南来北往的商人不断地云集到这里来，于是镇远这个3.1平方千米的弹丸之地便从军事重镇转化成了商业重镇。

　　而过去镇远的交通主要是以水路为主，水路运输十分发达，在没有修桥之前采用渡船、浮桥通过，很不方便，当地官员看到这种情况后便修了这座桥。

　　1509年，王阳明凄凉地走过祝圣桥，辟开重重驿道，到修文龙场驻守，沿途的古藤、昏鸦、老树，无

朝廷 是指封建王朝的社会被王国、诸侯国拥戴为共主，共主建立的统治机构的总称。在这种统治制度下，共主通常被称为"皇帝"。一般来说，所谓朝廷分为内廷和宰相为首的外廷。

阳明学派 又名"姚江学派"，创始人为明代大儒王阳明，因其曾筑室于故乡阳明洞中，世称"阳明先生"，故称该学派为阳明学派。该学派提倡"心即理""知行合一""致良知"等学说。阳明学派是明代中晚期思想学术领域中的一个著名流派。

■ 镇远祝圣桥

不给王阳明凄然之感。

抵达镇远之际，他写下《镇远旅邸书札》：

> 别时不胜凄惘，梦寐中尚在西麓，醒来却在数百里外地也。相见未期，努力进修，以俟后会。即日已抵镇远，须臾放舟行矣。

王阳明万万没有想到的是，这种绝望的心境让他在一个偏远之地找到了人生的出口，在无人之境修炼顿悟"阳明心学"，开创阳明学派，成为人类文明史上的一个重要里程碑。

1723年是最后一次修复，其中一次修复竣工时，正值康熙皇帝圣诞，为向圣上祝寿，于是潕溪桥被正式更名为"祝圣桥"。

贵州祝圣桥

1878年，镇远知府汪炳敖提倡捐修，建魁星阁于滇黔学子进京赶考必经的祝圣桥上，希望能够魁星点斗，高中状元，故老百姓又称其为"状元楼"。

魁星阁位于祝圣桥的东起第三孔与第四孔之间的桥面上，该楼为三层重檐八角攒尖顶结构。

在魁星阁两侧"扫净五溪烟，汉使浮槎撑斗出；辟开重驿路，缅人骑象过桥来"的经典对联，真实地记录了1819年6月缅甸人多次骑象赴京朝贡路过这里的重要史实，以及名城镇远昔时曾为南方丝绸之路上水陆通衢的历史见证。

镇远有着十分优越的地理位置，通过湘黔古驿道可深入贵州腹地和云南，直达缅甸。而因为阳河连接沅水，进入洞庭湖后，经过祝圣桥舟，向北可达京城，顺流而下，向东可达沿海各地。

因此，祝圣桥所处的地理位置可以说是古代西南

丝绸之路 是指起始于古代我国的政治、经济、文化中心古都长安，连接亚洲、非洲和欧洲的古代路上商业贸易路线。它跨越陇山山脉，穿过河西走廊，通过玉门关和阳关，抵达新疆，沿绿洲和帕米尔高原通过中亚、西亚和北非，最终抵达非洲和欧洲。

镇远祝圣桥

边陲与长江中下游交往的动脉和捷径。

祝圣桥不仅曾是小城连接阳河两岸的唯一通道，也是滇黔古驿道上的重要通道，它的建成不知道见证了多少湘黔商旅和文人墨客的落魄与辉煌。因此，它承载的使命远远不是一座普通桥梁所能比的。

祝圣桥是一座历经600多年的历史沧桑，光是修建的年代就长达250年，同时又是我国西南的要道，这样的一座桥拥有的文化内涵，在漫长的岁月长河中所起的作用是巨大的。

阅读链接

1488年的一个黄昏，知州周瑛走过祝圣桥。

在赴京纂修宪宗皇帝《实录》途中，周瑛背着一袋米从祝圣桥走过去，渔人跟随，渔人带着水獭，水獭用于捕鱼。他们边走边欣赏风光，饿了，渔人放水獭到潕阳河里打鱼来烧着吃，周瑛生火，搭锅煮饭。

看着鱼儿在清澈的水里游动，周瑛捧着书本在河边阅读，一会儿看看山，一会儿看看捕鱼人，一会儿想着书上的文字，是真是幻都已分不清了。

古桥天姿

——千姿百态的古桥艺术

风雨桥

风雨桥又称"花桥"，流行于湖南、湖北、贵州、广西等地。从汉代末年和隋唐时期，侗乡地区就有风雨桥出现。但有文字记录的最早的风雨桥，是建于1777年。

风雨桥的桥梁由巨大的石礅、木结构的桥身、长廊和亭阁组合而成。风雨桥除石礅外，全部为木结构，用卯榫嵌合。塔、亭建在桥墩上，飞檐翘角，顶有宝葫芦等装饰，被称为"世界十大最不可思议桥梁之一"。

因为使得过往行人可以躲避风雨而取名"风雨桥"。风雨桥是侗乡建筑"三宝"之一，是侗乡人民引以为豪的又一民族建筑物。

风雨桥的花龙传说

侗寨风雨桥

在那古老的时候，侗乡人居住的地方还没有平原大寨，侗乡人大多住在半山坡上，一个小山寨，只有十几户人家。有个小山寨里有个小后生，名字叫布卡，他娶了一个妻子，名叫培冠。

夫妻两人十分恩爱，几乎形影不离。每次两人干活回来，不是一个挑柴，一个担草，就是一个扛锄，一个牵牛，总是前后相随。妻子培冠长得十分美丽，夫妻两人过桥时，连河里的鱼儿也

羡慕得跃出水面来偷看他们。

■ 侗乡风雨桥

有一天早晨，下大雨了，河水突然猛往上涨。卡布夫妇急着去西山干活，也顾不得这个了，同往寨前大河湾的小木桥走去。正当他们走到桥中心，忽然一阵风卷着大雨刮来，刮得卡布睁不开眼，妻子"哎呀"一声跌进水里。

卡布睁开眼一看，却不见了妻子的踪影，他知道一定是刚才让风给刮进河里去了，于是就一头栽入水里，潜到了河底。可是卡布在河里来回寻找了好几次，还是不见妻子的影子。

乡亲们知道了，也纷纷跑来帮卡布寻找培冠，找了半天工夫，还是找不到他的妻子。这下人们便觉得不对劲，一定是有妖怪在这里作怪了。

这究竟是怎么回事呢？

村里人四处打听，后来知道了原来在河湾深处有

侗乡 贵州黔东南是我国最大的侗族聚居地，是侗族文化发祥地，也是侗族文化原生态保留地。侗族文化原生古朴。侗族大歌蜚声中外，被誉为"清泉般闪光的音乐""隐藏着的文明"。

■ 侗乡风雨桥

一只螃蟹精，把培冠卷进河底的岩洞里去了。然后螃蟹精一下子变成了一个俊俏的后生，要培冠做他的老婆，培冠不依，还打了它一巴掌，它马上露出凶相来威逼培冠。

培冠大哭大骂，哭骂声在水底一阵阵传到河上游的一条花龙耳朵里。

花龙马上来到这里，想要施法救人。这时突然天气风雨交加，浪涛滚滚，只见浪里有一条花龙，昂首东张西望。龙头向左望，浪往左打，左边山崩；龙头往右看，浪往右冲，右边岸裂。小木桥也早已被波涛卷走了，冲得无踪无影。

人们都感到心惊胆战的！可是花龙来到布卡所在的沙滩边时，龙头连点几下之后浪涛就平静了。随后，花龙在水面打了一个圈，向河底冲去。

顿时，河底"咕噜"的响声不断传来，大漩涡一个接一个地飞转不停。

　　接着，从水里冒出来了一股黑烟，升到半空变作一团乌云，那花龙也紧追冲上半空，翻腾着身子，把黑云压了下来，终于压得它现出原形。原来这团黑云正是那只黑螃蟹精所变，现形的螃蟹精足有鼓楼顶那么大。

　　黑螃蟹慌慌张张想要逃跑，刚爬上崖壁10米多高。花龙到水里翻个跟头，龙尾一摆，又把黑螃蟹横扫下水来。这样连着几次，把黑螃蟹弄得筋疲力尽，摇摇晃晃爬向竹林，想借竹林挡住花龙。

　　可是花龙一跃腾空，张口喷水，喷得竹林一片片倒塌下去，黑螃蟹又跌进河中。

　　花龙紧紧追进水底后，浪涛翻腾着便顺河而下，这时再也看不见黑螃蟹露面了。后来，在离河湾不远露出一块螃蟹形状的黑色大石头，就是花龙把螃蟹精镇住的地方。这块大石头，后人称为"螃蟹石"。

　　等到河水平静了之后，听到对面河滩上有个女人的叫喊声……

■ 三江程阳八寨

芦笙 为西南地区苗、瑶、侗等民族的簧管乐器。芦笙，是少数民族特别喜爱的一种古老乐器之一，逢年过节，他们都要举行各式各样、丰富多彩的芦笙会，吹起芦笙跳起舞，庆祝自己的民族节日。

布卡定睛一看，那女人不是别人，正是自己的妻子培冠，布卡叫了几声培冠的名字，就游过去救她。

当布卡上岸之后，培冠对布卡说："多亏了花龙搭救啊！"大家才知道是花龙救了她，都感激花龙。这时花龙往上游飞去了，还不时回身向人们频频点头。

这件事一传十，十传百，很快传遍了整个侗乡。侗乡人便把靠近水面的小木桥，改建成了空中长廊式的大木桥，不光在大木桥上建了亭子，还在大桥的4条中柱刻上花龙的图案，以祝愿花龙长驻人间。

空中长廊式大木桥建成后，举行庆贺典礼时，奏芦笙，唱多耶歌，人山人海，非常热闹。这时，天空彩云飘来，形如长龙，霞光万丈；众人细看，正是花龙回来看望大家！因此后人称这种桥为"回龙桥"。

关于回龙桥，有的地方也叫"花桥"，后来人们为了统一名称，也因为桥上能避风躲雨，所以最后人们称它为"风雨桥"。

阅读链接

关于风雨桥的得名，还有一个有趣的传说。

相传有一天，一对恋人正在河边谈情说爱，突然来了阵大雨，把他们淋了个落汤鸡，情形非常狼狈，姑娘不高兴地走了。

相传这个小伙子就是鲁班的传人，看到姑娘离开后，他心里恨老天不肯作美。但这位小伙子懊恼之余，想到如果建一座桥，就可以在桥上跟恋人说悄悄话，还可以方便路人休息。

想到做到。就这样，这位鲁班传人真的在约会的地方建起了一座既可以通行又可以躲避风雨的桥，这便有了风雨桥。

三楚第一桥龙津风雨桥

溪河上修建风雨桥是湖南省侗乡区别于其他民族的一个显著特征。芷江滔滔河水，终年不断。河上两岸以船为渡，常常使两岸百姓及商旅行人葬身鱼腹。

侗乡第一鼓楼

穿越古今的古桥古道

最早在1482年，有人在此处用船相连，搭起一座浮桥，洪水一来，桥就被冲没了。

1591年，沅州城有个叫宽云的和尚，四方奔走募捐，共募集建桥资金15 000两白银、粮食11万石，合660吨，并在芷江修建了风雨桥，因桥墩与流水形如龙口喷津，故名"龙津风雨桥"。

自此河中耸起16个石头桥墩，这些桥墩上的石头，当年是用鸡蛋、石灰、桐油相粘连在一起的，十分坚固。墩上架木板。至1602年，突然暴发一场山洪，将龙津风雨桥冲毁。

1633年，驻沅州的云南都司金书阮呈麟带头捐款，发动民间与百姓集资，决心要重新修复龙津风雨桥。

而在此时修复后的龙津风雨桥桥墩高15.3米，桥中修有八角亭，楼高3层，桥上修建了亭台楼阁，并以木花栏杆相护。

龙津风雨桥上行人车辆可从桥中间通过，桥的两侧还设置长条木凳供人歇息。桥顶都用青瓦覆盖，东

■ 贵州侗族鼓楼

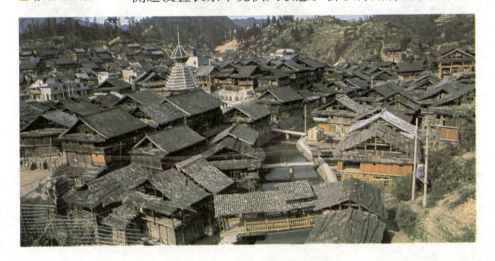

西两桥头均建有很有气势的牌楼坊。桥上两边建起了两面走水的重檐瓦屋70间，供百姓进行经商贸易。

芒江龙津风雨桥内部结构

1777年，突如其来的一把大火又将龙津风雨桥化为灰烬。此后，复修、水毁、火烧、征战，使这座风雨桥屡建屡毁。

后来修复一新的芒江龙津风雨桥，是一座集贸易、观光于一体的我国最大的侗乡文化风雨桥，它是历史古迹和建筑艺术的完美融合，成为华夏大地一道不可多得的人文景观。

自古以来龙津风雨桥一直是湘黔交通要塞，也是商贾游客往来云集最繁华的地方，史称"三楚西南第一桥"。

龙津风雨桥位于湖南芒江，桥全长146.7米，宽12.2米，为当今世界第一大风雨桥。人行道宽5.8米，隔间建有7处凉亭，亭最高17.99米，抚扶木栏，登上观赏亭，舞水两岸风光尽收眼底。

龙津风雨桥的四周明山叠翠，潕水拖蓝，犹如一

重檐 在基本型屋顶重叠下檐而形成。其作用是扩大屋顶和屋身体重，增添屋顶的高度和层次，增强屋顶的雄伟感和庄严感，调节屋顶和屋身的比例。重檐主要用于高级的庑殿、歇山和追求高耸效果的攒尖顶，形成重檐庑殿、重檐歇山和重檐攒尖三大类别。

侗乡之宝

风雨桥

侗族风雨桥

幅流动的山水画卷，令人神往，浮想联翩。河西巨大的古建筑群，就是全国内陆最大的妈祖庙天后宫。

河东是我国侗乡最大的吊脚楼群，把芷江侗乡披上一层浓厚的神秘色彩。整个风雨桥为全木质架构，无一钉一铆，气势宏大，如一条长龙横贯东西两岸。

深蓝色的琉璃瓦、6组金黄色的双龙抢宝和兽头，白色的檐口、脊等，隐含着当代园林风格。悬柱、悬瓜、柱角、石鼓则体现了侗乡木建筑艺术。

楼阁观赏厅、亭、廊、柱枋、店面门牌等对联、条幅系名家书法精品，由名匠雕刻制成，展现了名人书法和木刻艺术风采。

阅读链接

地坪风雨桥位于贵州地坪，横跨在美丽的南江河上，桥身长70米，宽4米，距水面高8米。桥上建有3座桥楼，中楼高约5米，是一座五重檐四角攒尖顶的鼓楼，顶上安装有葫芦宝顶，桥两端是三重檐歇山顶高约3米的鼓楼。

风雨亭中常有一位老人，他一年四季从早到晚，在这里沏上茶水，供来往行人饮用。桥的柱头上挂着一捆捆由热心的侗乡妇女扎制的草鞋，为行人提供方便。

隆冬季节，寨里的人还轮流挑柴来生火，供行人歇息时取暖。这些暖人的情意，显示了侗乡人民乐于助人、热情待客的美德。

广西三江的程阳风雨桥

　　每个侗乡的寨子必有的建筑就是鼓楼和风雨桥，建造的费用自是村民凑钱，还有外人捐赠。每座鼓楼和风雨桥的风格又有所不同。每一座桥，都在讲述它的过去与现在；每一阵流水或蝉鸣声都能让你深切地沉浸于凄离绝美之中。

　　程阳风雨桥是典型的侗乡建筑，这座横跨林溪河的木石结构大

■ 三江程阳风雨桥

桥，是建筑的集大成者，集桥、廊、亭三者于一身，在我国建筑史上独具风韵。

　　程阳风雨桥位于广西壮族自治区柳州的三江，是具有侗乡韵味风雨桥中最出名的一个。这座桥修建于1916年，桥长64.4米，宽3.4米，高10.6米。这座横跨林溪河的大桥，为石礅木结构楼阁式建筑，2台3墩4孔。墩台上建有5座塔式桥亭和19间桥廊，亭廊相连，浑然一体，十分雄伟壮观。

　　程阳风雨桥不仅在造型上富有民族特色，而且在结构上也颇具匠心。整座桥梁用木材凿榫相互接合，斜穿直套、纵横交错、结构复杂但建工丝毫不差，并且形式优美，雄伟壮观，是侗乡高超的建筑艺术水平的体现。

　　尤其是在5个桥墩上又建有5座极具侗乡风格的楼亭，亭的屋面均为四层塔式重檐，上施青瓦白檐。桥楼亭上的壁柱、瓦檐、雕花刻画，朝脊的一端都做弯月起翘状，好似金凤欲展翅翱翔一般。

　　程阳风雨桥上的两旁还设有长凳供人憩息，坐在凳上向远处放

■ 三江程阳风雨桥

■ 程阳风雨桥

眼，只见林溪河蜿蜒而来，桥的两边，茶林满坡，翠木簇拥。此外，田园耕地，农夫劳作，河边水库，缓转灌溉与翠林相得益彰。

程阳风雨桥大多架设在村寨下方的溪河之上，既作为交通之用，又有宗教方面的含义。它象征飞龙绕寨，以保年年风调雨顺，五谷丰登，吉祥幸福。故人们称为"风雨桥""永济桥""赐福桥"。

程阳风雨桥的桥亭和桥廊的建筑采用的是穿斗木结构，这种建筑是我国南方传统建筑中常用的结构形式，在山区的民族地区中使用尤其普遍。

程阳风雨桥桥亭顶端和飞檐翘角都镶有装饰物，或是用若干个铁罐相衡套扣组成的串串"葫芦"，或是用桐油、石灰、糯米浆为原料，塑造一只只栩栩如生的吉祥鸟。

程阳风雨桥两旁的栏杆，远远看去好似一条长

五谷 古代所指的五种谷物。"五谷"在古代有多种不同的说法，最主要的有两种：一种指稻、黍、稷、麦、菽；另一种指麻、黍、稷、麦、菽。两者的区别是：前者有稻无麻，后者有麻无稻。古代经济文化中心在黄河流域，稻的主要产地在南方，而北方种稻有限，所以五谷中最初无稻。

■ 三江程阳风雨桥

廊，飞檐高翘，犹如羽翼舒展。整座桥雄伟壮观，气象雄浑，所以又叫"盘龙桥"。

程阳风雨桥是侗寨风雨桥的代表作，是目前保存最好、规模最大的风雨桥，是侗乡人民智慧的结晶，也是我国木建筑中的艺术珍品。

作为风雨桥中的佼佼者，程阳桥还具有雄厚的文化底蕴。有关风雨桥的传说，如情侣化龙的传说，都是围绕程阳桥产生的。

程阳风雨桥的建造，是侗乡人民智慧的结晶，它体现了侗乡人民的聪明才智和伟大的创造力。

阅读链接

湖南省怀化普修桥的桥廊两侧设置通长直棂窗，4柱3间排架。桥身为重檐长廊，分设3座桥亭，桥两端各设一座桥门。

两边桥亭为三重檐，方形平面歇山顶式。中间桥亭有七重密檐，下三层为方形平面，上四层为八角攒尖葫芦顶，顶尖泥塑青鸟一只，能转动，迎风鸣响。

3座桥亭内设神龛，中亭关圣殿，两端亭分设始祖祠和文昌宫。采用3孔4墩支承桥体，桥墩上架设两层等分枕木悬臂起挑承重桥面大梁。桥墩用青石质料砌成。南端桥头，因受地势影响，建有一座石砌3孔引桥。凡到侗乡的南贾北客，无不为普修桥的工艺叹为观止，流连忘返。

断桥

早在唐代，断桥就已建成，唐代人张祜《题杭州孤山寺》诗中就有"断桥"一词。

断桥位于浙江省杭州西湖的白堤东端，它是拱形独孔环洞石桥，长8.8米，宽8.6米，单孔净跨6.1米，保有古朴淡雅的风貌。

桥东堍有康熙御题景碑亭，亭侧建水榭，题额"云水光中"，青瓦朱栏，飞檐翘角，与桥、亭构成西湖东北隅一幅古典风格的画图。

在西湖古今诸多大小桥梁中，断桥名气最大，"断桥残雪"是西湖十景之一，断桥也被誉为"西湖三大情人桥"中最著名的一座。

神仙助段家夫妇修桥

西湖断桥，最早也叫"段家桥"。之所以被称为段家桥是因为此桥是一对段家夫妇所修。

相传在很久以前，西湖白沙堤，从孤山蜿蜒蜒到这里，只有一座无名小木桥，小木桥与湖岸紧紧相连。行人路过这里，到孤山的那边去经商、游玩，都要经过这座小木桥。日晒雨淋，桥板经常要被踩

■ 杭州西湖断桥

烂断掉，行人十分不便。

　　在小木桥的旁边有一间简陋的茅舍，里面住着一对姓段的夫妇。他们两人手脚勤快，以捕鱼、摆酒摊维持生计。但因酒味不佳，顾客很少，生意清淡。

　　一天晚上，夫妇俩刚要关门，忽然来了一个白发老人。老人说远道而来，身无分文，要求留宿一夜。

　　段家夫妇热情地留他住下，还烧了鲤鱼，打上土酒，款待老人。老人连饮3碗，便呼呼入睡了。

　　第二天白发老人临别时，给了段家夫妇3粒红红的酒药，使段家酿出来的酒，甜醇无比，香气袭人。从此以后，天天顾客盈门，都为此酒而来。

　　段家夫妇见生意兴隆便拆掉了茅舍，盖起了酒楼。而且还专门积蓄了一笔钱，准备好好答谢白发老人。白发老人没有收下钱，只是告诉段家夫妇，把钱用在最要紧的地方，向小桥走去。

　　段家夫妇将钱收起来，站在门口目送老人离开，不料老人刚跨上小木桥，脚下一滑，桥板断了，老人

西湖 西湖拥有三面云山，一水抱城的自然风光。云山秀水是西湖的底色，山水与人文交融是西湖风景名胜区的格调。西湖之妙，在于湖里山中，山屏湖外，湖和山相得益彰；西湖的美，在于晴中见潋滟，雨中显空蒙，无论雨雪晴阴都能成景。

也跌进了湖里。夫妇俩跑去相救，却看到白发老人自立于湖面，微笑着向他们挥手呢！然后，老人忽然就消失了。

段家夫妇这才知道，白发老人原来是个神仙。两人想起老人临别时说的话，计划将断掉的小木桥修建成一座石拱桥，以便利来往行人。

段家夫妇用自己的钱在桥断的地方修起了一座青石拱桥。从此，人们再不怕桥断了。当地人们为了怀念段家夫妇的善行，便把桥称为"段家桥"。后来，因为"段"与"断"同音，便被称为"断桥"。

关于断桥的起源，人们还有的说是每当瑞雪初霁，站在宝石山上向南眺望，西湖银装素裹，白堤横亘雪柳霜桃。

断桥的石桥拱面无遮无拦，在阳光下冰雪消融，露出了斑驳的桥栏，而桥的两端还在皑皑白雪的覆盖下。依稀可辨的石桥身似隐似现，而涵洞中的白雪熠熠生辉，与桥面灰褐色形成反差，远望去似断非断，故称"断桥"。

还有另一种说法更有意境，因为《白蛇传》中相传许仙和白娘子缘断于此，所以名为"断桥"。

阅读链接

断桥上还流传着许仙和白娘子的动人爱情故事，也因为这个故事让断桥成为西湖上最著名的桥。

白娘子原本是山野中修炼的一条小白蛇，有一天，小白蛇被一个捕蛇老人抓住了，差一点遭遇杀身之祸，幸亏被一个小牧童所救。

经过1700年的修炼，白娘子终于化作人形，经观音菩萨的点化，来到杭州西湖寻找前世救命恩人小牧童……

清明佳节，烟雨蒙蒙，观音说"有缘千里来相会，须往西湖高处寻"。在杭州西湖的断桥上，白娘子终于找到了前世的救命恩人许仙，以身相许，结为夫妻。在经历水漫金山之后，又在断桥邂逅重逢，再续前缘。

西湖断桥的历代美誉

  段家夫妇的修桥事迹被广为流传，其实真正的断桥位于杭州市西湖白堤的东端，它背靠宝石山，面向杭州城，是外湖和北里湖的分水点。

  白堤全长1千米，东起断桥，经锦带桥而止于平湖秋月。白堤横亘在西湖之上，它把西湖划分为外湖和里湖，并将孤山和北山连接在

■ 西湖断桥

张祐（792—853），字承吉，邢台清河人，唐代著名的诗人。出生在清河张氏望族，家世显赫，被人称作"张公子"，有"海内名士"之誉。张祐的一生，在诗歌创作上取得了卓越成就。《全唐诗》收录他的诗歌约349首。

一起。

白堤在唐代原名白沙堤，宋代又叫"孤山路"。明代堤上广植桃柳，又称"十锦塘"。堤上内层是垂柳，外层是碧桃。

由于断桥背城面山，正处于外湖和北里湖的分水点上，视野开阔，是冬天观赏西湖雪景的最佳处所。古代文人也自然少不了对断桥美景的描述。

最早记载"断桥残雪"的是唐代的张祐，他的《题杭州孤山寺》中提道：

楼台耸碧岑，一径入湖心。

不雨山长润，无云水自阴。

断桥荒藓涩，空院落花深。

犹忆西窗月，钟声在北林。

■ 西湖断桥风景

张祐诗中的一句"断桥荒藓涩"，从中可以知道

■ 西湖断桥

断桥是一座苔藓斑驳的古老石桥。大雪初霁，原来苔藓斑驳的古石桥上，雪已残而未消，难免有些残山剩水之感，于是就拟出了"断桥残雪"这一西湖难得的景观。

至宋代由于孤山来的白堤提到此桥才得名的。宋代的时候断桥叫"宝佑桥"。

关于断桥的诗篇有很多，据明代散文集《西湖游览志》所说，断桥在元代并不这么称呼，因为此桥是桥畔住着的一对以酿酒为生的段姓夫妇所建，所以称为"段家桥"。

地处江南的杭州，每年雪期短促，大雪天更是罕见。一旦银装素裹，便会营造出与常时、常景迥然不同的雪湖盛况。

所以后来的断桥残雪成了最著名的西湖十景之一，是西湖冬季的一处独特景观。

每当瑞雪初晴，如站在宝石山上眺望，桥的阳面已冰消雪化，所以向阳面望去，"雪残桥断"，而桥的阴面却还是白雪皑皑。

来至断桥上往西，往北眺望，孤山、葛岭一带楼台上下，如铺琼砌玉，晶莹朗澈，有一种冷艳之美。故从阴面望去，"断桥不断"。

后来断桥改建，桥东有"云水光中"水榭和"断桥残雪"碑亭。

最后一次重建后的拱形独孔环洞石桥，长8.8米，宽8.6米，单孔净

■ 西湖断桥景色

跨6.1米，年前曾经大修，但古朴淡雅的风貌基本未变。

桥东堍有清代康熙御题景碑亭，亭侧建水榭，题额"云水光中"，飞檐翘角，与桥、亭构成西湖东北隅一幅古典风格的画图。

断桥残雪景观内涵说法不一，一般指冬日雪后，桥的阳面冰雪消融，但阴面仍有残雪似银，从高处眺望，桥似断非断。每当大雪之后，红日初照，桥阳面的积雪开始消融，而阴面还是铺玉砌玉，远处观桥，晶莹如玉带。

伫立桥头，放眼四望，远山近水，尽收眼底，给人以生机勃勃的强烈而深刻的印象，是欣赏西湖雪景之佳地。断桥残雪是西湖难得的景观，"西湖之胜，晴湖不如雨湖，雨湖不如月湖，月湖不如雪湖"。

阅读链接

断桥是西湖中最出名的一座桥，是西湖三大情人桥之一。它的名字与我国民间故事《白蛇传》中缠绵悲怆的爱情故事联系在一起。

白娘子与许仙相识在此，同舟归城，借伞定情；后又在此邂逅，言归于好。

越剧《白蛇传》中白娘子唱道："西湖山水还依旧……看到断桥桥未断，我寸肠断，一片深情付东流！"历来催人泪下，让人闻听此桥都能产生无尽的追思。

彩虹桥

　　江西省婺源彩虹桥修建于1137年，它建在古徽州清华镇。全桥长140米，桥面宽3米多，4墩5孔，由11座廊亭组成，廊亭中有石桌石凳。从远处看，亭略高于廊，错落有致。

　　彩虹桥因为沿袭了唐诗"两水夹明镜，双桥落彩虹"而成名。传说，桥落成之日，有彩虹悬于蓝天，双景竞相媲美。

　　彩虹桥周围景色优美，青山如黛，碧水澄清，坐在这里稍作休息，浏览四周风光，会让人深深体验到婺源之美。正因为这样，彩虹桥被誉为我国"最美的廊桥之一"。

二胡合力共筹建彩虹桥

传说从前在古徽州这个地方，自古以来就有做善事的习俗，如修桥、铺路、建亭子等。一开始人们在鸳鸯湖上游40米左右的地方，建有一座独木桥。

但独木桥一年当中好几次被洪水冲毁，给过往的行人、劳作的村

江西婺源彩虹桥

■ 江西婺源彩虹桥

里人带来很大的不便。

在鸳鸯湖不远处，这里有一个清华村，里面住着一位出家的和尚胡济祥和一位建筑能人胡永班。他们两人都很想为清华人建一座永久性的桥。

胡济祥和胡永班两人便在村镇上发动人们捐资来筹建大桥，但是村里的人们都比较穷，建桥的事毕竟是个巨资，一时半会儿也凑不齐。无奈之下这事只好暂时搁浅，但两人都没有放弃建桥的想法。

很快和尚胡济祥便想到去远方比较富的地方化缘筹集资金。胡济祥开始云游四海，用3年多的时间化缘，终于筹集到足够多的善款，大桥可以开工建设了。

然而建桥的过程中还是遇到许多困难，建一座大桥不仅需要请工匠，还要选择好的石料和木材，不然这桥就不能坚固。

当然，胡济祥和尚将这个任务交给了能人胡永

古徽州 是徽商的发祥地，明清时期徽商称雄中国商界500多年，有"无徽不成镇""徽商遍天下"之说。以徽商、徽剧、徽菜、徽雕和新安理学、新安医学、新安画派、徽派篆刻、徽派建筑、徽派盆景等文化艺术形式共同构成的徽学，更是博大精深。

化缘 佛教术语。佛教认为，能布施斋僧的人，即与佛门有缘，僧人以募化乞食广结善缘，故称"化缘"。还可以指为了佛事而进行的一切募化活动，不但指乞食。本义是佛、菩萨高僧等示现教化众生的因缘。所谓化缘，乃指化度的因缘。

班。然后由他请来一批能工巧匠来进行桥梁工程的设计、建造。

胡永班在建桥方面也是个经验丰富的能手，在他的主持下，和其他的工匠们一起齐心协作，历时4年多的时间终于完成这项浩大的建造工程。

大桥在建造过程中的困难也一一被胡永班一帮人攻克，然而还有一个问题，建成的桥该取个什么名字呢？胡永班和胡济祥两人，便邀请了清华村里的许多文人墨客来商议此事，人们都想给桥取个内涵丰富的名字。

然而，婺源人自古不喜欢简单地用地名命名桥名，而且几乎所有的古桥都有一层美好的寓意。因此人们思来想去，不知道取啥名字好。许多人都给大桥取了不同的名字，无一被村里人认可。

大桥马上就要竣工了，大家纷纷都赶到桥头来观看，就在大桥封盖完最后几片瓦后，傍晚时分，西边的山背上出现了一道亮丽的彩虹，夕阳透过云层，倒映在水中，构成了一幅美丽的山水画。

彩虹桥从和尚化缘到建成，历时近10年，在完

■ 江西婺源彩虹桥走廊

工时，雨过天晴，西边挂了道亮丽的彩虹，当地人认为这是绝好的兆头，因此命名为"彩虹桥"。

和尚胡济祥和能人胡永班立即叫村里人燃放爆竹庆贺，彩虹是清华人心目中吉祥、美丽的象征，几乎所有的人都认为桥名取彩虹桥最为恰当，因此它就这样流传下来了。

彩虹桥这一名称寓意着：凡过往的行人、商旅踏上此桥，如同登上吉祥、美丽的彩虹，终生有个好运气，也寄托了古人的祝福。

后来人们为了纪念两位建桥者的功绩，便在彩虹桥的中间亭子设立了神龛，用来表示永世不忘。

彩虹桥上右边供奉着募化僧人胡济祥神位，左边为创始理首胡永班神位，中间是禹王神位。

为什么这里要立禹王的牌位呢？

禹王 又称"大禹""夏禹""戎禹"，是黄帝的第四代子孙。他是我国古代传说中的部落联盟领袖，是上古治水英雄。大禹是中华民族的精神象征之一，大禹治水所衍生出的丰富意义，是中华悠久历史文化中重要的组成部分之一，也是最为华彩的一章。

远视婺源彩虹桥

当地人认为禹王是镇水的神仙，也是胡氏的始祖，有他在，可以镇住洪水，保护古桥。

彩虹桥廊亭中有长条木凳，还有石凳，可供行人歇脚。彩虹桥旁的水碓作坊，演示着清华镇人利用水能带动水车舂米、磨粉的场景。

除了领略美景外，古代的学子们，每逢进京赶考，一定要上彩虹桥走走，上彩虹，企盼平步青云，上彩虹，期望高居榜首，踏上仕途，光宗耀祖。

而临行前的徽商们，也一定要走走彩虹桥，寓意着这一去一定是生意红火，希望能早日衣锦还乡。

阅读链接

彩虹桥的神灵为何物？据说是一只可爱的小铁水牛。

婺源人在古代建桥有个习俗，建桥墩时，在一水的侧面会镶嵌进一头铁铸的水牛，以镇住洪水，保护桥墩。

彩虹桥第三个桥墩，至今依然完好地保存着一头铁牛：牛头伸出石缝，警惕的双眼，注视着流经的每一次洪水。

800多年来，仿佛怒吼着同一个声音：洪魔让道！

据说，这800多年的小水牛是有灵性的，见到、触摸它，可保人健康、平安。

婺源彩虹桥的构建之美

婺源彩虹桥，历史悠久，近千年的水碓作坊，演示着古人利用水能带动水车舂米、磨粉。就是这样一道简单不起眼的石碣，也称"石坝"。几百年来保护彩虹桥周边的生态环境，它被誉为"生态保护神"。

彩虹桥是文化与生态、动与静、休闲与娱乐相结合的一个桥梁。彩虹桥有厚重的桥文化，历史古迹及古人留存的生产工具，又有生态较好

■ 婺源彩虹桥

竹筏 又称"竹排"。用竹材捆扎而成，是有溪水的山区和水乡的水上交通工具，流行于长江南部地区。它有着悠久的历史，在船舶发展史上有自己的地位。一般竹筏长约3丈，宽数尺。竹子粗端做筏头高高翘起，细端做筏尾平铺水面。

的自然环境，是最具婺源古色生香的一座文明古桥。

站在彩虹桥上，往上游眺望，有5座连绵的山峰，形似笔架，称为"笔架山"。山脚下是碧波荡漾的文彭小西湖，1551—1567年中的某一天，吴派篆刻祖师文彭，应他的学生何震之邀，乘竹筏逆流而上。

文彭、何震两人见这一带碧波潋滟，风光旖旎，蜿蜒的古驿道在千年的古林中延伸，旁边的庙宇、村落、古桥、河道构成一幅美丽的山水画卷，文彭便情不自禁地赞叹："此乃小西湖！"

文彭想都没想，找来雕刻工具，欣然地在彩虹桥下的临水石壁上题刻上了"小西湖"3个字，彩虹桥也因此而得名。

婺源有一种颇有特色的桥，就是廊桥。所谓廊桥就是一种带顶的桥，这种桥不仅造型优美，最关键的

■ 江西婺源彩虹桥

■ 江西婺源彩虹桥
美景

是它还可在雨天里供行人歇脚。

宋代建造的古桥，婺源廊桥中的彩虹桥是最有代表性的杰作了。这座桥是借由唐诗中的"两水夹明镜，双桥落彩虹"的意思而取名。

彩虹桥桥面的木质部分，是从桥的延续性、长远性来设计思考的。在工程构造方面，又从经济、结实、耐用、便于维修的角度去做的。

彩虹桥乍一看，结构简单，做工粗糙，榫与卯之间的缝隙大，长廊都不在一条直线上。这说明了建筑此桥时对木匠的要求水平不高，彩虹桥是普通木匠所建。

修建彩虹桥的人之所以这样做，也可能是从最经济的角度考虑的，比如说桥坏了，可以用最低的价钱，随时能找到维修的木匠。

婺源有钱人的房子、祠堂，建造得都十分气派，足见这座桥显然请的不是当地有名的工匠来修的。桥

婺源 位于江西东北部，皖赣浙三省交界处。婺源是古徽州府6县之一，徽州文化的发祥地之一。婺源素有"书乡""茶乡"之称，是我国著名的文化与生态园地，被外界誉为"中国最美的乡村""一颗镶嵌在赣浙皖三省交界处的绿色明珠"。

江西婺源彩虹桥桥梁

是要世代子孙行走的。因此桥的建造者想必是处心积虑，才使得这座桥完整地留存了下来。

尽管彩虹桥是普通木匠所建，但此桥所体现出的艺术风格却是古朴、厚重，历史的存积感很强。

整座桥都是为了便于维修，所以化整为零的，彩虹桥的每个亭、每个廊都是独立的，这样做不会因为一处坏了而影响到整座桥的使用。

彩虹桥榫头之间的牢固不用铁钉，全部用木钉。其实使用木钉，成本低，便于加工。铁钉用在桥上，容易生锈，而且与木头结合在一起，人在桥上行走，桥体会发生振动，铁钉会把木头磨损，桥就容易松动。

彩虹桥用木钉牢固显然是正确的，木头是同一属性，在震动中伸缩相同，几百年过去了，榫卯之间依然紧密牢固。

彩虹桥的桥梁是用百年以上的4根老松树加工而成，上面铺上木板供人们行走。桥面的木质部分，一般只能保存上百年，所以，彩虹桥历代都被人们维修过。

彩虹桥最大的特点就是设计非常科学。

第一，桥墩像半个船形。前面丰锐，后面平整，流线型，起到分解洪水对桥墩的冲击力的作用。

彩虹桥正是由于科学的设计，才能保留了桥的完整性不被破坏，历史上曾记载，最大水位接近桥面，当时洪水汹涌，假如墩头是平面的，桥早已被洪水冲毁。

第二，桥墩之间距离不等。墩距的最大跨度为12.8米，最小的9.8米，相差3米。这种设计是根据汛期洪水的走向确定的。

第三，主流量经过的地方墩距较大，有利于泄洪，桥墩受到的冲击也小；水流平缓的地方，墩距较小，受到洪水的冲击力也相对小些。

第四，条石之间的砌法是很讲究的。桥墩是用长短大小不一的条石镶嵌在一起，缝隙小，结合得非常牢固。这是因为桥墩内部是用沙石填充的，一旦条石出现缝隙，长年被洪水冲击，很容易拉大口子，沙石被淘空，桥墩就会倒塌。

因为要修复一个桥墩难度特别大，桥墩的最大水深有四五米，在当时落后的生产条件下，要清到岩基，将上百斤或成吨的石块砌好，

最美廊桥

彩虹桥

■ 婺源彩虹桥桥墩

就排水一项，要用10多台农用水车，昼夜不停抽水，方能清到岩石砌条石。

因此，当初的建造者，想把桥墩做好后，永远不再重修，做到一劳永逸。桥墩是整座古桥的最精美部分。

彩虹桥的魅力，不仅在于桥体与青山、碧水、古村、驿道的完美结合，而且更重要的体现在建造的生命力。彩虹桥科学合理地选择了建桥的地理位置，桥建在最宽的河面上。

彩虹桥的桥墩设计成分解洪水冲击力的半船形桥墩。根据洪水主流速桥墩之间的分布也呈现出不同的变化。

此外，彩虹桥的条石砌法的紧密牢固，以及桥面设计理念的长远、实用，易于后人维修，都充分体现越简单实用的工艺越容易传承、延续的哲学思想。

彩虹桥是古徽州最古老、最长、设计最科学的一座廊桥，被誉为"我国最美的廊桥之一"。

阅读链接

彩虹桥的西岸是通往饶州府的古驿道，桥10米远处有条4米宽的小河沟，古人建造了一座石拱桥，取名"登云桥"，即登彩云的桥。

彩虹桥与登云桥一高一矮、一大一小的连接，解读了古徽州桥名文化的精髓：祈盼吉祥、发达，达到人生的最佳境界，无论读书、做官、行商，还是做其他事。

登云桥的寓意是登青云，它是指踏上一道吉祥、美丽的彩虹，飞黄腾达，何等风光、潇洒、光宗耀祖……

彩虹桥与登云桥，两桥桥名的巧妙组合，正是古人对子孙后代的祝愿、祈盼。

江东桥

福建省漳州江东桥最开始修建于1190—1194年间，由郡守赵逖伯在福建九龙江北溪下游建造浮桥。

江东桥正式修建于1214年，由郡守庄夏开始建筑石墩木桥。后来在1237年木桥被火烧毁，再由漳州郡守李韶倡议改建石桥，长约670米，宽约7米。全桥共有桥孔15道。

江东桥的石梁每条长22～23米，宽1.15～1.5米，厚1.3～1.6米，重达近200吨。这是桥梁建筑中的伟大创举。

神虎负子渡江助建桥

　　那是古时候，在福建的漳州有一段溪流，人们叫它"柳营江"，其实原来就是一个通往外埠的渡口。后来渡口成了东西的重要通道，也是唐代特别是宋代以来泉州府通向漳州至广东的咽喉之地。

■ 福建漳州古村

福建漳州古建

在早年的时候，来往的人们只能靠摆渡过江，过往非常不方便。于是在1190—1194年，由当时的漳州郡守赵逖伯主持，在这里用船连船的方式建造了一座浮桥。

功夫不负有心人，建好后的浮桥，的确给当地来往的人们带来了极大的便利。但是这种浮桥非常的不稳定，而且渡口风大浪大，稍有不慎，便会连人带船卷入江中。

而且，人们在浮桥上行走时总是摇摇晃晃的，这令过江的人们无不胆战心惊，因此，这里也经常发生行人坠江的事故。这种情况一直持续至1213年。

1213年，有一位叫庄夏的人出任漳州知府。庄夏在任漳州知府期间，内重教化，兴办学校，减轻赋税，政绩非常的卓著。

庄夏出生于1155年，少时丧父，家贫，随兄庄晦学习。他年少时便精通礼经，郡上有一位有学问的人对他宠爱有加，勉励他入学，于是在1175年，他便入

太学 是我国古代的大学。太学之名始于西周。汉代始设于京师。汉武帝时，董仲舒上"天人三策"，提出"愿陛下兴太学，置明师，以养天下之士"的建议。其始设于京师。其后历时六七百年，是屹立在世界东方的第一所国立中央大学，对后世产生了深远的影响，堪称古代教育史上的奇葩。

太学就读，1181年，庄夏中了进士。

后来当了漳州知府的庄夏知道了江口渡口的危险情况后，便第一个提出，要将浮桥改为固定的桥梁。庄夏先是向朝廷申请了建桥资金，并利用民间的募捐，筹到钱后就开始建造大桥。

庄夏先是在四周招来了大量的能工巧匠，然后他就开始主持施工建桥，他们先是垒石为墩。

在庄夏指挥工匠们建筑桥墩的过程中，他们遇到了非常大的困难，因为当时柳营江的江水水深流急，抛石都被冲散了，工匠们连续试了多次都迟迟未能奏效。

一时间，工匠们心急如焚，不知如何是好。

有一天傍晚，庄夏和工匠们正在江边休息，这时忽然发现有一只老虎背着一只小老虎在柳营江中泅水而过，泅过一段激流后，老虎就停下来歇息，再泅再歇，终于将虎子安全地驮过了江。

这时一位工匠大叫神奇，在呼喊声中，庄夏幡然醒悟，他意识到，想必在虎歇处，一定有石阜垫底，随即喊了几位会水的工匠到江底勘探，果然不出所料，在虎泅水的江底有非常高的石阜。

■ 江东古桥

于是，庄夏随即命令众工匠沿着虎泅一线选址造墩，在虎歇处投巨石垒筑桥墩，没想到这次的行动一举成功。然后，人们又在石礅上搭建长木，终于造成了第一座固定的石礅木桥。

一开始人们不知道给这桥取个什么名字，后来人们在石礅木桥上加盖了木瓦顶，为了让此桥能够济世利民，所以取名为"通济桥"。

当地的人们都知道建成此桥，是受到"神虎负子渡江"的启示，于是取了"虎渡"两字，将此桥称为"虎渡桥"。

神虎负子的故事，在江东一带广为流传，以至后来的人们都将此桥赋予了神话色彩，称它为"江东一带的奇桥"。所以人们都将此桥视为江东人民的骄傲，因此，后来人们也称它为"江东桥"。

其实这时的江东桥还只是一座石礅木桥，并非后来的江东大石桥，人们所指的江东桥一般是后来建成的大石桥。

阅读链接

传说，福建安溪清水岩住着个神仙清水祖师。一天，清水祖师正在吃饭，忽然将筷子叉住，大汗淋漓，徒弟惊问其故。

清水祖师回答说："江东桥民工抬石桥梁的箩绳一共3股，断了其中两股，如果不及时抵住，后果将会不堪设想。"

又过了一会儿，清水祖师微笑着说道："石桥梁已经安位落座，我可以无忧了！"

原来江东桥修造正处关键时刻，险情不断，幸亏高僧及时出手鼎力相助，方才化危为安。

江东桥的建造奇迹

"神虎负子渡江"助造桥的故事只是一个美丽的传说，其实也是对当时人们建桥技术高超的一种赞美。

其实真实的情况是这样的：1214年，郡守庄夏开始在这里垒石

福建漳州古桥

■ 江东桥景色

为墩，建造大桥，此时的桥还只是一座石礅木桥，当然后来的木桥建好了，也为人们带来了便利，但是木桥的负荷能力是有限的，以致大的货物经常不能通过。

1237年，刚建好不久的木桥就被大火烧毁了。这时漳州郡守是李韶，李韶上任后便倡议将虎渡桥改建为大石桥，并捐了自己的50万钱以示决心。

李韶的建议很快便得到了附近的吏部尚书颜颐仲和前郡守庄夏之子梦说衷的支持。他们联合恳请朝廷再拨库钱万缗，并且发动和尚廷睿师徒四处募款来助资建桥。

后来虎渡石桥的建桥一事由郡守陈正义来接手主持。在陈正义的带领下，工匠们用了3年多时间，花钱30万缗。终于造成了一座坚固无比的大石桥。

李韶（1197—1268），自幼聪慧过人，5岁便能赋诗。1211年与其兄李宁之为同榜进士，初任南雄教授，后调庆元。韶历户、礼、吏三部侍郎兼中书舍人，复迁宝华阁直学士，出知泉州，治郡所至，俱有廉声。

■ 福建古村

帑 古代时收藏钱
财的府库。是我
国古代仓库的名
称。一般称贮谷
的建筑为仓，贮
米的建筑为廪，
朝廷贮文书档案
的建筑为府，贮
金帛财货、武器
的建筑为库。以
仓廪作为贮粮处
所的通称；以帑
这一府库作为国
家贮藏文件、物
资、金帛处所的
通称。

它位于福建省漳州榜山镇，横跨于九龙江的北溪与西溪交汇入海处。这里两岸峻岭夹峙，江宽流急，地势十分险要，古时候的人们都称它是"三省通衢"。

由于水湍地险，所以对于江东桥的建造在当时来说简直是个奇迹，而且江东桥历经数百载一直保存了下来。尽管江东桥在元明清等各代，也经过多次的修建，但一直都可以正常使用。

关于江东桥的修缮，其中有记载的共有10余次，特别是1537年，由大巡李翔谋划来修建石梁桥，由郡守孙裕组织施工，没过多久，孙裕因为调任所以桥并未最终建成。

后来又过了两年，也就是1539年，由代巡侍卿王石沙再拨帑兴修，并由郡守顾四科招募了大量的民工来施建，经群众努力，又隔了一年的冬天，新建的石梁桥即告落成。

建成后的江东桥的石梁每条长22～23米，宽1.15～1.5米，厚1.3～1.6米。这么大的石板要架起来，并用细的石板来添满其缝隙。最后长约670米，宽约7米的大石桥终于建成了。

江东桥自建成以来，几经兴废，历经多个朝代，历时700多年。它是一座古建筑的巨大石梁，仅是由3个墩间的两道巨石平铺而成，中间留有很宽的缝隙用来增加大桥的宽度。然而用板石掩在它的缝隙里，这样的桥梁看似构造简单，却又异常坚固耐用。

尤其值得一提的是，桥墩上的石梁最重近200吨，在古代要开采如此巨大石梁，其难度是难以想象的。而且用什么办法、什么工具将如此石梁运至江

郡守 官名。郡的行政长官，始置于战国。战国各国在边地设郡，派官防守，官名为"守"。本系武职，后渐成为地方行政长官。秦统一后，实行郡、县两级地方行政区划制度，每郡置守，治理民政。汉景帝时，改称太守。后世唯北周称郡守，其他均以太守为官名。明清则专称知府。

■ 福建漳州民居

■ 福建漳州南靖土楼

边，架上桥墩的呢？

后人一直考量梁石究竟是怎么安装上去的，但对于今人这还是个谜，不过，这足以见得当时造桥技艺之高超。

像这样"上重下坚，相安以固。涨不能没，湍不能怒，火不能热，飓不能倾。锁沉石以利行人，维两峡而捍固内气"，实是我国建桥史上的奇迹，充分显示了当年漳州人民在石建筑方面的高超技艺和宏大气魄。

由于江东桥的地理位置得天独厚，再加上这座江东桥的建筑技术在当时来说也是首屈一指的，是极其少有的石桥，它的建成在我国桥梁史上久负盛名，堪称我国古石桥建筑的一大奇观。

阅读链接

江东桥与泉州的洛阳桥、晋江的安平桥、福清的龙江桥合称为"福建四大古石桥"。

清代顾祖禹《读史方舆纪要》称："江南石桥，虎渡第一。"其实，事实远不止于此。

的确如此，根据古籍文献之记载和实际调查所得资料，其构造雄伟，石梁庞大沉重者，当以福建漳州虎渡桥为第一。

五亭桥

五亭桥修建于1757年，巡盐御史高恒及扬州盐商为迎奉乾隆帝而建，它位于江苏省的扬州。因桥上建有5个亭，所以名为"五亭桥"，五亭桥是建于莲花堤上，所以人们又称它为"莲花桥"。

五亭桥的桥身是拱券形的构造，桥孔共有15孔，中心桥孔最大，跨度为7.13米，呈大的半圆形，直贯东西，旁边12桥孔布置在桥础三面，可通南北。

后来人们把五亭桥的桥基比成北方威武的勇士，而把桥亭比作南方秀美的少女，认为它是力与美的结合，壮与秀的和谐。

美好姻缘促成桥的修建

　　相传古时候，在扬州的进香河边，住着一户人家，母子俩相依为命，母亲常年有病，卧床不起，儿子20多岁，以背负老人和孩子过河来谋生。这个小伙子姓成，非常孝顺，人们都叫他"成孝"。

五亭桥景色

■ 莲花桥和白塔

　　成孝与邻居何莲姑娘从小青梅竹马，两人一起长大，彼此相爱甚笃，但是他们的美好姻缘却被活活拆散了。

　　这条街上还住有一个恶少叫赵高，恶少经常仗着自己家有钱，到处胡作非为。因其为人极坏，人们都叫他"糟糕"。

　　有一天，成孝正在和何莲姑娘到进河边游玩，不料被恶少赵高撞见了，赵高看到何莲极其美丽，便生歹念，上去调戏，成孝便上前制止，赵高当时并没有得逞，马上大怒，扬言要报复他们俩。

　　赵高的父亲是一个老员外，当时他回家后看到儿子不高兴就问明了缘由，知道原因后便教育儿子要认真读书，不要到处拈花惹草，胡作非为。

　　但赵高从小被宠惯了，一点都听不进父亲的话，

员外　简称"外郎"或"员外"，通称"副郎"。是较高贵的近侍官。隋代始于六部郎中之下设员外郎，以为郎中之助理，由此延至清代不变。唐代列在六品。明代以后员外成为一种闲职，不再与科举相关，而渐渐和财富联系在了一起。

穿越古今的古桥古道

郎中 是分掌各司事务，其职位仅次于尚书、侍郎、丞相的高级官员。郎中本是官名，即帝王侍从官的通称。其职责原为护卫、陪从，随时谏议。战国时期始有，秦汉时期治置。后世遂以侍郎、郎中、员外郎为各部要职。郎中作为医生的称呼始自宋代。

硬是趁老员外外出，叫来自己的手下，去何莲姑娘家把她抓走了。赵高将何莲抢回家后，逼其与自己成亲。

成孝知道这件事后，连忙赶到老员外家，要求他放人。结果老员外不在家，赵高派自己的手下将成孝打了一顿，成孝痛不欲生，没能救出何莲，自己反而却病倒了。

成孝整日卧病在床，再加上家中还有患重病的老母需要他照顾，他真的不知道接下来该怎么办了。正当成孝叫天无门的时候，奇迹突然出现了。

有一天傍晚，成孝听到屋外突然有一位老妇呼喊着要渡河，他不顾自己有病在身，拖着病弱的身体走了出来，这时看到有一位老妇形容憔悴，风吹欲倒，马上觉得很怜悯她，挣扎着忍着病痛硬是把老妇背到

■ 夏日五亭桥

■ 五亭桥台阶

了河对岸去。

谁知老妇一过河就突然晕厥了过去，像是生命垂危的样子，成孝急忙又将老妇背回家抢救，并为她请了镇上的郎中医治。

当成孝带着郎中匆匆回家时，其母站在门口，神采奕奕地对他说："儿啊，那个老妇是个活菩萨，我们一定是遇上仙人了，她为我治好病后，就突然消失了。"

成孝见母亲百病皆除，喜出望外，连声说："娘，咱们遇到仙人了。"

这时突然在房屋的上空红光万道，母子抬头一看，观音菩萨正站在莲台上，笑眯眯地望着他们说："看你心地善良，所以我才施法相救，帮你的母亲渡过难关。如果没猜错的话，你还有一个事情需要帮忙，对吗？"

观音菩萨 是指观察世间民众声音的菩萨，是四大菩萨之一。相貌端庄慈祥，经常手持净瓶杨柳，具有无量的智慧和神通，大慈大悲，普救人间疾苦。当人们遇到灾难时，只要念其名号，便前往救度。在佛教中，是西方极乐世界教主阿弥陀佛座下的上首菩萨。

瘦西湖莲花桥

成孝连行数礼，将自己心爱的何莲姑娘被赵家恶少逼亲的事告诉了菩萨。观音菩萨听后慈悲地告诉成孝，让他在家放心地养病，自己去赵高家让他放人。

后来观音菩萨便又施法救出了何莲，惩治了赵高。成孝和何莲最终走到了一起。

没过多久成孝的事传遍了整个扬州，当地的人们为了报答观音菩萨救苦救难之恩，便在进香河边盖了一座莲花庵，又在庵的西北造了一座大桥，以方便香客到庵中进香供奉菩萨。

人们在建造大桥时，成孝还特意将桥设计成一朵盛开的莲花。一是因为自己喜爱的姑娘名叫何莲；二是因为观音菩萨也是乘坐莲花宝座来救自己的，而且建造的地点也恰好是在莲花堤上，所以称此桥为"莲花桥"。

又因桥上建有5个亭，莲花桥又称"五亭桥"。这样的一段佳话再配以这样的美景，迅速让五亭桥成了整个扬州城的标志性建筑。

阅读链接

关于五亭桥的名称的来历还有一段故事。

有一次乾隆南巡到此曾感叹它像琼岛春阴之景，由此就点出了该桥是借鉴北京北海之景。

其实莲花桥的确受北海五龙亭的影响很深，五亭皆绿琉璃瓦顶，亭与亭之间有梁石相连，婉转若游龙。另龙泽、滋香、浮翠亭有单孔石桥与石岸相接，珠栏画栋，照耀涟漪。所以人们也称它为"五亭桥"。

"中国月亮城"的美誉

五亭桥修建于莲花堤上，1757年巡盐御史高恒及扬州盐商为迎奉乾隆帝而建，是因为建于莲花堤上，所以它又叫"莲花桥"。

五亭桥据说是仿北京北海的五龙亭和"十七孔桥"而建的。上面有5个亭子，挺拔秀丽的风亭就像5朵冉冉出水的莲花。

■ 五亭桥风光

穿越古今的古桥古道

■ 五亭桥侧面

五亭桥的桥墩由12大块青石砌成，形成厚重有力的"工"字形桥基。

五亭桥的桥身呈拱券形，并由3种不同的卷洞联系，桥孔共有15个，中心桥孔最大，跨度为7.13米，呈大的半圆形，直贯东西，旁边12个桥孔布置在桥础三面，可通南北，也呈小的半圆形，桥阶洞则为扇形，可通东西。

正面望去，连同倒影，形成5孔，大小不一，形状各殊，这样就在厚重的桥基上，安排了空灵的拱券。

五亭桥受北海五龙亭的影响很深。五龙亭的五亭是临水而建的，中间的亭叫"泽龙"，重檐下方上圆，象征天圆地方。

五亭桥的西侧是涌瑞、浮翠，它们都是方形单檐的设计。五亭桥的东侧是澄祥、滋香，而它们都是方形重檐的设计。

五亭桥的亭上有宝顶，亭内绘有天花，亭外挂着

杜牧（803—852），字牧之，号樊川居士，京兆万年人，今陕西西安人，唐代诗人。杜牧人称"小杜"，以区别于杜甫。并且与李商隐并称为"小李杜"。因晚年居长安南樊川别墅，故后世称他为"杜樊川"。他著有《樊川文集》。

风铃。下面又建了4段桥梁像是桥的翅膀。五亭皆绿琉璃瓦顶，亭与亭之间由石梁相连，婉转地像游龙一般，倒映在水里泛出涟漪。

五亭桥的造型美观，黄瓦朱柱，配以白色栏杆，亭内彩绘藻井，富丽堂皇。

如果把瘦西湖比作一个婀娜多姿的少女，那么五亭桥就是少女身上那条华美的腰带。

《望江南百调》中写道：

扬州好，高跨五亭桥，面面清波涵月影，头头空洞过云桡，夜听玉人箫。

站在五亭桥上向东看，远处的湖光水色就是一幅典型的江南山水图景。五亭桥，联系了东方独具的刚柔之美，具有独特的历史意义，也是让人们铭记的原因之一。

唐代杜牧的诗中有"青山隐隐水迢迢，秋尽江南草未凋。二十四桥明月夜，玉人何处教吹箫"之句。

■ 五亭桥美景

五亭桥的桥下纵横大小15个桥洞，船只出入，别有一番风味。每当月圆之夜，每个桥洞各衔一月，月亮的投影是倒映在湖中，宛如仙境。

相传，农历八月十五的夜晚，划船到五亭桥下，在五亭桥下的15个桥洞里都可见到一轮圆月。也有人说，站在五亭桥不远处的小金山里，在月圆之夜朝五亭桥望去，可以看到16个月亮，水中15个，天上一个。

这些都从另外一个侧面反映了扬州人造桥艺术的高超。

《扬州画舫录》中有这样一段记载：

> 每当清风月满之时，每洞各衔一月。金色荡漾，众月争辉，莫可名状。

"天下三分明月夜，二分无赖是扬州。"扬州城因此有着"中国月亮城"的美誉。

阅读链接

瘦西湖位于扬州西北郊，它原来是一段自然河道，经过历代的疏浚治理，建造园林，逐步发展而成。

而五亭桥更是被称作是瘦西湖这幅画卷的神来之笔。

相传瘦西湖原来叫"保障河"，在清代乾隆年间。当时有位叫汪沆的诗人，写了一首咏扬州保障河的诗："垂杨不断接残芜，雁齿虹桥俨画图。也是销金一锅子，故应唤作瘦西湖。"

从此，瘦西湖这个名字就驰名于世了。"天下西湖，三十有六"，而以"瘦西湖"命名的唯扬州有之。

五音桥

河北省遵化县五音桥修建于1661—1664年。五音桥全长110.60米，宽9.10米，桥上有石望柱128根，抱鼓石4块。

五音桥是一座能发出音响的建筑物。五音桥两边安设有方解石栏板126块，每块栏板的形状和大小相同，如果用石块顺着敲击，会发出不同的声音，包括古代声乐中宫、商、角、徵、羽五音，故称"五音桥"。

"七孔五音桥"是清代东陵顺治皇帝的陵区里，近百座石桥之中最大、最奇特、最神秘而有趣的一座桥梁。

鲁班助奚何建五音桥

那是清代顺治皇帝福临在病入膏肓的时候，皇室便纷纷议论着要为他建造一座陵墓。

更是有善于奉承谄媚的宦官奏请说："皇上您既然这么笃信佛

清东陵七孔五音桥

教，爱听清音，何不在陵区建造一座能够发出不同音
响的大型石桥，一来的话可慰藉先皇之灵于地下；二
来的话还可以建造风景于人间，还希望您能看到我的
忠心和诚孝之心，请采纳我的方案。"

　　福临觉得有理，很快就将此事通报给了母后孝庄
皇太后，孝庄皇太后也感到这样的建造一来可以彰显
福临的忠孝，二来可以在人们面前树立皇家的威信，
便同意了大桥的建造。

　　就这样，这座神秘、奇怪的大桥便开始在民间招
募大量的能工巧匠来开始建造。

　　经过层层筛选以后，福临皇帝最后把这项艰巨的
任务交到了有"神工巧匠"之称的一位老石匠奚何的
肩上。

　　奚何说："建一座七孔长桥已非易事，再使石桥
会弹奏音乐更不是一件简单的事了。"

　　奚何自从揽下这份差事便整日苦思冥想，坐立不
安。眼看离建成大桥的日子越来越接近了，奚何还是

清东陵神道

石雕宝库　五音桥

孝庄皇太后
（1613—1688），
顺治帝即位后，
与其姑孝端文皇
后两宫并尊，
称"圣母皇太
后"。是我国历
史上有名的贤
后，一生培养、
辅佐顺治、康熙
两代君主，是清
代初期杰出的女
政治家。

觉得自己在建造此桥方面没有任何的进展。最后甚至开始茶饭不进，夜不能眠。

一天，他正在工棚打盹儿，忽然听见外面有个童子喊道："奚师傅，快快前来拜见鲁班祖师！"

奚何猛一抬头，一看面前是一位身着古装、足穿麻鞋、手握竹尺的长者，这不正是祖师爷神匠鲁班吗？奚何睁大眼睛看了又看，并连忙躬身作揖道："弟子拜见祖师爷，还请仙人为在下修桥一事指点迷津。"

鲁班笑道："你的心思我早已经知道了，请先跟我来市场看一下热闹吧！"

说着鲁班便带着奚何来到一个广场上。这时只看见七八个叫花子正在此击碗逗乐，载歌载舞地嬉戏。

奚何看到这七八个叫花子站的站，坐的坐，看上去好像是七上八下，杂乱无章，但是他们发出来的音响却有板有眼，宛转悠扬。正当奚何在如痴如醉之时，鲁班又叫他仔细观看这些叫花子所敲击的碗。

奚何定睛一看，原来那些碗有大有小，有粗有细，有厚有薄，有重有轻，有残有整。

奚何看到这里，突然一拍脑门，大声叫道："谢谢祖师爷，我明白了！"突然一下，奚何被惊醒了，睁开眼来才发现这里哪有什么祖师爷、叫花子啊，原来是自己坐在长椅上睡着后做的一个梦。

奚何回味着刚刚所梦到的事，越发觉得是鲁班师傅的托梦点化，当即找来许多石片，反复敲击，发现

瑟 我国古代的拨弦乐器。形状似琴，有25根弦，弦的粗细不同。每弦瑟有一柱。按五声音阶定弦。最早的瑟有50根弦，故又称"五十弦"。瑟是我国最早的弹弦乐器之一，先秦便极为盛行，汉代流行很广，南北朝时常用于相和歌伴奏，唐代时应用颇多，后世渐少使用。

它们都能发出声音，而且其中有一种名叫"方解石"的，它所发出的声音最为清脆。

于是，奚何便很快舍弃了其他的石料，专门挑轻重不同的方解石片试着敲打。奚何发现敲击不同厚度的方解石，它们所发出来的声响是有很大差异的，有的如钟如磬，有的如瑟如琴。

奚何便精心挑选了轻重不同而体积相同的方解石，打磨成一块块桥栏，装置在桥上。果然如此，大桥变成了一个音律的共鸣体。每块栏板的形状和大小虽然相同，但是内置的方解石的厚度却不一样，如果顺着敲击，便会发出不同的声音，是一座能发出音响的建筑物。

最后顺治皇帝奖赏了这位神匠奚何，五音桥上正好是5种不同的石片组成，手击石栏便发出宫、商、角、徵、羽五音韵律，所以后来待大桥建成，人们称它为"五音桥"。

五音桥上的方解石中含有50%左右的铁质，所以一经敲击，便能叮咚有声，而含铁量之多少，又有抑扬顿挫之区分。由敲碗联系到击石，都体现了一定的科学性。

阅读链接

清代东陵陵区山泉四溢，清溪纵横，筑有便桥、平桥、拱桥近百座，座座雕栏玉砌，银月金环。

其中有一座七孔汉白玉石桥，更有独到之处，此桥长100米，宽10米，两侧樟桩62根，如玉虹垂挂，银月悬空。

游人登桥，手击石栏，便发金钟银铃般的响声，似弹琴鼓瑟、击磬敲钟。琴桥之说不胫而走，国内的红男绿女，海外的美客欧宾，慕名览胜者，纷至沓来，络绎不绝。这就是五音桥。

文人骚客称赞构建之美

　　祖师爷鲁班托梦之说，不过是奚师傅的假托，反映了他过人的聪明才智和高超的造桥艺术。

　　五音桥位于河北省东陵顺治帝孝陵神道，在我国最后一个封建王朝的陵地清东陵园区，是由福临帝开始筹建而成的。

清东陵

■ 东陵裕陵隆恩殿

陵园从各陵寝建筑的用材做工、装饰配置等方面，处处对应了清代的经济由盛到衰的历史，从艺术作品选用的题材中，深刻反映了清代文化的风貌。

五音桥正是在这一背景下，由能工巧匠建造而成。五音桥周围建筑群气势磅礴，巍峨肃穆。五音桥恰似玉虹垂落，宏伟秀丽。

五音桥全长110.60米，宽9.10米，桥上有石望柱128根，抱鼓石4块，两边安设有方解石栏板126块，每块栏板的形状和大小相同，如果用石块顺着敲击，会发出不同的声音，是一座能发出音响的建筑物。

当击打的石栏板方位不同时，就会发出不同的声响，会听到5种如金玉般的响声音阶，有的低沉浑厚，如钟鸣；有的清脆悠扬，仿佛是轻敲木鱼之状，悦耳动听。

五音桥所用石料也是非常独特的，桥身除用汉白

抱鼓石 一般是指位于宅门入口、形似圆鼓的两块人工雕琢的石制构件，因为它有一个犹如抱鼓的形态承托于石座之上，故此得名。是宅门"非贵即富"的门第符号，是最能标志屋主等级差别和身份地位的装饰艺术小品。

玉石材拱砌之外，能发出音响的栏板，是使用质地洁白、细腻的方解石。因此能够发出响声。

五音桥自建成之日起就引来无数文人墨客，前来作诗作赋来献礼。其中对联成了称颂五音桥的主流。我们就从这些联语感受一下五音桥的美吧！

联语写道：

鹊叫莺歌栏奏乐；
山青水碧板镀银。

上联写音响：把五音桥比作歌舞厅，把桥栏比作钢琴。桥四周的喜鹊喳喳叫，黄莺轻轻歌唱，钢琴伴奏，百鸟和鸣，俨然是一个人间天堂，充分反映桥能发出各种音响的特色。

下联写色彩：将桥置于青山环抱、绿水萦回的境

■ 五音桥桥墩

清东陵景陵

界，而整座桥，包括桥板在内，都是用汉白玉砌造而成，像镀了银似的，晶莹透亮，洁白无瑕，这说明景区是一个五彩缤纷的世界。

联语以色对声，绘声绘色，让人觉得悦目赏心。

联语写道：

悦耳听五音，奢侈皇陵何安韵；
赏心观七孔，勤劳工匠自造型。

上联写音响是"悦耳听五音"，写游人登桥击栏，即能听到轻重疾徐的音乐之声，熨肺舒心，好不痛快，反映音响之和谐、韵律之优美。

"奢侈皇陵"专为一个死人造一座五音桥，要花多少银两，要费多少劳力，奢侈浮华，徒劳无益，谴责了"孤家寡人"，一锤重击，大快人心。

"何安韵"有两层意思：

一是问如此似钟似琴之桥出自何人之手，不言而喻，这是赞扬五音桥的设计和施工人员；二是说为一个死人建造一座有音响装置的桥梁，怕是不合适吧，因而贬之以"奢侈"。

下联写孔洞是"赏心观七孔"，是说这座七轮明月、倒影成双、玉带一般的桥梁，对于游人来说，是一种美的享受，叫人心花怒放，爱感横流。

"自造型"，说游人看到这座造型优美、通行畅通、音响和谐的桥梁，不禁联想到那些造桥工匠，那些普普通通的劳动者不知经历了多少酸甜苦辣，遭遇了多少雨雪风霜，耗费了多少血汗精神，才架起了这座富有观赏性的桥梁，所以用"勤劳"来褒扬劳动者的精神。

联语写道：

不时击磬敲钟，誉满中华，喜听宫商角徵羽；
随处招蜂惹蝶，名驰世界，恭迎亚美澳欧非。

清东陵孝陵龙凤门

联语盛赞石桥。上联云桥能发出音响："不时击磬敲钟"，说只要游人敲击石栏，即能发出钟磬之声，如奏乐一般，铿锵远播，清脆近闻。"宫商角徵羽"，古代的五音，近似于简谱中的1、2、3、4、5……泛指和谐的音乐。

五音的节律用在此处既暗示了桥名，又明确指出桥的特色。桥能奏乐，九州四海唯此一处，是为中华一绝，为国人所赞颂，所以是"誉满中华"。

下联写桥能引人入胜，"随处招蜂惹蝶"，即景区的任何一处都吸引游人。景区如花一样美，如蜜一样甜，招惹来许许多多蜜蜂蝴蝶，比喻众多游客蜂拥而来，其中有"亚美澳欧非"等各大洲的游人。

即迎来各地的贵客高朋，反映陵区景色之宜人、桥栏音响之悦耳。

上下联首句概述，末句描述，首尾呼应，相得

磬 是古代石制的一种打击乐器。磬起源于某种片状石制劳动工具，其形有多种变化，质地也有了玉制、铜制的磬。磬，最早用于先民的乐舞活动，后来用于历代帝王、上层统治者的殿堂宴享、宗庙祭祀、朝聘礼仪活动中的乐队演奏，成为象征其身份地位的"礼器"。

234

穿越古今的古桥古道

■ 清东陵石桥

益彰。上联写琴桥为一绝，是为因；下联写游人翩然
而至，是为果。上因下果，联系紧密，共同盛赞五音
桥，突出了主题。

联语写道：

■ 清东陵大红门

> 听乐曲桥头，似丝似竹似磬似钟，疑是
> 深山藏古刹；
> 闻心声河畔，如怨如慕如泣如诉，莫非
> 近水泊孤舟。

上联写景，说的是游人登临桥头听到悠扬婉转的
管弦钟磬之声，不禁生疑。这美妙的乐曲从何而来，
难道是深山老林中隐藏了一座古刹，是那里的老僧沙
弥在做佛事、演道场，因为一般桥梁怎么也不会有如
此绝唱，从侧面反映了石桥构造之精巧、音响装置
之高超。

五音 指的是宫、商、角、徵、羽。因此五音也代指汉语的发音。在汉代，五音配以五行对应了土金水木火以及中西北东南。在汉语音韵学中，五音代指汉语声母的调音位置和调音方法，包括唇音、舌音、齿音、牙音、喉音。

■ 清东陵皇家陵墓群

　　下联抒情：说的是游人听到来自河畔的哀怨之声，从这里联想到在近水之处停泊了一叶孤舟，这怨语哀声可能就是舟中寡妇所排遣出来的满腔悲愤。这与白居易的长诗《琵琶行》有异曲同工之感。

　　这些千钧字句，对骄奢无度的帝王后妃是一个有力的鞭笞，对在痛苦中呻吟的劳动人民则寄予无限同情。

　　联语引用名人名篇、名句切景切情，河山为之增色，联语更加深沉。联语写景抒情，爱憎分明，是一副楹联，也是一首抒情诗歌。

　　由此可见，五音桥周围不仅荟萃了清代建筑艺术精华的清东陵，同时它的构造也达到了我国古代建筑艺术的顶峰。

阅读链接

　　有一位清代书生想来五音桥看个究竟，便去五音桥上观光，当他依次击打桥上的石栏板，这时就会发出不同的声响，有的低沉浑厚，有的清脆悠扬。

　　书生便向看神道的一位老人请教五音桥"叮当"响的奥妙。

　　老人热情地解释说："古桥栏杆、栏桩选用的石料叫方解石，含有铁质，才'叮咚'作响。当年建桥时，工匠们根据每块石料的含铁量，按我国古代音律宫、商、角、徵、羽五音组成，所以这七孔桥又称'五音桥'。"

铁索桥

我国的最古铁索桥有盘江铁索桥、四川泸县的铁索桥和关岭花江铁索桥。

盘江铁索桥修建于1631年，由贵州按察使朱家民倡议修建，便铸了大铁链数十条横贯于两岸岩石间。

泸定桥位于四川省西部的大渡河上，是一座由清代康熙帝御批建造的悬索桥。泸定桥开始修建于1705年9月，于1706年4月建成。铁索桥又名"泸定桥"。

花江铁索桥位于安顺关岭的北盘江上，古为黔滇交通枢纽。此桥扣挂两山之间，由14根铁链串缀而成，每根由262个环链组成。

铁索桥的建造传奇

铁索桥景色

在很早的时候，在四川泸县大渡河这个地方，藏族和汉族的人们经常将货物运到大渡河的对岸进行贸易，但那时渡口没有桥，全靠渡船或通过撞来转渡。

一旦不能及时渡河，大渡河两岸经常货物堆积如山，一些鲜活食品，因无法过河而腐烂，而且后来人来人往的商人也越来越多，在这里一度形成了梗阻。

1705年，康熙皇帝为了解决通往藏区道路上的梗

■ 泸定桥远景

阻，随即招来泸县知县，并下令在大渡河上修建一座桥梁。因为渡河之上到处都是悬崖峭壁，无法修建石桥。所以能工巧匠们建议，在这个地方修建一座铁索大桥。

建筑的工匠们便筑造了13根碗口粗的铁链，准备架于桥上，每根铁链的重量约为2.5吨，由890个扁环左右扣联在一起。

但是在这样一个高崖之上，下面又是波涛汹涌的大渡河，怎样把这么沉重的铁链拉过河铺成铁索桥呢？工匠们个个都感到很为难。

其实在修建此桥时，四川泸定周边的荥经、汉源、天全等县的能工巧匠都云集在这里，一起商量牵链渡江的方法。

几十个工匠想了三天三夜，最后采用了索渡的原理，即以粗竹索系于两岸，每根竹索上穿有10多个短

撞 是原始渡河工具，即指溜索。用两条或一条绳索，分别系于河流两岸的树木或其他固定物上。一头高，一头低，形成高低倾斜。溜索不仅可以溜渡人，而且还可以溜渡货物、牲畜等。

■ 泸定铁索桥

竹筒，再把铁链系在竹筒上，然后从对岸拉动原已拴好在竹筒上的绳索，如此巧妙般地把竹筒连带铁链拉到了对岸。

后来工匠们又在铁链之上铺上木板形成桥面，桥之两侧各悬两根铁链作为扶栏。桥的两端，各有一座20米高的桥台，内置若干铁桩，13根铁链铆定其上。桥台自重作为压重，承受铁索的巨大压力。

大桥桥西桥头堡的地下，也是这座铁索大桥的关键部位所在。桥头堡的基面以下是落井，埋有生铁铸造的地龙桩和卧龙桩，并以铁链锚固。地龙桩铸有的重量有9吨，也正是由它才能撑起了这座桥。

大桥的东西两端分别铸有铁牛、铁蜈蚣，表达了人们镇服"水妖"、铁桥永固的美好愿望。

经过一年的修建，大桥终于建成并使用了。

因为那个时候大渡河被称为"沫水"，可是康

竹筒 由生活器具演变而来。流行于云南省思茅地区、西双版纳傣族自治州和红河哈尼族彝族自治州等地。指用竹筒为器皿，再经烤、烧、蒸、炖等将食物致熟的烹调方法。

熙皇帝误以为是"泸水"，然后当时也是在国内刚刚平复了一场风波，所以有平定之意，于是就决定取名"泸定河"。

而且康熙皇帝在大桥建成后，来此桥参观，在桥上御笔亲书"泸定桥"3个大字，并立碑于桥头，上面题有碑记。

建成后的泸定桥全长103.67米，宽3米，桥面距枯水位14.5米，由桥身、桥台、桥亭三部分组成。全桥共用铁索链13根，其中9根用作承重底索，上覆横纵木板作为桥面，可通行人、畜；4根用作扶手，布置在桥面两侧。

泸定桥的桥身由13根铁链共有12164个铁环相扣。由于泸定桥全身是用铁索架构而成，故又称为"铁索桥"。

碑记　又称"碑志"，是古代文体的一种。碑记一般是指刻在墓碑上，用于叙述死者生前的事迹，评价、歌颂死者功德的碑文。碑指碑铭，志指墓志铭。

241

最古跨江桥

铁索桥

■ 泸定铁索桥

穿越古今的古桥古道

徐霞客（1587—1641），他的父亲徐有勉一生不愿为官，也不愿同权势交往，喜欢到处游览欣赏山水景观。徐霞客幼年受父亲影响，喜爱读历史、地理和探险、游记之类的书籍。他是古代著名的地理学家、旅行家和探险家，著有《徐霞客游记》。被称为"千古奇人"。

泸定桥建成后便成为连接藏汉交通的纽带，泸县也因此而得名。泸定桥位于四川西部的大渡河上，是唯一由清代康熙皇帝御批建造的悬索桥。

像泸定桥这样蔚为大观的独特风貌也是我国所独有的，它被称为古代历史上最古老的铁索桥。

其实还有着一座年代比泸定桥更古老的铁索桥，叫"盘江铁索桥"。此桥是建在关岭、晴隆二县交界的北盘江渡口。两峰夹峙，一水中绝，断崖千尺，壁立如削。

北盘江是古代由黔入滇的必经之处。东西两岸相距约80米，水流急湍。于是在1631年，贵州按察使朱家民倡议建铁索桥，便铸了大铁链数十条横贯于两岸岩石间。

然后在铁索桥的铁索上面横铺了两层木板，厚约0.27米，阔约3米。两边架设高约3米的网状链条护栏，桥头附有方便行旅休息、避雨的楼堞设施。

■ 铁索桥

铁索桥桥面

据明代奇人徐霞客描绘，称盘江铁索桥是："望之缥缈，然践之则屹然不动。日过牛马百群，皆负重而趋。"

盘江铁索桥在清朝曾多次修建，在河岸伐了大的木材来横铺于铁索上，两边还用巨石来稳固铁索。后来人们称它为"千寻金锁横银汉，百尺丹楼跨彩凤"的黔中胜迹。

盘江铁索桥从建筑规模以及建筑的耐久性、实用性上，以及周围环境的奇险上都是无法和泸定桥相媲美的。

贵州关岭花江铁索桥

在黔滇、黔桂驿道上，远近商贾络绎不绝，各路兵家相争不断。古时，曾有人在此设置渡口，用木船摆渡，但因水急浪大，经常使渡江行人船翻人亡。

怒江铁索桥

■ 贵州铁索桥

在河道奇险，水流湍急的北盘江上，历史上曾建造了不少大大小小结构不同、姿态各异的桥梁。但是，位于贞丰县东北与关岭县交界处的花江铁索桥，却以其独特的造型闻名遐迩。

其实在明代，官府曾多次在贵州的北盘江架桥，桥未建成即被洪水冲垮。

清朝光绪中叶，蒋宗汉倡请贵州巡抚崧藩筹款补修盘江铁索桥，但是没有得到应允。至1895年，蒋宗汉又上奏贵州巡抚崧藩，请求筹款修花江桥，并会同济公盐号筹款。

据《安顺府志》《永宁州志》等记载，1898年，开始在北盘江上修建石桥，多次被洪水冲垮。

直至1900年，便改建铁索桥，于同年4月才建成，取名为"花江铁索桥"。

花江铁索桥宽3米，桥长72米，高70多米。它由14根粗大的铁链串缀而成，每根由262个环链组成。

蒋宗汉（1836—1898），官至参将、腾越厅总兵、贵州提督。1876年，投资10万，修建花江铁索桥。蒋宗汉修桥属私人出资，工程巨大，共历时5年，这不能不说明蒋氏建桥的决心。

映秀铁索桥

铁链拴在两岸人工凿成的石孔内，上铺木枋数百块作为桥面。扶栏由22根铁链组成，拴在两岸石孔内。

蒋宗汉在建成大桥后，又在距铁索桥400米处古道旁建普陀真境庙，塑普陀像一尊、龙王神一尊、山神像一尊、石雕龙一对。后人为了纪念蒋宗汉修铁索桥的功绩，在桥北至七口碑处的悬崖绝壁脚下一天然石窟内，刻有蒋宗汉军门的石像一尊。石窟口刻有篆书："炳堂蒋军门行乐图"，窟下崖头刻"万缘桥"3个字。

桥南岸古驿道旁有不少摩崖石刻，有"虹飞""华江桥""功成不朽""屹然大观"等32处。桥南岸30米处一崖壁上楷书阴刻监修分工及详细情况。

花江铁索桥像一道倒挂的长虹，横卧在北盘江两岸的悬崖峭壁之间，上托青天一带，下吻浪花万朵，堪称花江大峡谷的一个奇观。花江铁索桥也是我国著名的遗存不多的古铁索桥之一。

阅读链接

关于花江铁索桥名字的由来有个美丽的传说。据说过去在北盘江流经的这一带山崖上，花木繁茂。每逢花开时节，百花耀眼，各色花瓣随风纷纷飘坠江面，澄碧江流变得绚丽多彩。

因此，人们便把北盘江的这一江段称之为"花江"。横跨过这里的铁索桥，自然也就叫"花江铁索桥"了。

我国各地有许多桥梁都取名为"玉带桥"。最早的是江苏省无锡宜兴玉带桥，最著名的是坐落在北京颐和园昆明湖长堤上的玉带桥。

颐和园内的玉带桥是各地玉带桥之首，也是最著名的一座。此桥建于1736—1795年。

还有一座是江西信丰玉带桥，它位于信丰虎山隘高至龙洲的虎山河上，建于清代，构造独特，它的弧形如玉带飞跨于滔滔激流之上，崇山峻岭之中。

此外，江苏宜兴市的玉带桥位于善卷镇的双祝河上，也是一座著名的"玉带桥"。

长虹卧波

玉带桥

双祝河东坡造桥记

金山方丈佛印与宋代著名文学家苏东坡是老相识。

1074年3月的一天，佛印陪苏东坡在山中漫步，走到白龙洞前，北望长江，江天一色，佛印连呼："好景致，好景致！"

佛印索性宽衣解带，引吭高歌，手舞足蹈起来。正在他得意之时，"扑通"一声，玉带掉入了水中。这时，苏东坡急了，"这么有

■ 颐和园玉带桥

内涵，这么有品位的玉带怎么能这么没了呢？"

■ 静心斋小玉带桥

佛印也急了，连忙脱掉僧鞋，跳下水去捞玉带上来，并归还苏东坡。就这么个事，让佛印对这么有内涵，这么有品位的玉带可谓是恋恋不舍。

后来有一天，苏东坡要到杭州赴任途经润州，就顺便上金山找老相识佛印。

当他见到佛印时，佛印正在准备为众僧说法，苏东坡来到方丈的房间，尚未站定，佛印笑着对苏东坡开玩笑地说："从何处来？此间无坐处。"

苏东坡便随即用禅宗之语答道："暂借和尚四大，用作禅床。"

佛印一听，苏东坡用起佛经典故了，笑道："山僧有一问，学士答得出，即请从；否则，就将你身上的玉带留下，作为镇山之宝，如何？"

苏东坡心想：佛印是有心在考我了，我是出了名的大才子，不会被你难倒的。

"可以，一言为定。"苏东坡说。

典故 原指旧制、旧例，也是汉代掌管礼乐制度等史实者的官名。后来一种常见的意义是指关于历史人物、典章制度等的故事或传说。典故这个名称，由来已久。最早可追溯到汉朝，《后汉书·东平宪王苍传》中记载："亲屈至尊，降礼下臣，每赐宴见，辄兴席改容，中宫亲拜，事过典故。"

玉带桥风光

佛印笑着不紧不慢地问："出家人四大皆空，五蕴非有，请问先生何处坐呀？"

"四大"即地大、水大、火大、风大，佛教认为是构成物质的四大元素；"五蕴"即色蕴、受蕴、想蕴、行蕴、识蕴，是构成人身的五种元素。

"四大皆空，五蕴非有，不是一无所有，空空如也么，何座之有！"佛印这一问，倒把自恃聪明的苏东坡问住了。他一时想不出对策，只好把玉带输给了佛印，玉带也就成了"永镇山门"的宝物。

佛印得了玉带后，经常有人前来观赏，看的人多了，唯恐弄坏，于是找来德高望重的乡绅，把自己愿意捐资造桥的想法提出来，并立即解下玉带，作为捐赠。

于是，大家就纷纷募捐筹桥资，并在原玉带落水处，仿照玉带的式样建造了玉带桥，供人观赏。不到半年时间，一座花岗岩的石拱桥，便飞架在祝陵河上，村民们无不称赞。因为为了纪念苏东坡和佛印捐玉带建桥，便把这座桥命名为"玉带桥"。

阅读链接

玉带桥位于宜兴市张渚镇祝陵村，始建于宋，清代重建，东西走向，建成后的玉带桥为单孔石拱桥，青石、花岗石混砌。

玉带桥长17米，顶宽3.8米，堍宽4.3米。桥孔净跨5.8米，矢高3.9米。扶栏高0.44米，栏柱顶刻莲花纹。拱内有铭石两块，上面有碑文记载着苏东坡与佛印两人的功绩。

江西信丰的玉带桥

1740年，虎山河水急浪高，像猛虎挡住行人的去处，但是这里又是去广东的必经之路，所以在此渡河者经常被水卷走，当地人也被卷走不少，大家感到万般无奈，而官府也因为怕花费太多而不管。

丽江古城玉带桥

玉带桥景观

穿越古今的古桥古道

　　虎山富翁余凤岐夫妇心地善良，每当看到又出人命了，他们经常落泪。为造福一方百姓，便利南来北往客商，余凤岐对天承诺倾其全家所有财产，修建大石桥。

　　一时间，整个信丰为之哗然，虎山河两岸顿时热闹喧腾，民工如云，造桥气势蔚然壮观。余凤岐也因为修建玉带桥，成为江西赣南各家各户妇孺皆知的人物。

　　1740年，一个老和尚告诉余凤岐："今年八月十九是开工的黄道吉日，有几只大红鸭子浮起的地方就可以建桥墩。"说完这话，老和尚马上就不见了。

　　等到那天，河里真的浮起几只红鸭，余凤岐即开工建桥。动工两月，余凤岐耗尽家财，就在这墩石拱桥近乎完成，仅差数百两银子工程便彻底竣工之时，大石桥的工程停了下来。

　　于是余凤岐忍痛把已经五六岁的独生儿子卖了，又叫妻子去四处讨乞，可是即便如此钱财还是不够。

　　余凤岐心想：桥建了是不能停工的，否则来年春天大水冲来就将前功尽弃。正在余凤岐心急如焚、一筹莫展之时，老和尚又飘然而至，告诉余凤岐要想把桥建好，必须"苦行"。

于是余凤岐将一副几十千克重的枷锁背在身上，三步一跪、五步一拜，来到离此不远的隘高古城。这里的人过着优雅的生活，对乡下人的事不闻不问。精诚所至金石为开，隘高人被余凤岐的精神感动，纷纷捐款捐物。

而且幸运的是，余凤岐的事被隘高古城一个好心的寡妇知晓，非常感动，愿意倾其所有家产，付给余凤岐剩余银两，并送余凤岐回到了修桥工地。

大桥竣工了，可是余凤岐却因积劳成疾去世了，上天感其善行，让他投胎到南安府戴员外家。

然而，他一生下来就昼夜啼哭，家人如何哄劝都无济于事。当一个讨饭婆来到戴员外家乞讨时，他一见讨饭婆却转哭为笑，员外便把这女人留下来抚养他。

他从小天资聪慧，勤奋好学，18岁便高中状元。

后来，民间为纪念他带头修桥的功德，将桥命

状元 在封建社会中，科举考试的最高一级选拔出来的或者经皇帝认定的第一名。自古以来，在漫长的历史中存在着文治武功。人们习惯于一方面"以文教佐天下"，也就是教化民众，维护社会太平；此外，"以武功戡祸乱"，也就是保护国家安定，巩固国家政权。一文一武，相得益彰，有文状元和武状元之分。

长虹卧波

玉带桥

■ 玉带桥景致

客家 客家人始于秦征岭南融合百越时期，历经西晋永嘉之乱、东晋少数民族南下，中原汉族大举南迁，大部分到达广东、福建、江西等地，与南方百越群体互通婚姻，经过千年演化，在南宋时期形成了相对稳定的客家民系。

名为"余带桥""凤岐桥"。因为余带没有多少文学色彩，而且凤岐又难写难认，恰好此桥又有如玉带飘然于水上，同是谐音，所以最后大家都称为"玉带桥"。

建好后的玉带桥为两墩三孔屋楼式拱桥，两墩立于急转直下的激流之中，其一紧靠河岸，护住河堤，其一形如驳船，高出水面5.7米，拱跨14.3米。

玉带桥桥面宽3.8米，用小乱石铺平，上建高3.2米的廊屋，廊屋为木石结构，分为32间，两端各建4.2米高的瓦房桥头堡。

桥面中建成了一间4.6米高的凉亭兼神庙，其长5.1米，宽3.8米，凉亭内分前厅和后殿，供人歇息。

凉亭内东西上方各书"神泽汪洋，龙驾远波"8个字，左右两根石柱上分别刻有"功高德大固桥是赖圣与神，海阔江深登岸不须舟与楫"的对联，桥面边沿还刻有1.2米高的矮墙代替扶栏望栏。

■ 颐和园玉带桥台阶

玉带桥建筑

这圣，无疑是余凤岐，这神，则是百姓大众。至于后来有神相助，天上飘下了玉带于虎山河上而成玉带桥的说法，皆为神话传说。此外还传说，有后人在寡妇的后代家中见过镣铐。镣铐依旧，锃亮如新，真仿佛有一种精神气融盈于其中。

信丰玉带桥，位于信丰虎山隘高至龙洲的虎山河上，构造独特，它的弧形如玉带飞跨于滔滔激流之上，崇山峻岭之中。玉带桥的桥墩有3孔，呈层楼式的形状。

玉带桥是一座充满了神奇与故事的石桥，它历时近400年，却依然坚固如初，不知道有多少客家前辈踏访过它，有多少捐客在玉带桥休息过，又有多少香客在桥中间的神庙前烧过香，又有多少路人聆听过余凤岐乞讨银子修桥的故事……

阅读链接

据县志记载，玉带桥是古时信丰通往广东兴宁、和平的交通要道。"东有信丰玉带桥、西存大余古驿道"，两处分抵东江与西江，这古桥与雄关双双享誉南赣大地。

桥的那通石碑刻有关于玉带桥的无名古诗："日照玉带水连天，龙虎护佑轿两边。飞虹卧波牵赣粤，商贾如云古道间。"应该是对当时玉带桥上人员繁忙密集的一种写照。

颐和园中的玉带桥

北京颐和园内的玉带桥是各地玉带桥之首，是最著名的一座。北京颐和园玉带桥建于1736—1795年，1875—1908年期间曾重修过。

玉带桥位于北京颐和园昆明湖长堤上。玉带桥的单孔净跨11.38

■ 颐和园玉带桥

米，高7.5米，全部用玉石琢成，桥面是双反向曲线，组成波形线桥型，配有精制白石栏板，显得格外富丽堂皇。

玉带桥的桥身全部都是用汉白玉和青白石砌成。洁白的桥栏望柱上，雕有各式向云中飞翔的仙鹤，雕工精细，形象生动，显示了雕刻工匠们的艺术才能。

玉带桥拱高而薄，形若玉带，弧形的线条十分流畅。半圆的桥洞与水中的倒影，构成一轮透明的圆月，四周桥栏望柱倒影参差，在绸缎般的水面上浮动荡漾，景象十分动人。

玉带桥位于颐和园西堤北段，在昆明湖的西北角。玉带桥是从昆明湖到玉泉山的门户。西堤从北至南共建有6座桥，它们是界湖桥、豳风桥、玉带桥、镜桥、练桥和柳桥。而玉带桥是其中最为别致，最具风格的一座，它是颐和园亮丽的一景。

玉带桥是"西堤六桥"中唯一的高拱石桥，乾隆皇帝在位的时候，从颐和园走水路去静明园也就是后来的玉泉山，每次都要过玉带桥。乾隆皇帝的"昆明喜龙船"长40多米，上建楼台，其他的桥洞高是过不去的。

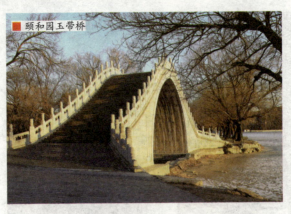
颐和园玉带桥

玉带桥的桥拱高出水面10米有余，大小和昆明湖南端的绣漪桥相似。在"西堤六桥"中，其他5座桥都是上有古式亭楼，下有穿堂的石桥，唯独玉带桥是座白色的高拱石桥。

据说皇帝喜爱玉带桥，不仅是因为玉带桥交通方便，还因为它造型玲珑秀美。

玉带桥的桥拱呈蛋尖形，看起来特别高耸，好像一条玉带。此桥旧名"穹桥"，俗称"驼峰桥"，均以形象命名。玉带桥的造型具有长江三角洲地区石拱桥的风格，以纤秀挺拔，轻巧为其之特色。

玉带桥是用汉白玉和青石砌成的，净跨径11.38米，高7.5米。设计者匠心独运，在拱桥两端加上反向曲线，构成波状线形，给人一种动态的美感。

玉带桥造型优美，远近闻名。在颐和园内的昆明湖畔，洁白的石桥凌空隆起，恰似驼峰高耸，玉带飘扬。玉带桥跟宫阙的红墙、长堤的翠柳、背后青山上的宝塔，相互辉映，形成一幅绝妙的丹青图画。

穿越古今的古桥古道

阅读链接

山东省的济宁城内有18座桥，清平桥、玉带桥、玉堂桥、草桥、南门桥……微雨蒙蒙的夜里，沿阶而下，站在那一带水旁，但见两边的墙砌得很整齐，桥上、河边的灯整整齐齐地排过去，跟两岸闪烁着的招牌呼应着。

济宁玉带桥是济宁运河上的一座美丽的小桥，站在桥上可以远眺，玉带桥是人们心中的故乡桥。

济宁玉带桥的四周全是一些仿江南的古建筑，颇有风韵。再加上玉带桥地下潺潺的流水声，简直美不胜收。

十七孔桥

　　我国有两座著名的"十七孔桥"。一座位于北京颐和园的昆明湖上，另一座是在云南省的建水。

　　北京颐和园中的"十七孔桥"是1736—1795年所建，工程浩大，历经10多年建成。这座"十七孔桥"是北京颐和园昆明湖上连接东岸与南湖岛的一座长桥。它也是北京颐和园内最大的一座石桥梁。

　　云南省建水的"十七孔桥"初建为3孔，名双龙桥，后来于1839年重建14孔。

　　两者的相似之处是都因桥身有17个桥孔，故名为"十七孔桥"。

鲁班助建十七孔桥

在颐和园有一座最大的桥梁叫"十七孔桥"，传说它也是由鲁班爷爷帮助建造的。

传说在乾隆年间修"十七孔桥"的时候，主持修桥的官员请来了

颐和园十七孔桥秋景

■ 颐和园十七孔桥

许多能工巧匠，让他们来修桥。石匠们一斧一凿从房山的大石窝里开采了大量的石料，将他们雕刻成晶莹洁白的汉白玉。然后流着汗水将这些汉白玉，一步一步运到昆明湖边上准备用来筑桥。

有一天，修桥的工地上忽然来了一个七八十岁的老头儿，头发长的过耳根台子，脸上的灰土足有一个铜子厚。他背着工具箱子，一边走一边吆喝："谁买龙门石！谁买龙门石啊！"

工地上的人们看他那肮脏劲儿，都以为他是疯子呢，谁也没搭理他。

老头子在工地上转悠了3天，也吆喝了3天，还是没人理他。

这个老头，背着工具箱离开了工地，往东走到六郎庄一棵大槐树底下，待在这不走了。他夜里就睡在树底下，每天鸡叫头遍便起身，抢起铁锤，"叮叮当当"凿那块龙门石。

汉白玉 是重要的建筑材料。质地坚硬洁白，石体中泛出淡淡水印，俗称"汗线"，故而得名汉白玉。它是一种化合物，基本上它不溶于水。它可存在于以下形态：霞石、方解石、白垩、石灰岩、大理石、石灰华。可于岩石内找到。

时辰 古时候的计时单位。我国古人把一天划分为12个时辰，每个时辰相当于现在的两小时。12个时辰分别以地支为名称，地支共12个字：子、丑、寅、卯、辰、巳、午、未、申、酉、戌、亥，循环使用。从半夜起算，半夜23时至1时是子时，中午11时至13时是午时。

262

穿越古今的古桥古道

■ 颐和园十七孔桥全景

一天傍晚天刚入黑儿，突然就下起了瓢泼大雨，风吹雨打迷得老头子睁不开眼睛。他双手抱头，蹲在树底下避雨。

这时恰好村西住的王大爷打这儿路过，见那个老头子畏畏缩缩的样子，挺心疼的，就打了个招呼让他搬到自个儿家里来住。

老头子搬到王大爷家，不但有房子住，还管饭吃。他一点都不客气地在这里整整住了一年，也"叮叮当当"一天不停地凿了一年龙门石。

一天早晨，老头子笑嘻嘻地对王大爷说："今天我要走了。我吃你的饭，住你的房，你的恩情我一辈子也忘不了。我也没有什么报答你的，就把这块石头留给你吧！"

王大爷瞅了瞅汉白玉的龙门石，对老头子说：

"你也别说报答不报答了，为这块石头，你劳累了一年，还是你带走吧！我要它也没有什么用。"

老头子说："我这块石头，真要到节骨眼上，花100两银子还买不到呢！"说完，他便背起自己的工具箱，顺大道往南去了。

有一天，颐和园里修建"十七孔桥"的工程快完工了。听说乾隆皇帝还准备前来"十七孔桥"参观"贺龙门"呢！

没料想到，桥顶正中间最后那块石头，怎么也凿不好！砌不上耽误了时辰，到时可是要龙颜大怒，这罪过可是没人能担待得了。这可急坏了负责工程的官员！

这时候，突然有一位修桥工匠想起了那个卖龙门石的老头子，这一下提醒了这位负责工程的官员，他立即下令派人四面八方去打听老人的下落。

负责工程的官员带着一帮人便四处打探老头子的下落，终于打听到那个老石匠在六郎庄住过，他们便亲自来到了王大爷家里。刚进门

官员便一眼看到窗底下那块龙门石，就蹲下来量了量尺寸，结果是长短薄厚一分不差，就好像专门为修桥琢磨的一样。

官员高兴得合不拢嘴，连忙对王大爷说："这是天上下来神人专为修桥凿的，可救了我的急啦！你说吧，要多少银子我支付多少。"

王大爷说："你也别多给，那老石匠在我家吃住了一年，你就给我一年的饭钱吧！"

这位官员听王大爷说完，便留下100两银子，就把龙门石运走了。

这块龙门石砌在"十七孔桥"上，不偏不倚，刚刚好，严丝合缝，龙门石合上了！

那些石匠、瓦匠们，人人都吐了一口气：总算把石桥修成了呀！要不然，皇上怪罪下来，还有大伙儿的活路吗？

正当大伙儿高兴的时候，其中有一个老石匠忽然醒悟过来，对着大家说："诸位师傅现在应该明白了吧！这就是鲁班爷下界，帮咱们修桥来啦！"

这时大家都议论纷纷，最后人们得出了一个结论，说那个老头子肯定就是鲁班祖师爷的化身。于是，就这样鲁班爷帮助修建"十七孔桥"的故事就流传开了。

阅读链接

为什么叫"十七孔桥"，或者说为什么桥身建有17个桥孔呢？17这个数字并不符合皇权九五之尊的逻辑，它为什么要设计成17个孔呢？

据说道理就在于：如果桥设计为9孔，那么就会因拱度过大而容易被冲垮或崩塌。想来想去，臣工们最终想到一个两全其美的方法，既不失九五之尊，又不降低桥的质量，那就是设计为17孔，从桥两边任何一边数起，桥最高处都是在第九个孔上。

颐和园的十七孔桥

　　"十七孔桥"是北京颐和园昆明湖上连接东岸与南湖岛的一座长桥。是1736—1795年所建，当时它的建造工程也是非常巨大的，修建了10多年才建成。它也是北京颐和园内最大的一座石桥梁。

■ 颐和园十七孔桥

对联 又称楹联或对子，是写在纸、布上或刻在竹子、木头、柱子上的对偶语句，其对仗工整、平仄协调、字数相同、结构相同，是一字一音的中文语言的独特艺术形式。对联相传起于五代后蜀主孟昶。它是中华民族的文化瑰宝。

"十七孔桥"坐落在宽阔的昆明湖上，整体桥长150米，宽8米，因有17个桥洞组成而得名，是园内最大的一座石桥。

桥上石雕极其精美，两边的白石栏杆，共有128根望柱，每根望柱上都雕刻有大小不同、形态各异的石狮544只，比起北京石狮子较为多的卢沟桥，还多59只。

石狮的造型也富有奇趣的特色，它们有的母子相抱，有的玩耍嬉闹，有的你追我赶，有的凝神观景，个个惟妙惟肖。

桥的两头有四只石刻异兽，样子看上去很像麒麟，形象威猛异常，极为生动，这也是这座桥上的镇桥之宝。

在桥的南端横联上刻有清代乾隆皇帝所撰写的"修蛛凌波"4个字，桥的北端的横联刻有"灵鼍偃

颐和园十七孔桥石狮子

■ 颐和园十七孔桥桥头端坐的异兽

月"，也为清代乾隆皇帝所撰。

桥的北端的另一副对联写着：

虹卧石梁岸引长风吹不断；
波回兰桨影翻明月照还空。

可见"十七孔桥"的风景绮丽之美，要是能在优雅宁静之夜，摇船泛于湖上去观赏则会更加怡人。

"十七孔桥"的造型兼有北京卢沟桥、苏州宝带桥的特点。他们上面的石雕都极其精美，尤其是都具有一大特色，那就是桥上石雕都给人一种栩栩如生的错觉。

离"十七孔桥"不远处，是颐和园中最大的廊如亭，八角重檐，由内外3层24根圆柱和16根方柱支撑，独具特色。从远处望去廊如亭就像是一只秤锤，不偏不倚地压在"十七孔桥"东端。

廊如亭旁边有一铜牛，铸于1775年，是特有景观，青铜牛身下是

穿越古今的古桥古道

石雕的海浪纹须弥座，表示镇水之意。铜牛与"十七孔桥"桥头的4只怪兽，交相辉映，相得益彰。

在桥上，两边的栏板洁白如云，下面的湖水映出青天，通路那边是琼楼玉宇，极目远望是渺渺群山。

造型优美的"十七孔桥"，将昆明湖的水面分出层次，有千亩碧波尽收眼底的空旷观感，因此桥的点缀，将空旷的孤寂感消弭无踪，这些都是造园设计者神工巧匠的神来之笔。

"十七孔桥"的独特之美，有四时之美，有晨昏之美，但更重要的是从不同角度去领略，即站在园中各处望桥和站在桥上望园中各处。

"十七孔桥"是无独有偶的，据说它有个"姐姐"，在苏州石湖，"石湖串月"的"行春桥"，同它的造型一样，只是没有"十七孔桥"的华丽。

■ 颐和园镇水铜牛

如果说"十七孔桥"是"宫廷妃子"，那石湖行春桥该是江村的浣纱女子吧！

也有人说，"十七孔桥"优美的造型融合了北京卢沟桥和苏州宝带桥的特点，但与卢沟桥和宝带桥不同的是，这座石桥是17个孔洞，当时是没有的。

人们把"十七孔桥"比喻成水中神兽，横卧水中如半月状。"十七孔桥"以其独特之美，横卧在昆明湖的碧波之上，好似一幅人间仙境！

阅读链接

颐和园内从陆地通向湖心岛的一座石桥，一向被称为"十七孔桥"。

然而令人惊奇的是，后来人们发现的记载颐和园建筑的资料中，文字标明的桥孔不是17孔，而是19孔。

同样令人惊奇的是，这个记载与流传的民间传说相吻合。据说，"十七孔桥"实为"十九孔桥"，一般人肉眼不易看出，只有在园内一个特定角度才可能看到隐而不露的另外两个孔。据介绍，当年慈禧游湖时，曾对这个精妙设计赞叹不已。

双龙桥的修建传说

　　据说，金碧溪这里原来只是一个渡口。行人过往都需要摆渡乘船过河。古时候，在金碧溪的渡口，摆渡的人往往是有钱人家的行善之举，渡河是不收钱的，当地人们将它称为"义渡"。

■ 云南双龙桥

有一年，这个渡口设"义渡"的是一位揽载帮当水手的陈洪顺。后来他发家致富，乐善好施，将家产变卖设义渡。但是"义渡"了多年的陈洪顺，已经是年迈多病了，72岁那年去世后，原来那只破旧的渡船也被洪水冲走了。

"义渡"由于陈洪顺的去世而中断，港口很快也沦为了路断人稀的溪口。每当夏秋时山洪暴泄，江水倒灌，无船摆渡，人们望溪兴叹。

■ 双龙桥走廊

传说，金碧溪的坡上有一家姓刘的农民，家中只有母子俩人。年方20岁的刘世海，从小丧父，与老母相依为命。

一天，刘世海的老母亲突发重病，临终前说："孩子，你要为人们多做好事，要行善积德。今后，你只要有办法，一定要在渡口修座桥来方便行人。"

有孝心的刘世海含着泪答应了老母亲。等葬送走老母亲以后，他便遵从老母亲的托付在这里修一座桥。

但是刘世海的家里一直是清贫如洗，哪来的钱修桥呢？他决定先背人过河，有了钱再修桥。

行善积德 就是通过各种对治方法将内心的污染消除，使自己内在的美好品德得以显现，内在的清净功业得以开发。比如说人的贪欲就是污染，有污染就会产生弊病造成无尽的痛苦，用布施这个对治方法去消除，这样我们清净性德才能得以显现，才能使人更加快乐。

穿越古今的古桥古道

玉皇大帝 简称"玉皇"或"玉帝",居住在玉清宫。道教认为玉皇为众神之王,在道教神阶中修为境界不是最高,但是神权最大。玉皇大帝除统领天、地、人三界神灵之外,还管理宇宙万物的兴隆衰败、吉凶祸福。在中华文化中,玉皇大帝被视为宇宙的无上真宰,地球内三界、十方、四生、六道的最高统治者。

从母亲去世以后,刘世海便在渡口的浅溪处开始背人渡河。十年如一日,他背了成千上万的过往行人过了河,包括那些年轻姑娘。

在背女子过河时,他从没动过一丝邪念,让姑娘们伏在他宽厚的背上,稳稳当当地背她们过河。不少过河的人拿出钱来给他,有时他都一文不收。

刘世海的善行,不仅在嘉陵江沿岸码头传为美谈,也感动了天上的玉皇大帝。太白金星根本不相信凡间竟会还有这样没有私欲的青年人。

玉皇大帝为了探知真相,便让太白金星化为一位美貌俊俏的女子来溪边过河。刘世海见到这等天仙般的美女,依然不为其所动,小心稳当地背她过了河。

玉皇大帝听了,十分感动,决定让刘郎修桥的愿望得到实现。

一天,刘郎一早又来河边背人过河。有位年轻姑

■ 云南双龙桥

■ 双龙桥风光

娘来到溪边，恳求说："我老母患急病，急需过河去请郎中。我老母患病已将家里钱财用完，没钱酬劳，希望您做做好事。"

刘世海二话没说，背起姑娘就下水，可是他越走越感觉身上背的人越来越重，又不好意思转脸去看。当他一脚跨上岸时，"咚"的一声，身子突然一闪跌倒在沙坝上。

刘世海定睛一看，这哪是什么姑娘，背上背的竟是闪闪发光的一背篼元宝。刘世海心中仿佛早已明白，这是神仙显灵了，送来助他修桥的资金。

刘世海当机立断，马上雇请能工巧匠进行设计和修建。经过七七四十九天，溪上一座3孔石桥便架起来了。

但天公不作美，眼看桥面要合龙了，修桥大师傅安装石桥差两节，不管用什么石料怎么也合不拢。眼看就要发大水了，急得刘郎烧香祈祷。

太白金星 又称"白帝子"，是天边启明星的神格化人物。是道教神仙中知名度最高的神之一，在百姓中的影响很大。现今人们对他的认识就是一位白发苍苍、表情慈祥的老人，他忠厚善良，主要职务是玉皇大帝的特使，负责传达各种命令，因而受到人们的喜爱。

■ 云南建水十七孔桥

此事传到了龙宫，惊动了龙王，于是传令小白龙、小青龙前来听令，命他们助刘郎完成修桥的义举。小白龙和小青龙降临溪的上空一看，桥身不多不少就差桥面两边一节石板。

小白龙与小青龙龙身一跃弓腰躺到桥面空挡中，只听"咔"的一声，不偏不倚，不多不少，稳稳当当补上了空隙。青、白两小龙，以身化桥，帮助刘郎修好了石拱大桥。

于是桥面上，一侧白色龙头伸出桥头，后面露出龙尾；另一侧，一青色龙头突出桥头，后面露出龙尾。一架飞跨金碧溪的三孔石拱大桥连成了。

从此，人们就把这座桥叫作"双龙桥"。由于双龙桥的孔和颐和园的桥一样有17孔，所以后人也称它为"十七孔桥"。

阅读链接

很久以前，金碧溪是一个渡口，并没有大石桥，每年至夏秋季的洪水季节，这里山洪暴发，泛滥成灾，人们希望修桥来锁住金碧溪下泻的洪水。

据老人们说，后来双龙桥建成以后，当年有人在桥头挂了一把特大的铁锁，想用铁锁来锁住泛滥的洪水。所以古双龙桥又名为"铁锁桥"。

云南建水的十七孔桥

云南省古镇磁器口的地形地貌是山丘和小溪相通，形成一江三山两溪，沟壑环绕，所以这里的桥非常多。大大小小加起来足有六七座，规模较大的要数这里的双龙桥了。

双龙桥坐落在横街与金碧街之间的金碧溪上，过去是沟通两岸，通向邻县和梁滩坝的交通要道。这里人来人往，热闹非凡。

■ 云南建水十七孔桥

久负盛名的双龙桥因两河犹如双龙蜿蜒盘曲而得名。所谓"双龙"，即是以塌冲河、泸江河两条河，有一桥镇锁"双龙"之意。

清代乾隆年间，泸江上的木桥常被洪水冲毁，便改建为3孔石拱桥，全长36.7米，宽4.3米。

1820年，这里暴雨成灾，山洪陡涨，西南方的塌冲河决堤改道至此并汇入泸江河，使河面增宽了近百米，原建的3孔石桥被孤零零地遗弃在新河的岸边。

清代道光年间，当地的人们便在石桥南端新建石桥14孔，与原有的3孔成雁齿连接，共为17孔，全长148米。正中一孔用巨石砌成的长、宽、高各为16米、9米、10米的台墩。因建好后的双龙桥有17个桥孔，故又名"十七孔桥"。

建水的"十七孔桥"的桥身用打凿得很平整的约500块石块镶砌而成，两侧垒条石为栏。桥面宽敞平坦，由数万块大青石铺成。

■ 云南建水十七孔桥

穿越古今的古桥古道

■ 云南建水十七孔桥

1896年，桥墩之上建一大阁楼，下留有泄水孔洞，桥的南北两端各建一阁，两端阁楼略小，居中一座大而壮观。

建水的"十七孔桥"由大小不一的3个阁组成，大阁位于桥正中，是三层檐的方形主阁，高20米，边长16米。屋顶为琉璃黄瓦，歇山顶，高接云霄，屋顶成"品"字形歇山顶，二楼因势隆起4个小歇山顶。

中间的阁现为坊式结构，3层，比旧有的增高一层，3座飞檐式阁楼交相辉映，底层原为人马通道。

"十七孔桥"的南端为双层八角攒尖顶桥亭，高约10米，玲珑秀丽，造型美观，与大阁互相辉映。

建水"十七孔桥"的桥面宽窄不同，拱跨的长短不同，桥墩分水的尖长不一。

层檐重叠，檐角交错，雄伟壮丽。底层为桥身通道，拾级登梯，可远眺成万顷田畴、群山起伏、波光粼粼等山情水韵。南端桥亭为重檐攒尖顶，飞檐翘角，玲珑秀丽。

歇山顶 即歇山式屋顶，歇山顶共有9条屋脊，即一条正脊、4条垂脊和4条戗脊，因此又称"九脊顶"。歇山顶结合了直线和斜线，在视觉效果上给人以棱角分明、结构清晰的感觉，为我国古建筑屋顶样式之一。

这种别致的设计，楼中有楼，桥楼相映，蔚为大观，不失为我国造桥史上极为珍贵的杰作。两端阁楼略小，居中一座大而壮观，素有"滇南大观楼"之称。

建水"十七孔桥"是云南古桥梁中规模最大、艺术价值最高的一座多孔联拱桥，它承袭了我国桥梁建筑的风格特点，融桥梁建筑科学和造型艺术为一体。

该桥是云南古桥中规模最大和艺术价值最高的一座桥梁。它承袭我国联拱桥的传统风格，融桥梁建筑科学和造型艺术为一体，凝结着滇南人民高超的技术和智慧，是我国古桥梁中的佳作，在我国桥梁史上占有重要地位。

穿越古今的古桥古道

阅读链接

关于双龙桥的说法有两种：

一种说法，云南的金碧溪是以塌冲、泸江两条河汇合在一起，这里正好建有一桥镇锁"双龙"，因此而得名"双龙桥"。

另一种说法，因为桥面两侧各有两个石雕的龙头和龙尾。龙头在溪流上方，龙尾在溪流下方，镌雕得栩栩如生。双龙桥便由此得名。

安澜桥

四川省西部安澜桥最早建于宋代以前，桥全长320米，最早称绳桥或竹藤桥。至宋代，改称"评事桥"，古代又名"珠浦桥""许事桥"，明代末被损毁了。

1803年，何先德夫妇倡议修建竹索桥，以木板为桥面，旁设扶栏，两岸行人可安渡狂澜，故更名"安澜桥"，民间为纪念何氏夫妇，又称之为"夫妻桥"。

"索桥"是我国先民利用本地竹木资源，为征服高山峡谷、急流险滩所创建的悬空过渡桥梁形式之一。

安澜桥是沟通内外江两岸的交通要道，安澜桥被誉为我国著名的五大古桥之一。

动人的修建传说

  1803年5月15日，在连接四川西部与阿坝之间的岷江渡口，发生了一起翻船事故，造成了100多人身葬大江之中，被鱼虾吞食。

  在此地有一个姓何的先生，是当地出了名的为民着想的人。有一

都江堰安澜索桥

■ 安澜桥何先德夫妇塑像

次，他和他的夫人游山玩水，来到了岷江，看见了官船在摆渡人们。

何氏夫妇也想去对岸，过去一打听，渡到江对岸，竟然收每人10两银子，而且如果两人是夫妇的话还要加收10两银子，一共30两银子。

这些强占渡口敛财的恶霸们的行为使夫妇两人感到非常懊恼，两人扫兴而归，从江口折返。

回到家里，何先生彻夜难眠，还一直在想渡口发生的事，心里很不舒服，心想如何在两岸架一座桥断了这些恶人的财路呢？

何先生越想越气，越气越想，就这样不吃不喝地连想了3天，却仍然一筹莫展。

在第三天夜里，何先生看见何夫人正在刺绣，看见了那块布，它架在框子的上面，而不会掉下来，突然灵感一闪，心想："我为什么不能在空中架一座索桥呢？"

何先生将自己的想法告诉了妻子，妻子也非常赞同，于是两人就找来乡邻一起商量，没过几天就开始

刺绣 古代称之为"针绣"，是用绣针引彩线，将设计的花纹在纺织品上刺绣运针，以绣迹构成花纹图案的一种工艺。古代称"黹""针黹"。因刺绣多为妇女所作，故又名"女红"。刺绣是中国古老的手工技艺之一，中国的手工刺绣工艺，已经有2000多年的历史了。

都江堰安澜桥

干起来了。

他们先是编织好足够长，足够结实的绳索，然后在两岸打桩建造牢不可摧的木桩。就这样，经过一段时间的努力，何氏夫妻终于架好了一座索桥。

那些恶霸们见何先生断了自己的财路，想要伺机报复他。由于刚刚建好的桥，两旁没有扶手，再加上不稳定，很容易掉下去。

不幸的事情还是发生了，一个酒鬼喝醉酒过河不小心淹死了，渡船的恶人们抓住这个时机，将何先生告上了公堂，一口咬定说是何先生修的桥葬送了别人的性命，要求官府抓起来严办，并且拆桥。

由于当地的恶霸和官府勾结，结果便将何先生逮捕并处死了，还拆毁了大桥。

何夫人在丈夫被处死后悲痛欲绝，想投河自尽，可是想到丈夫刚刚不明不白地死了，她也死了，会对不起天上夫君的亡灵，所以她决心为夫君洗冤。

于是何夫人决心再建一座大桥，完成丈夫生前未了的夙愿。她要在渡口建一座牢不可破的大桥，并要将大桥建成一座安全的桥梁，以慰丈夫的在天之灵。

终于，大桥又一次被建好了，但是还是存在一个问题，人们在这样的桥上走，没有东西可扶，难免走上去会胆战心惊。所以，何夫人想办法解决这个问题。

一天，她漫步大街，看到了一个玩杂耍的人，只见那人两手抓住两根立着的木棒，全身腾空。她忽然想到在桥上装扶手，人们走在桥上就安全多了。

于是，何夫人回家后，连夜赶织了两个粗大的绳索，然后找来几个当地的能工巧匠，经过半天的努力，终于将大桥架上了安全的扶手，又在桥面铺上了宽大的木板。这下人们走上去放心多了，再也不用担心会掉到河里了。

两岸的人们为了纪念何先生和她的夫人为架桥做出的牺牲，便称此桥为"何公何母"桥。

自从大桥修好以后，就再没有人见过何夫人了。一个渔夫说他在河里看见了何夫人的身影，何夫人完成夫君的心愿去陪夫君了，他们夫妇在河中共享天伦之乐，与日月同生，天地共存。

后来人们又给桥上横铺了一层木板，以竹缆为栏，行走平安，故名"安栏桥"，后改"安澜桥"，意思是不畏波澜，安然过江之意。于是安澜桥的名字就一直流传下来了。

283

著名夫妻桥

安澜桥

阅读链接

"走遍天下路，难过岷江渡"，这是安澜桥在明末毁于火灾后，当地流传的民谣。传说：当地有一豪绅，看到河隔两岸，人们渡河困难，就想乘机发财。俗话说，隔山容易隔水难。

两岸的老百姓面对500多米宽、波涛汹涌的江面，只有叫苦连天。于是，这个豪绅，就打造了一艘大船来回摆渡。他让大管家带领两名凶恶的家丁在船上收钱，船价很高。谁要敢争执两句，非打即骂，甚至把人推到江里。两岸百姓敢怒不敢言。

因此，才有了"走遍天下路，难过岷江渡"这一民谣。

悠久的历史与美誉

　　在四川西部与阿坝之间的岷江之上，最早有一座绳桥或竹藤桥，这与它修建的材料有关。后来人们将它取名为"珠浦桥"。

　　珠浦桥始建于990年，大理评事梁楚主持修建，此时的大桥以竹索

都江堰安澜桥

■ 都江堰安澜桥

建造人行吊桥，改称为"评事桥"。

明代末期，评事桥被毁坏。人们于是改桥为渡，名为"伏龙渡"。因岷江水大流急，时常发生覆溺事件，过往行人无不临江感叹，怨愤不已。后由清代书生何先德先生修建，并改名"安澜桥"。

后人为纪念何先德夫妇之功德，于桥侧立何公何母祠，并将此桥誉为"夫妻桥"。

安澜桥以木排石礅承托，用竹篾片编成5寸粗的竹缆索24根。其中10根做桥底索，将此如碗口粗的竹缆索横飞江面，上面再横铺木板作为桥面，木板两端再压上两索，一同和底索夹牢桥面板。再以12根竹缆索分别列于桥的两旁，作为扶栏。

为了加强桥索的坚固性，每隔3～6尺，用木条对称的将12根竹缆索扶栏夹紧，以铁栓固定，木条与桥面下的木梁连接而形成U形框架。底缆索捆在横梁

书生 泛指读书人。古时多指这些往往期待"十年寒窗无人问，一举成名天下知"的儒生。但由于以书为生，不善与人打交道，所以常常不得志，有些则怨天尤人，自命清高。

安澜桥全景

上，使桥成为一个整体。

在桥跨中间的石礅上和两岸，用木绞车绞紧底缆索，再用大木桩绞紧扶栏的竹缆索，绞车安置石室木笼中，在木笼之上修建桥亭，上层用密排大石装砌作为压重之用，下层中空得以行人。

1887年初秋，桥被洪水冲毁，后又修复。安澜索桥越修越好，当地的民众无不称赞。

1894年，安澜桥再次被蔓延的野火焚为灰烬。知县又组织工匠重修索桥，并立"不得荒废维修"一通碑告诫后人。

安澜桥飞架岷江南北，是古代四川西部与阿坝之间的商业要道，是藏、汉、羌族人民的联系纽带。

据说在唐代以前，它就已经在都江堰的上空像唐诗的韵律一样诗意地摇荡了。杜甫就曾亲自观看过这座桥的重修，他在《陪李七司马皂江上观造竹桥》诗中写道：

伐竹为桥结构同，褰裳不涉往来通。
天寒白鹤归华表，日落苍龙见水中。
顾我老非题柱客，知君才是济川功。
合观却笑千年事，驱石何时到海东。

曾经在都江堰待过很长时间，留下过许多诗章的南宋著名田园诗人范成大，用很严谨的笔法在他的《吴船录》中，用诗描绘了当时桥的壮观美景。

织簟勾铺面，排绳强架空。
染人高晒帛，猎户远张罝。
薄薄难承雨，翻翻不受风。
何时将蜀客，东下看垂虹。

杜甫（712—770），世称"杜工部""杜老""杜陵""杜少陵"等，唐代伟大的现实主义诗人，著名的"诗圣"。他忧国忧民，人格高尚，约1400余首诗被保留了下来，诗艺精湛，在我国古典诗歌中影响非常深远，备受推崇。杜甫与李白合称"李杜"。

安澜桥远看如飞虹挂空，又像渔人晒网，形式十分别致。漫步桥上，西望岷江穿山咆哮而来，东望灌渠纵横，都江堰工程的概貌及其作用，更是一目了然。

■ 安澜索桥

■ 都江堰安澜桥

这样的风貌，与范成大的描述几乎一致：

穿越古今的古桥古道

> 将至青城，再度绳桥，每桥长百二十丈，分为五架。桥
> 之广，十二绳排连之。上布竹笆，攒立大木数十于江沙中，
> 辇石固其根。每数十木做一架，挂桥于半空……

不同的是，范成大时代的桥面为"竹笆"而非木板。除此之外，范成大还记述了行进桥上的惊险：

> 大风过之，掀举幡然，大略如渔人晒网、染家晾彩帛之
> 状。又须舍舆疾步，从容则震掉不可立，同行皆失色。

阅读链接

岷江滔滔恶浪，没有修建索桥前，民谣有"走遍天下路，难过岷江渡"之说。

后来人们开始在岷江之上修建索桥，索桥下面是高深的激流，桥全长320米。索桥在四川西部地区起源较早，安澜索桥修建具体年代不详，但据《华阳国志·蜀志》记载李冰"能笮"。

《水经注·江水》记载"涪江有笮桥"，证明至少此索桥的修建，不会晚于修筑都江堰的年代。据说是战国末期，李冰修建都江堰时始建索桥于江上。

泰顺廊桥

　　泰顺是浙江南部一个山区，东北接文成，西北接景宁，南与福建为邻，素有"九山半水半分田"之称。在这里人们留下了具有山区田园特色的地方文明和无比珍贵的历史文化遗产。其中，最杰出的代表就是泰顺廊桥。

　　泰顺境内保存完好的唐宋明清代的木拱廊桥达30余座，其数量之多、工艺之巧、造型之美以及与周边环境之和谐，在世界桥梁史上堪称一绝，是《清明上河图》中虹桥结构的再现。座座廊桥如瑰宝般镶嵌在群山之间，让人仿佛置身于仙境之中。犹如彩虹飞架宽阔水面，其巧妙的结构，令人惊叹！

与风雨相随的修建传说

在泰顺寿宁张坑村长濑溪，原来还没有桥，过往的人们只能靠摆渡。

1828年，由官府出资和部分富商的捐资，人们开始在这里建桥。

首先遇到的就是选址的问题，在众多能工巧匠的深思熟虑下，大

■ 泰顺廊桥

■ 泰顺廊桥

家决定把大桥的地址选在张坑的原渡口，在渡口的河里有一座深潭，岸边分别有"大象""蜈蚣"两座山峰，另一侧的山像安放着一把龙椅一样。

人们想不到的是大桥刚开始、修造时便发生了一件奇怪的事。开始造桥的第一天，人们建了几座桥，可没想到的是第二天早上，发现前一天建好的桥一夜间便消失不见了。

于是人们又开始在渡口修桥，可一连几天都是这样，刚刚建好的桥不翼而飞。有人说是被那"大象鼻子"给拱掉的。

修桥的师傅说："这一定是风水宝地，我们不能随便在这里动工。"

后来工匠们便把桥址稍稍往下移，并设立了神坛拜祭这里的河神，他们向神灵通报是做公德益事，这才把桥建起来，而且就连桥头下的岩石上有许多圆孔都像是在声声地诉说着当年造桥的不易。

大桥建到最后一天，突然乌云密布，眼看着就要下

风水宝地 古代的人们将风水好的地方，称为风水宝地，所谓的风水好是指居于此处，能助人事兴旺、发财，可令后代富贵、显达。也就是符合风水学中"富"和"贵"原则和标准的地理位置或环境。

穿斗式　又称立贴式。是我国古代三大构架结构建筑之一。特点是：用穿枋把柱子串联起来，形成一榀榀房架；檩条直接搁置在柱头上；在沿檩条方向，再用斗枋把柱子串联起来，从而形成了一个整体框架。在汉代画像石中就可以看到汉代穿斗式构架房屋的形象。

大雨了，天又将黑了，主持修桥的官员为了赶进度，便对修桥师傅说："看来今晚要把剩下的活儿干完了。"

工匠们只好苦笑着说："肚子饿着呢，没力气干活儿了！"

这时张坑村发动了村民，户出3斗米，家家户户送点心。工匠们忙了好一会儿，拆好搭在桥上的桥架已经是深夜零时了。

就这样，在一阵欢呼声中，一座木拱廊屋桥梁建成了。

等到凌晨1时的时候，大雨如期而至，并且山洪冲走了一些来不及搬走的木材，但新建的大桥并没有因此受损伤，工匠们为了感谢张坑村的村民在关键时候的帮忙，人们一致同意新桥取名"张坑桥"。

张坑桥的北面桥塅用块石砌筑，南面桥柱直接架在岩石上。全桥长40米，桥面宽5米，拱跨33.4米。

■ 泰顺廊桥溪东桥

泰顺廊桥

上立4柱、9檩穿斗式构架，17开间，上覆双坡顶，两边有木凳，两旁檐下有挡廊板。

桥梁上记有修建桥的时间、捐资人和数额、工匠名等。

张坑桥建在一个高出水面近15米的地方，它不仅看上去气势恢宏，蔚为壮观，而且上桥向中央走去还会听到空谷回音。

张坑桥桥身为南北走向，南面是陡峭的山面，北面较为平缓，是层层梯田的茶园，山顶就是著名的旗山。古道穿过南面山腰，经廊屋后，沿北山茶园盘桓而上，然后没于视线的尽头。

在桥头尤溪村方向的一石岩壁上，有一个拇指大的石洞，洞里有水渗出，据说那水以前是红色的，建桥时一个石匠的师傅眼睛失明了，就是用了这岩石上的水才让眼睛重见光明，一般知情的过路人都会用这水点自己的眼睛以明目。

长辈们说，有一年河水都漫到了桥面，张坑桥都没事，人们都将它奉为一座奇桥。人们都称它是："结室架长空无事鲁贤问渡，彩虹牵两岸奚顷郑相济人"。

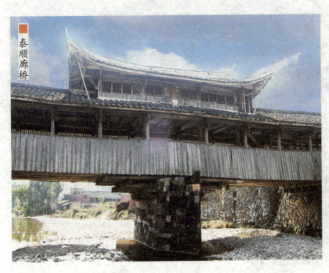

泰顺廊桥

张坑桥建起后，长濑溪人有了信心。山势更为险峻的两岸，取阴柔的桥形，似虹霓高挂，四山环拱，境类升仙。

后来人们又在这个地方修建了一座桥，由于桥的结构、长度、宽度都参照张坑桥，长濑溪桥用了部分张坑桥的余料，所以说长濑溪桥和张坑桥是血脉相连，风雨相伴。

经过了几百年，长濑溪上的这两座桥都完整地保留了下来。从此以后，长濑溪桥与张坑桥有了"日星隐曜类蟠龙以卧波，山岳潜形宛彩凤之舒翼"的美誉。正是由于这两座桥的神奇与风雨相随，还被当地的人们称为"情侣桥"。

穿越古今的古桥古道

阅读链接

泰顺能够被后人誉为"世界廊桥之乡"，就是因为此地古廊桥无论数量、保存质量以及建造历史、艺术价值都堪称史上之最。

泰顺古代的廊桥工匠，他们"山上伐巨木，山下造廊桥"，运用严谨的工艺和不凡的智慧进行大胆创新，通过不断的摸索和实践，终于创造出飞桥无柱的编梁式木拱廊桥，改变了"临川病涉"的窘境，为人们增添了一份跨越河道时气定神闲的自信。

建桥的起源与特点

历史上的浙江泰顺，总面积1700平方千米。境内山高路远，群峰叠翠，千米以上的山峰就有近200座，平均海拔490余米。

这里可谓是"世外桃源"，历史上许多名人贤士为了躲避祸乱，

■ 泰顺廊桥

泰顺廊桥

穿越古今的古桥古道

陆续迁移到这里隐居。这里素有"九山半水半分田"之称，村落分散，溪流纵横，人们外出行走很不方便。

唐代，这里真可谓是国泰民安，人们的生活比较幸福安定。于是，人们就想修一些桥，特别是在相隔一定里程的石砌路边上，建上一些供人歇脚的风雨亭桥。

于是，人们便纷纷捐资，开始造桥。能工巧匠们在桥上建造屋檐，不但可以保护木材建造的桥梁免受日照雨淋的侵蚀，而且能够起到风雨亭的作用，特别是有的大桥还有供人暂居的房间。

这里的能工巧匠建桥，从结构上说一般有个特点，就是桥上的基本组合单元是六根杆件——纵向四根、横向两根，平面呈"井"字形。利用受压产生的摩擦力，构件之间越压越紧。

这种结构，不用钉铆，只需用相同规格的杆件，别压穿插，搭接而成。

大桥的整体为拱形结构，因此沿拱心线整体受压，不会产生弯曲。就每一根杆件来说，又是简支梁，能够承受两种集中的荷载。

大桥的构件统一，无特殊异形的构件，伐下的树木只需经少量人工就可制成合格构件，而且装卸方便，拆桥时可以做到不损坏构件，而且可重复利用。

大桥的建造者利用小构件便于运输这个特点，用小构件形成大跨度，又经济又合理。

建桥者还采用"蜈蚣结构"，这样桥便有很好的受压性能，只要两端固定，桥就能很好地承受向下的荷载。由于结构的特殊，桥受到向上的反弹力，就很容易失稳遭受破坏。

为此，大桥的建造都采用了廊桥的形式，廊桥非但不是负担，反而会增加稳定性。

正是由于大桥采用的是这种蜈蚣结构，所以泰顺的人们一直称这种木拱廊桥为"蜈蚣桥"。由于这些桥是木拱建造的梁桥，上面有廊有亭，所以后来的人们逐渐地都称"蜈蚣桥"为"廊桥"。

古时的人们，凭借经验知道木拱廊桥不如大石桥那么稳固，所以

■ 泰顺廊桥文兴桥

神龛 是放置神明塑像或祖宗灵牌的小阁。神龛大小规格不一，依祠庙厅堂宽狭和神位多少而定。神佛龛座位不分台阶，依神佛主次。神佛龛多为横长方形，龛均木造，雕刻吉祥如意图案和帝王将相、英雄人物、神仙故事图像，金碧辉煌。

每当山洪暴发时，当地居民就将家中最重的物体或大石头搬到桥上来，用以增加桥的稳定性。

几百年来，廊桥是当地乡民休息、交流、交易的场所。在廊桥中，一般都设有神龛供乡民祭祀。有的并不设在桥屋中，偏在一旁，或正对桥头路中。

祭祀的对象有观音菩萨、门神神荼和郁垒等，还有尉迟恭与秦琼，也有义薄云天的关帝爷，以及能给读书人带来好运的文昌帝和帮人发财的财神爷赵公明等。

更有一些当地人崇拜的人物，如陈十四夫人、马仙姑、忠烈王等。除此还崇祀传说中掌管现实生活各个方面的杂神和半神等。

每月的农历初一和十五都可以行祀，每年的正月是祭祀最隆重的时期。乡民从四面八方聚集桥上，摆上一整只猪头，再添两盘时令水果，插上几炷香，便磕头作揖祈福。

■ 泰顺廊桥绘画

泰顺境内后来遗存的古代廊桥数量较多，类型有木拱廊桥、八字撑木拱廊桥、木平梁廊桥、石拱木廊桥等，其造型独特、环境优美。

泰顺廊桥的内部结构

拱廊桥木拱架为单孔八字形，这种设计比较适用于山区溪流经常暴涨的实际情况，其"三折边""五折边"及"剪刀撑"的木撑拱构架日趋成熟，最大跨径达34米，这种结构也比较合理地解决了支架承重的诸多问题。

廊屋造型优美，通体鳞叠铺钉"风雨板"，梁架多用五架抬梁式，较为简素，出檐较为深远，颇具宋代风格。

泰顺境内保存完好的唐宋明清代的木拱廊桥达30余座，在世界桥梁史上堪称一绝。后来廊桥的修建年代多为清代。

泰顺廊桥数量较多，有一定群体优势，特别是其中的木拱廊桥仅存于浙、闽交界的山区。泰顺这个廊桥王国，大大小小的廊桥建筑，显示了劳动人民的聪明才智和古代桥梁建造的辉煌成就。

阅读链接

文兴桥，位于浙江泰顺筱村镇，横跨玉溪之上，为叠梁式木拱廊桥。文兴桥是泰顺地区现存廊桥中环境较好的一座。

文兴桥的结构非常奇特，左右不对称的结构使得该桥在泰顺众多廊桥中备受关注。传说则是说当年建桥的时候，请来两位师傅，分别从两岸同时建造。两位师傅对于造桥的方案各执己见，互不让步。当建到中间时，才发现两边的高度不一样，这时已来不及拆了重造，只得倾斜着合龙。

不断发展的历史传承

　　在廊桥的历史上，从构造上来看，泰顺的廊桥属于梁桥的一种。梁桥是指用梁木作为桥的直接而且是主要承重构件的桥梁，是一种简单的造桥方法。

■泰顺廊桥三条桥

■ 泰顺廊桥北涧桥

　　独木桥算是最原始的梁桥。独木难行，就并列着几根木材，这样行走就更为方便。当溪流较宽时，就在溪中顶柱相撑。但是溪流超出一定宽度后，这种构造就不适用了。

　　于是，后来人们就发展出了伸臂式廊桥，这就解决了这个问题，它巧妙的结构大大缩小了桥梁跨度，泰顺廊桥就是这样的一些伸臂式廊桥。这里还有许多非常有名的廊桥。

　　"三条桥"是泰顺历史最久远的木拱廊桥，位于洲岭、垟溪两乡交界的横溪上，古时候它是由3根巨木为主梁跨溪架设而成，也由此而得名"三条桥"。

　　泰顺"三条桥"的起源较早，历史可以追溯至唐代，据清代光绪时期《泰顺分疆录》记载，清代道光年间修建"三条桥"时曾发现唐代"贞观"旧瓦，可见它是泰顺有文献记载以来历史上最早的桥梁。

　　而泰顺"三条桥"正式修建的时间是1137年9月

贞观　（627—649），是唐太宗李世民的年号，李世民的英明执政也叫"贞观之治"。唐太宗登位以后，密切地注视着民情，紧紧地团结周围的文武大臣，实行了一系列比较开明的政策，经济和文化也随之得到较好的恢复和发展，被誉为"贞观之治"。

穿越古今的古桥古道

■ 泰顺廊桥永庆桥

13日，这时建成的桥梁是一座叠梁拱式的木廊桥。

"三条桥"曾在后来被多次重修和重建，其中规模最大的一次要数1843年的重建了，也正是这次的重建发现了"三条桥"的历史。

"三条桥"历经修葺依然傲然挺立。从桥底看，由一根根长长的木棍互相交叉固定而成。桥上建筑也全都由木榫固定，惊叹古时候居然有如此精巧的工艺！

重新建造的"三条桥"长约27米，宽约4米，高出水面约有10米，单孔跨径21米，单檐，造型古朴、典雅。在"三条桥"的桥上建有桥屋11间，其中5架柱梁，柱头有蝶形莲花瓣头拱座。

从远处望去，在其之上是鳞次栉比飞檐走壁，在其之中遮风避雨独具匠心，在其之下奇思妙想春秋不倒，在其之外青山绿水林木繁盛。

泰顺 1452年置县，明代景泰帝以"国泰民安，人心归顺"之意赐名"泰顺"。现在是浙江温州下辖的六县之一。泰顺矿产资源丰富，系"全国生态示范区""中国古廊桥之乡"和"中国茶叶之乡"，境内叶蜡石、辉绿岩储量大，尤其是盛产叶蜡石的龟湖被称为"世界蜡都"。

"三条桥"古朴优美，无名氏题在桥身木栏板上的一首《点绛唇》，更给我们带来了绵绵不尽的浪漫遐想："常忆青，与君依依解笑趣。山青水碧，人面何处去？人自多情，吟吟水边立，千万缕，溪水难寄，任是东流去。"

"三条桥"这样的木拱桥称为叠梁拱桥，是廊桥的一种，泰顺县有这类的古桥共6座。

永庆桥，修建于1197年。为梁式石桥，全长12.65米，宽3.6米，高4米。桥底两端用块石垒砌成码头，中间两桥墩各由4根石柱组成，上横条石，承托桥面。桥面分3段，每段由8根条石并排铺设而成。

仙居桥，始建于1453年，后来在1673年重建。仙居桥有桥屋18间，80柱，单檐，长42.83米，宽5.30米，离水面高12.6米，净跨34.50米，是泰顺跨径最大的木拱桥。它位于仙稔乡仙居村水尾，系贯木拱廊桥，是昔日温州大路的要冲。

叠梁 将若干水平梁叠置于门槽内形成的简易闸门中。在古代是指原木、厚木板安置在墙与墙或墩与墩之间的凹槽内或导轨内，以便防止水流通过坝、管道或其他渠道等的开口。

飞檐 我国传统建筑形式，指屋檐特别是屋角檐部向上翘起，常用在亭、台、楼、阁、宫殿和庙宇等建筑的屋顶转角处，四角翘伸，形如飞鸟展翅，轻盈活泼，所以也常被称为"飞檐翘角"。

■ 泰顺廊桥内部结构

毓文桥，位于泰顺西部的洲岭，始建于清代，位于两山缺口处，全长23米，高4米，单跨7.6米，有桥屋6间，三屋楼阁，二楼为文昌阁，系石拱木廊桥。

拱券青石筑砌，呈半月状，与周围古松，溪水融为一体，是造型最丰富优美的廊桥。

但是，后来人们发现木平梁桥有一个普遍的缺点，因为它离水面不高，往往被洪水冲毁。于是，善于探索的工匠们又发明了另外一种桥型，是一种将底架抬高的桥梁八字撑式廊桥，城水桥便是这样的一座桥了。

城水桥，也称"神水桥"，它位于龟湖镇后章岗村神水溪上，长15.02米，宽4.61米，桥屋高4.83米，跨径11.16米，桥面稍圆背，水面至桥面高5米。

这种八字撑式廊桥的发明，可以说是泰顺桥梁史上一个质的飞跃。后来建造的廊桥便是在传承着梁桥的发展而修建的。

在我国的古典园林设计中对泰顺廊桥也有颇多运用和借鉴，就如很多的江南古典私家园林的水景营建，它给我们更多的是美的享受。因此，"廊桥"是古代建筑景观设计史上的瑰宝。

阅读链接

泰顺廊桥的造型精巧秀丽，结构类型多种多样，而且历史悠久，文化底蕴深厚，是我国古代廊桥的杰出代表。在当时的生产条件下，建造这种造型独特的桥梁简直是不可思议的，它也充分显示了我国古代人民的聪明才智和古代桥梁建造的辉煌成就，在世界桥梁史上也是堪称一绝。

古道依稀

——古代商贸通道与交通

陆上丝绸之路

丝绸在我国史前文明时期就已经产生了，可谓历史悠久。丝绸一问世便受到人们的喜爱，直至今天，丝绸仍然是最美丽、最环保的衣料之一。我们的祖先以丝绸为纽带，开启了对外开放之路，这就是举世闻名的"丝绸之路"。

丝绸之路的开辟，打开了我国和西方交流的大门，我国灿烂文明的光芒照亮着西方友好的邻邦，西方的文明成果也被我国广泛吸收。因此，丝绸之路就如一条闪闪发光的红丝带，永远飘扬在人类精神文明的天空。

古代丝绸业兴起发展

  丝绸是我国历史上最早的发明之一，它与我国古代文明中的四大发明一样，都产生过世界性的影响，但是它与人民的生活密切程度以及流传之久远，却又为四大发明所不及。

  在我国文明史上的第一页，既有蚕、丝，又有练、染，而在我国史前传说中，早就有了黄帝妻子发明养蚕的故事。

■ 国家博物馆藏古丝绸

传说养蚕是黄帝的妻子嫘祖发明的。有一次，嫘祖在野桑林里喝水，树上有野蚕茧落下掉入了水碗，她用树枝挑捞时挂出了蚕丝，而且连绵不断，越抽越长。嫘祖受到启发，就用它来纺线织衣，并开始驯育野蚕。

另外有传说，黄帝打败了蚩尤后，"蚕神"亲自将她吐的丝奉献出来以示敬意。黄帝命人将丝织成了绢，以绢缝衣，穿着异常舒服。黄帝之妻嫘祖便去寻找能吐丝的蚕种，采桑饲蚕。采桑养蚕与制丝织绸，便成了我国古代社会几千年的基本劳作手段。

■ 古人丝绸绣花服饰

嫘祖被后世祀为"先蚕"，黄帝为"织丝的机神"。历朝历代都有王后嫔妃祭先蚕的仪式。

在江苏苏州盛泽镇，有一座建于1827年的先蚕祠，是仅存的一座祭祀蚕桑文化的祠庙。这也说明，至少在清代晚期，我国都还仍然有祭祀先蚕祠的遗风。

另外，在我国的很多养蚕区，也都能看到一些跟先蚕祠近似的蚕神庙，也供奉着"先蚕"嫘祖。比如在苏州的祥符寺巷有一座嫘祖庙，是苏州丝织业祭奠祖师轩辕黄帝的地方。

我国古代留下的大量遗物表明，古人对养蚕、植桑非常重视。从殷墟中的大量甲骨文中，发现了很多

甲骨文 又称"契文""甲骨卜辞"或"龟甲兽骨文"，主要指中国商朝晚期王室用于占卜记事而在龟甲或兽骨上镌刻的文字，是我国已知最早的成体系的文字形式，它上承原始刻绘符号，下启青铜铭文，是汉字发展的关键形态。现代汉字即由甲骨文演变而来。

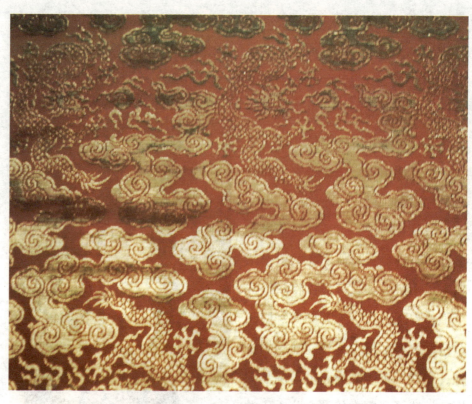

■ 古典织金云龙纹
缎面

有关蚕、桑、丝、帛等方面的象形文字。

此外，从甲骨文中还可以看到，当时已设有专门管理蚕事的官职，也就是女蚕，因此，养蚕在社会生活中已具有非常重要的地位了。当时，官府请群众中精通养蚕技术的人介绍经验，并给予黄金和免除兵役的奖励。

其实，蚕茧的利用以及家蚕的养殖和丝绸的生产，早在距今大约10000～5000多年前的新石器时代就开始了。

在山西省夏县西阴村一处遗址中，发现了一颗被割掉了一半的丝质茧壳，虽然已经部分腐蚀，但仍有光泽。

而在浙江省余姚河姆渡文化遗址中，发现了距今

7000年前的新石器时代的一个盅形雕器。在这件文物上刻有4条蚕纹，仿佛4条蚕还在向前蜿蜒爬行，头部和身躯上的横节纹也非常清晰，这应是一种野蚕。

另外，浙江吴兴的钱山漾遗址有一批丝线、丝带和没有炭化的绢片，经测定距今约4700多年，这是发现的我国南方最早的丝绸织物成品。

这块绢片呈黄褐色，为家蚕丝织成，采用平纹织法，经纬线均由20根单蚕丝并合成一股丝线，交织而成。经纬密度为经密每厘米52根，纬密每厘米45根。据此推断，当时可能已有原始的织机。

而在河南省荥阳县青台村一处距今5000多年的仰韶文化遗址中发现的丝织品，除平纹织物外，还有浅绛色罗，组织稀疏，这是北方最早的蚕丝。

在河姆渡遗址的新石器时代文化层中，不仅有木制、陶制的纺轮，还有引纬线用的管状骨针，打纬用

■ 古代穿着丝衣的乐工

古代丝绸绣花袜

穿越古今的古桥古道

的木机刀和骨刀以及绕线棒，等等。其他形状各异的木棍，很可能也是原始织机的组件，如木机刀和卷布木轴等，这些可能就是原始的织机。

此外，还有公元前2000多年前的龙山文化遗址中的骨梭，梭是穿线织布的工具，有了梭就会比用手牵着纬线去穿经线容易且快捷得多。

这一阶段的骨梭主要有两种：一种是扁平式的，一头有孔或两头有孔；另一种是空筒式的，一头有尖，中部有孔。另外，在四川省成都百花潭的一件战国铜壶上，可以见到一幅有名的采桑图。在战国时期，四川即已享有"天府"之誉，而早在夏商时期，蜀地也有蚕丛、柏灌、鱼凫相继为王。

据《史记》记载，黄帝育有两子。二子叫昌意，昌意后娶蜀山氏女为妻，生高阳，高阳即颛顼，继承了黄帝之位。蜀人是高阳的子孙，继承了这份事业。

《史记》西汉司马迁撰写的我国第一部纪传体通史，是二十四史的第一部。记载了上自上古传说中的黄帝时代，下至汉武帝太史元年间共3000多年的历史。《史记》最初没有书名，或称"太史公书""太史公传"，省称"太史公"。

古蜀国的第一代君主叫蚕丛，可见这个部族是以蚕为图腾的。

在古代文化遗址的大量铜器及玉器上，越来越多地发现有丝织物锈蚀的印痕，当时丝织品已有平纹绢、提花的回字纹绢、雷纹绢等。这说明商代我国的养蚕、丝织技术已具备相当高的水平，养蚕业已是当时农业生产的一个重要组成部分。

总的看来，养蚕抽丝好像并不是一个唯一的发源地，似乎在我国的几个地区，都有着各自不同的发明方式或传播路径，从而促进了养蚕抽丝业的发展。

丝织业在发明后的几千年里，桑蚕丝织与粮食生产一样重要，是我国古代农业最基本的活动之一，也是古代政治家重点关注的产业经济和财税来源。

我国古代农村的基本生活就是种粮和养蚕，城乡最普及的手工业也是与此有关的织丝和刺绣，它比制茶、制瓷都要普及得多。

自公元前1046—公元前256年的周代开始，已有周王后率领后妃们举行"亲蚕"和"亲缫"的礼仪，

回字纹 因为其形状像汉字中的"回"字，所以称之为回字纹。这里指的是装饰柱头的一种花纹。由单体回纹以间断排列的形式组成边饰，有的回纹呈规矩的方形，有的为减笔式回纹，有的回纹以变形手法绘制。

■ 古代织布场景泥塑

每年新年都要举行皇帝亲耕、皇后亲桑的仪式。

周朝时，我国已经设立了专门的蚕桑管理机构。随着战国、秦、汉时代经济大发展，丝绸生产达至一个高峰，几乎所有的地方都能生产丝绸。丝绸的花色品种也丰富起来，主要分为绢、绮、锦三大类。锦的出现是我国丝绸史上一个重要的里程碑，它把蚕丝的优秀性能和美术结合起来。这样，丝绸就不仅是高贵的衣料，而且是艺术品，大大提高了丝绸产品的文化内涵和历史价值，影响相当深远。

从殷商时期开始，桑树的种植面积和养蚕区域渐渐扩大，丝绸的生产也逐步发展、繁荣。因为有了丝绸，中华大地丝衣飘飘，霓裳艳影，日益流光溢彩，我国的广袤国土开始被称为锦绣河山。

至秦汉时期，丝织业不但得到大发展，而且随着汉代我国对外大规模扩展影响，丝绸的贸易和输出达至空前繁荣的地步。

阅读链接

在古代，丝绸就是以桑蚕丝为主，也包括少量的柞蚕丝和木薯蚕丝织造的纺织品。现代由于纺织品原料的扩展，凡是经线采用了人造或天然长丝纤维织造的纺织品，都可以称为广义的丝绸。而纯桑蚕丝所织造的丝绸，又特别称为"真丝绸"。

汉族劳动人民是首先生产使用丝绸的民族，其制作的丝绸制品更是开启了世界历史上第一次东西方大规模的商贸交流，史称"丝绸之路"。

丝绸织品技术曾被我国垄断数百年，由于其编制技术在当时是一种复杂的工艺，又因其特有的手感和光泽备受人们的关注。因而丝织品成为工业革命以前世界主要的国际贸易物资。最早丝绸织品只有帝王才能使用，但丝绸业的快速发展使丝绸文化不断地从地理上、社会上渗透进入中华文化，并成为我国商人对外贸易中一项必不可少的高级物品。

丝绸之路显现的雏形

　　丝绸之路的开辟是一个伟大的创举，当然其中也经历了常人想象不到的艰难，付出了许许多多的辛苦。

　　早在远古时期，就开始有了丝绸之路的雏形，但是那时还只是雏形，不像后来那样贯通和顺畅，而且也并不只是为丝绸贸易来开通的。

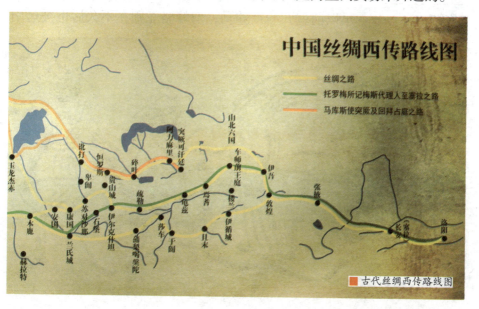

古代丝绸西传路线图

穿越古今的古桥古道

黄河流域 是中华民族文明的发祥地，半坡氏族是中国黄河流域氏族公社的典型代表。4000年前，黄帝和炎帝部落结成联盟，在黄河流域生活、繁衍，构成华夏族的主干部分。到宋元以前，黄河流域一直是我国经济发展的重心，创造了高度发达的农业文明。

那个时候，虽然人类交往常常面临各种难以想象的艰险和困难的挑战，但是欧亚大陆之间并没有隔绝。那时，在尼罗河流域、两河流域、印度河流域和黄河流域北部的草原上，存在着一条由许多不连贯的小规模贸易路线衔接而成的草原之路。

这一点已经被沿路为数不少的发现所证实。这条路就是最早的丝绸之路。

早期的丝绸之路并不是以丝绸为主要交易物资的。在公元前15世纪左右，我国商人就到塔克拉玛干沙漠边缘，购买产自新疆地区的和阗玉石，同时出售海贝等沿海特产，同中亚地区进行小规模贸易往来。

这时，良种马及其他适合长距离运输的畜力也开始被人们使用，这就使大规模的贸易和文化交流成为可能。

耐渴、耐旱、耐饿的单峰骆驼，在公元前11世纪便用于商旅运输；而分散在亚欧大陆的游牧民族在更早以前就开始饲养马；双峰骆驼则在不久后也被运用

■ 古代商人

在商贸旅行中。

■ 古代集市

另外，欧亚大陆腹地有广阔的草原和肥沃的土地，对于游牧民族和商队而言，可以随时随地停留下来，就近补给水、食物和燃料。这样一来，商队、旅行队或军队，可以在沿线各强国没有注意到他们的存在或引发敌意的情况下，进行长途旅行。

在商代帝王武丁配偶的坟茔中，人们发现了产自新疆的软玉。这说明至少在公元前13世纪，我国就已经开始和西域乃至更远的地区进行商贸往来。

依照晋人郭璞在《穆天子传》中的记载，公元前963年，周穆王曾携带丝绸、金银等贵重商品西行至里海沿岸，归途中将和田玉带回我国。虽然这种说法或许存在疑点，但是在丝绸之路沿线的各个地方，确实发现了不少丝绸制品。

在战国时期，中原地区已经有了相当规模的对外经济交流活动。

和田玉 是一种软玉，俗称真玉。质地致密、细腻、温润、坚韧、光洁。产于新疆维吾尔自治区，与陕西蓝田玉、河南南阳玉、甘肃酒泉玉、辽宁岫岩玉并称为我国五大名玉。和田玉是我国玉文化的主体，是中华民族文化宝库中的珍贵遗产和艺术瑰宝，具有极为深厚的文化底蕴。

穿越古今的古桥古道

■ 西域丝绸之路浮雕 浮雕是雕塑与绘画结合的产物，用压缩的办法来处理对象，靠透视等因素来表现三维空间，并只供一面或两面观看。汉代浮雕图案多雕刻于砖、石上，其表现内容十分广泛，涉及汉代政治、经济、社会生活等各个方面。由于具有教化、纪念等实用功能,这种艺术在汉代十分流行。

《史记·赵世家》中记录了苏厉与赵惠文王对话时说的话："代马、胡犬不东下，昆山之玉不出，此三宝者非王有已。"苏厉指出赵国通过对外贸易获得财富的事实。

"昆山之玉"即为昆仑山下出产的软玉，"胡犬"则是产自中亚、西亚的一种狗。这些都从侧面证实了那时存在对外经济交流的事实。

公元前5世纪左右河西走廊的开辟，带动了我国对西方的商贸交流，西域地区诸如鄯善、龟兹等国家在这一时期相继出现。而当时的欧洲国家已经开始用"赛里斯"称呼我国。这种小规模的贸易交流，说明在汉朝以前，东西方之间已有了长时间的贸易交流。

不仅仅是丝绸，丝绸之路上另一件著名的商品，产自阿富汗巴达克山的名贵宝石青金石，早在公元前31世纪就开始出现在我国、印度和埃及。这意味着中亚地区的商旅贸易开始的时间要早些。

大约过了1000年，青金石的贸易开始传入印度的哈拉帕。后来，青金石成为佛教七宝之一。很多发现证明，世界上最早出现的文明古国之一埃及，在很早以前就开始与北非、地中海及西亚之间进行贸易。

有关证据显示，在公元前14世纪前后，埃及人已经造出了船。在埃及，人们还发现了距今5000多年前产自阿富汗的青金石，说明埃及人在那个时期已经开始沿着这条后来被称为"丝绸之路"的道路，展开了一定规模的贸易。

公元前1070年左右的丝绸残片被发现，证实那个时期埃及已经与我国有了间接的贸易往来。不过此后很长一个时段内再没有丝绸的影子，说明丝绸在埃及受到冷落。

这些公元前11世纪留下来的丝绸，究竟是我国养蚕加工的丝绸，还是来自地中海沿岸或者中东的"荒

西域 狭义指我国汉代以来对玉门关、阳关以西，葱岭即今帕米尔高原以东，巴尔喀什湖东、南及新疆广大地区。而后来发展为广义的西域，则是指凡是通过狭义西域所能到达的地区，包括亚洲中、西部，印度半岛的地区等。

商贸纽带

陆上丝绸之路

■ 丝绸之路遗迹

大宛 古代中亚国名。位于帕米尔西麓，锡尔河中上游，当今乌兹别克斯坦费尔干纳盆地。汉代时泛指在中亚费尔干区域居住大宛附近的国家和居民。张骞通西域时首先到达大宛。

野丝"织造而成的呢？

统一巴比伦和波斯的阿契美尼德王朝帝王大流士一世，在他的统治期间，即公元前521—公元前485年，四处扩张，建立了在中、西亚的地区霸业。史料记载，这位帝王喜爱爱琴海生产的鲜鱼和故乡帕提亚的水。

为此，大流士建立了一条连接安息帝国首都苏萨和小亚细亚以佛所等地的"波斯御道"。御道仅供王室使用，在沿线设立许多驿站，每个驿站备有许多好马和好驭手，皇室所需要的一切通过这条御道送至首都，再将帝王的指令传播到波斯全国。

通过御道，向大流士进献快信的人只需9天就可以被送至首都，而普通人走完这段路程需要3个月。

安息利用这样一条贯穿全国的御道，加强了朝廷的统治，另一方面也直接推动了这一地区的商贸活

■ 丝绸之路遗迹

动。亚历山大在建立横跨欧、亚、非三洲的大帝国后，他的继承者托勒密一世，在公元前323年最终控制了埃及。

希腊人开始积极推动小亚细亚、印度和东非之间通过希腊管辖的港口进行贸易活动，同时，在陆地上的贸易领域，希腊人也非常活跃。这一时期欧亚之间经贸繁荣不仅是希腊人的成绩，地处阿拉伯半岛及中亚的阿拉伯人，尤其是那巴提斯人也起到不可忽视的作用。

希腊人利用帝国在中亚及其以东的扩张，来打通并控制了丝绸之路，帝国东部边境也许已经延伸至今吉尔吉斯斯坦费尔干纳处的大宛国和我国新疆西部。

在这一带，曾发现了亚历山大大帝在公元前329年所建立的城市苦盏，苦盏被希腊人称为"极东亚历山大城"，即亚历山大东征的最远处。

在这之后的300年间，希腊人保持了这个庞大帝国在亚洲的统治。

塞琉古帝国的将领欧提德姆斯占据大夏和粟特而独立，他和他的儿子德米特里向四周塞族人地区、安息和大宛扩张领土，继续沿着亚

穿越古今的古桥古道

历山大过去的道路向西拓展。

在公元前230—公元前200年，大夏国王欧提德姆斯执政时期，大夏版图达到极致。

大夏控制的土地不仅超越了复次忽毡，而且他们的侦察队在公元前200年左右已经到达过喀什，这是有据可考的最早的一次我国与西方之间的联系。

古希腊历史学家评价这次行动说："他们甚至将自己的国土拓展至中国和弗林尼。"

但这种交流还不能完全等同于公元前1世纪繁荣的丝绸之路，也没有持续下来。

随着游牧民族的不断强盛，他们同定居民族之间发生了不断争斗，之间也在不断分裂、碰撞、融合，这使原始的文化贸易交流仅存在于局部地区之间。

经济文化的交流需要一个相对安定和平的环境，在这种动乱的环境下，当时的东西方之间并没有深刻的了解，在文化上的交流更是少之又少，就连上古曾

中原 指以河南为核心延及黄河中下游的广大地区，这一地区是中华文明的发源地，被古代华夏民族视为天下中心。中原地域随着华夏民族的大融合，以及中原文明的扩展而有所蔓延。一些夏商时期尚属夷蛮戎狄的周边地区，随着中原文化的传播，也被纳入中原文化区。

■ 高昌古城远景

经存在过的贸易往来，这时也变成了传说故事。

至秦汉时期，我国的丝织业不但得到大发展，而且随着汉代我国对外的大规模扩展影响，丝绸的贸易和输出达到空前繁荣的地步。贸易的推动使得中原和边疆以及我国和东西邻邦的经济、文化交流进一步发展，开辟了中外交流的新纪元。从此，这条路线被作为"国道"踩了出来，各国使者、商人、传教士等来往络绎不绝，上自王公贵族，下至乞丐狱犯，都在这条路上留下了自己的足迹。这条东西通路，将中原、西域与阿拉伯、波斯湾紧密联系在一起。经过几个世纪的不断努力，丝绸之路向西伸展到了地中海。广义上丝路的东段已经到达了朝鲜、日本，西段至法国。通过海路还可达意大利、埃及，成为亚洲和欧洲、非洲各国经济文化交流的友谊之路。

这些都说明，与丝绸之路有关的地区之间进行大规模交通的要素已经具备，出入我国的河西走廊和连通大陆上各国的道路业已为游牧民族所熟知。这些地区之间的分裂、碰撞、融合，都从客观上产生了丝绸之路的雏形。

阅读链接

在上古时期末，随着各定居强国的不断反击和扩张，这些国家之间往往发生了直接接触。

如西亚地区马其顿亚历山大的东征、安息王朝与罗马在中亚和地中海沿岸的扩张，大夏国对阿富汗北部、印度河流域的统治，以及促使张骞奔向西域的大月氏西迁。

而且在我国与欧洲之间的西域地区，小国林立，中亚地区还时有战乱。控制着西域西北和我国北方的匈奴非常强大，它控制着西域诸国，与周边民族以及我国中原王朝之间争斗不止。

西汉张骞开辟丝绸之路

张骞像

西汉建国时，在北方边境，时时受到一个强大的游牧民族匈奴的威胁。匈奴奴隶主贵族经常率领强悍的骑兵，侵占汉朝的领土，骚扰和掠夺中原居民。

公元前200年冬，冒顿单于率骑兵围攻晋阳，即今山西省太原。刘邦亲领32万大军迎战结果被围，全军几乎覆灭。从此，刘邦再不敢对北方匈奴用兵。

后来的惠帝、吕后和文、景两帝，考虑到物力、

张骞受命去西域

财力的不足，对匈奴也都只好采取和亲、馈赠及消极防御的政策。但匈奴贵族，仍骚扰边境不止。

文帝时代，匈奴骑兵甚至深入甘泉，进逼长安，严重威胁着西汉王朝的安全。

公元前140年，年仅16岁的西汉第四代皇帝汉武帝刘彻即位。此时，汉王朝已建立60余年，政治统一，中央集权进一步加强，社会经济得到恢复和发展，并逐步进入了繁荣时代，国力已相当强盛。

汉武帝决定用武力彻底解决匈奴威胁，具体计划是策动西域各地，与汉朝联合打击匈奴。

在河西敦煌、祁连一带曾住着一个游牧民族大月氏，后来多次被匈奴打败被迫西迁，但他们时刻准备对匈奴复仇，恢复故土。

汉武帝根据这一情况，决定联合大月氏，共同夹

刘邦 汉朝开国皇帝，我国历史上杰出的政治家、战略家。对汉族的发展，中国的统一强大以及汉文化的发扬有突出的贡献。登基之后，他建章立制并采用休养生息之宽松政策治理天下，迅速恢复生产发展经济，不仅安抚了人民，也促成了汉族雍容大度的文化基础。

持节不失

■ 张骞在西域持节不失

堂邑父 是我国汉朝时的西域胡人，本名甘父，另说姓堂邑名甘父，亦说字胡奴甘父，为堂邑县一贵族家奴仆，所以又称堂邑父。战争中被俘虏，被释放后加入汉军，是优秀的射手。公元前138年，随张骞去西域，做助手和向导，归国后汉武帝封他为"奉使君"。

击匈奴。于是，下令选拔人才去西域。当汉武帝下达诏令后，一直满怀抱负，渴望为国建功立业的张骞挺身应募，毅然挑起国家和民族的重任，勇敢地踏上了征途。

张骞，西汉汉中成固人，也就是今天的陕西城固县人，汉武帝刘彻即位时，张骞已在朝廷担任郎官。

公元前139年，张骞奉命率领100多人，从陇西，即今甘肃省临洮出发。一个归顺的胡人、堂邑氏的家奴堂邑父，自愿充当张骞的向导和翻译。

他们西行进入河西走廊，这一地区自月氏人西迁后，已完全为匈奴人所控制。正当张骞一行匆匆穿过河西走廊时，不幸碰上匈奴的骑兵队，张骞的队伍全部被抓获。

匈奴单于为软化、拉拢张骞，打消其去大月氏的念头，对他展开了种种的威逼利诱，还给张骞娶了一个匈奴女子为妻，并生了孩子。但张骞始终没有忘记自己的使命，没有动摇为汉朝通使大月氏的决心。

张骞等人在匈奴被扣留了10年之久。公元前129年，敌人的监视渐渐有所松弛。

一天，张骞趁匈奴人不备，果断地离开妻儿，带领其随从，逃出了匈奴王廷，向西边的大月氏奔去。

但这时，形势又发生了变化，大月氏人已从伊犁河流域西迁了。这时的大月氏人，由于新的国土十分肥沃，物产丰富，并且距匈奴和乌孙很远，外敌侵扰的危险已大大降低，他们也就改变了态度。

当张骞向他们提出建议时，他们已无意向匈奴复仇了。加上他们又认为汉朝离月氏太远，如果联合攻击匈奴，遇到危险不好相助。

大月氏 在我国先秦时代的古籍中，或译作禺知、禺氏、牛氏等，后来也有译作月支的。大月氏是公元前2世纪以前居住在我国西北部、后迁徙到中亚地区的游牧部族。

■ 张骞受困中艰难度日

羌人 曾是古东方大族，形成于青藏高原地区。是古中原地区最著名的民族共同体之一，从"三皇五帝"至春秋战国之际，"姜姓"族群在中原政治、经济等领域始终占有重要的地位，是"华夏族"的重要组成部分。实际上，"姜""羌"本是一字，因姓氏称之"姜"，为族名称之"羌"，以羊为图腾。

张骞等人在大月氏逗留了一年多，但始终未能说服月氏人与汉朝联盟，夹击匈奴。

公元前128年，张骞动身返国。归途中，张骞为避开匈奴控制区，越过葱岭后，他们不走来时所走的塔里木盆地北部的北道，而改为沿塔里木盆地南部，进入羌人地区。

但羌人这时也已沦为匈奴的附庸，张骞等人再次被匈奴骑兵抓住，又扣留了一年多。

公元前126年初，匈奴发生内乱，张骞趁机带着自己的匈奴族妻子、孩子和堂邑父，逃回长安。

张骞第一次去西域，历时13年，出发时队伍共100多人，回来时仅剩下张骞和堂邑父两人，所付出的代价非常之高。

张骞这次远征，虽然没有达到预期目的，但是使我国的影响到达了葱岭东西。自此以后，不仅使新疆

■ 张骞西行画面

■ 张骞与西域各民族交流

一带同内地的联系日益加强，而且我国同中亚、西亚以至南欧的直接交往也逐渐密切了起来。

后人正是沿着张骞的足迹，走出了誉满全球的丝绸之路。史书上把张骞的首次西行誉为"凿空"，即空前探险。这是历史上我国派往西域的第一个使团。

汉武帝对张骞去西域的成果非常满意，特封张骞为太中大夫，授堂邑父为奉使君，以表彰他们的功绩。

张骞第一次去西域所获得的关于中原外部世界的丰富知识，在以后西汉王朝的政治、军事、外交活动和对匈奴战争中，发挥了积极的作用，并产生了深远的影响。

在此以前，汉代的君臣根本不知道，在我国的西南方有一个身毒国的存在。张骞在大夏时，忽然看到四川的土产邛竹杖和蜀布，他感到十分诧异，追问它们的来源。

大夫 我国古代官名。西周以后先秦诸侯国中，在国君之下有卿、大夫、士三级。大夫世袭，有封地。后世遂以"大夫"为一般任官职之称。秦汉以后，中央要职有御史大夫，备顾问者有谏议大夫、中大夫、光禄大夫等。至唐宋尚有御史大夫及谏议大夫之官，至明清废。

张骞与西域各民族交流的场景

大夏人告诉他，是大夏的商人从身毒买来的，而身毒国位于大夏的东南方。

回国后，张骞向汉武帝报告了这一情况并推断——大夏位居我国的西南，距长安5000多千米，身毒在大夏东南数千千米，从身毒到长安的距离不会比大夏到长安的距离远。

而四川在长安西南，身毒有蜀的产物，这证明身毒离蜀不会太远。

据此，张骞向汉武帝建议，遣使南下，从蜀往西南行，另辟一条直通身毒和中亚诸国的路线，以避开通过羌人和匈奴地区的危险。

汉武帝基于沟通同大宛、康居、月氏、印度和安息等国的直接交往，扩大自己的政治影响，从而达到彻底孤立匈奴的目的，欣然采纳了张骞的建议，并命张骞去犍为郡，即今四川省宜宾亲自主持其事。

自远古以来，我国西南各少数民族同中原王朝基本上处于隔绝状态。到西南去，当时是十分艰难的。

公元前122年，张骞派出4支探索队伍，分别从四川的成都和宜宾出发，向身毒进发，但后来都因受阻而先后返回。这次西行，虽然没达到目的，但是却增进了西南各地的少数民族和汉朝的相互了解。

后来，汉王朝更注意加强同西南各国的联系。

至公元前111年，汉王朝正式设置牂柯、越嶲、沈黎、文山、武都5郡，以后又置益州、交趾等郡，基本上完成了对西南地区的开拓。

张骞从西域返回长安后，汉朝抗击匈奴侵扰的战争已进入了一个新的阶段。探险西南的前一年，张骞曾直接参加了对匈奴的战争。

公元前123年2月和4月，大将军卫青两次出兵进攻匈奴，汉武帝命张骞以校尉的职位，跟从大将军出击漠北。

当时，汉朝军队行进于千里塞外，在茫茫黄沙和无际草原中，给养供给相当困难。

张骞发挥他熟悉匈奴军队特点、沙漠行军经验和地理知识丰富的优势，为汉朝军队做向导，指导行军路线和扎营布阵事宜。由于他"知水草处，军得以不乏"，保证了战争的胜利。

事后论功行赏，汉武帝封张骞为博望侯。

331

商贸纽带

陆上丝绸之路

■ 张骞塑像

■ 张骞去西域阳关
遗址

穿越古今的古桥古道

公元前121年，张骞又奉命与飞将军李广率军出征北平，即今河北省东北部地区，进击匈奴。李广率4000骑做先头部队，张骞带领万骑殿后。结果李广孤军冒进，陷入匈奴左贤王4万骑兵的重围。

李广率领部下苦战一昼夜，张骞兼程赶到，匈奴始解围而去。张骞却因为误了期限被贬为庶人，从此离开了军队生活。

公元前119年，张骞升任中郎将，朝廷派他第二次去西域。张骞立即带队踏上了漫漫征程。经4年时间，张骞率领团队先后到达乌孙国、大宛、康居、大月氏、大夏、安息、身毒等地。

张骞第一次去西域各国目的是为了结盟，以对付强悍的匈奴。在张骞归国详细报告了西域各地的情况后，汉武帝根据变化了的形势，毅然调整了策略。第二次去西域目的变成了"广地万里，重九译，致殊俗，威德遍于四海"。

大夏 张骞去西域回来后首次提及的西域古国之一。张骞曾于公元前128年左右抵此。后大月氏越过妫水，即今阿姆河南下，大夏退至妫水上游之南，分为休密、双靡、贵霜、肸顿、高附5个翕侯，保持着某种程度的自治权。

为了促进西域与长安的交流，汉武帝招募了大量身份低微的商人，政府还为他们准备好货物，鼓励他们到西域各地经商。

这些具有冒险精神的商人后来大部分成为富商巨贾，他们的榜样作用吸引了更多的人踏上丝绸之路，从事贸易活动，极大地推动了西汉与西域之间的物质文化交流。

张骞的两次去西域，不仅开拓了汉朝与西方诸国贸易的"丝绸之路"，成为我国历史上第一个走出国门的使者。同时，也通过它的外交实践，第一次张扬起平等、诚信交往的理念，为我国汉朝的昌盛和后世的对外开放奠定了坚实的基础，产生了深远的影响。同时，张骞也开辟了中西文化交流的通道，加强了西汉与西域地区的联系，对世界文明产生了深远的影响。

出于对匈奴不断骚扰与丝路上强盗横行的状况考虑，决定对西域加强控制。公元前60年，设立了直接管辖机构"西域都护府"。

以汉朝在西域设立官员为标志，丝绸之路这条东西方交流之路开始进入繁荣的时代。

商队塑像

张骞通西域以后，我国和中亚及欧洲的商业往来迅速增加。通过这条贯穿亚欧的大道，我国的丝、绸、绫、缎、绢等上等的丝织品，源源不断地输入中亚和欧洲。

希腊、罗马人称我国为赛里斯国，称中国人为赛里斯人。所谓"赛里斯"，就是丝绸的意思。

"丝绸之路"把西汉同中亚许多国家联系起来，促进了它们之间的政治、经济和军事、文化的交流。由于我国历代封建中央政府都称边疆少数民族为"夷"，所以张骞去西域也促进了汉夷之间的第一次文化交融。

西域的核桃、葡萄、石榴、蚕豆、苜蓿等10多种植物逐渐在中原栽培。龟兹的乐曲和胡琴等乐器，丰富了汉族人民的文化生活。汉军在鄯善、车师等地屯田时使用地下相通的穿井术，习称"坎儿井"，在当地逐渐推广。此外，大宛以西到安息国都不产丝，也不懂得铸铁器，后来汉的使臣和散兵把这些技术传了过去。我国蚕丝和冶铁术的西进，对促进人类文明的发展贡献甚大。

张骞两次去西域，沟通了亚洲内陆交通要道，开启了中原与西域各国的联系，促进了东西方经济文化的广泛交流，开辟了著名的"丝绸之路"，并为后来西汉政府设置西域都护打下了基础。

阅读链接

19世纪末，德国地质学家李希霍芬将张骞开辟的这条东西大道誉为"丝绸之路"。德国人胡特森在多年研究的基础上，撰写成专著《丝路》。从此，丝绸之路这一称谓得到全世界的承认。

当时，李希霍芬所说的丝绸之路指的是"从公元前114—公元前127年，我国与河间地区以及印度之间，以丝绸贸易为媒介的西域交通路线"。

班超正式打通丝绸之路

　　西汉王朝没落之后，王莽的新王朝建立没几年，他在公元1世纪就展开了改革，但地主贵族纷纷起来反对，东汉王朝随之建立，王莽的新王朝不过维持了15年，成为我国历史上最短命的王朝。

喀什丝绸之路遗址

■ 场面壮观的古代商队场景

郡 古代的行政区域，始见于战国时期。我国秦代以前比县小，从秦代起比县大，叫郡县。秦统一天下设三十六郡，后汉起，郡成为州的下级行政单位，介于州刺史部、县之间。隋朝废郡制，以县直隶于州。唐朝道、州、县，武则天时曾改州为郡，很快又恢复了。明清时代称府。

我国由于改朝换代的大混战，无力西顾。公元16年，西域各地断绝了与大新帝国的联系，丝绸之路中断了。

这时，西域的莎车想趁此机会武力统一西域，不断向周边国家攻击。公元45年，车师后国、鄯善、焉耆等地，联合派人到洛阳要求朝廷派遣总督保护。

但我国当时正在大混战中，人口锐减，国力不足，而北方的匈奴汗国仍然对峙，东汉政府不得不拒绝他们的要求，送请他们回去。

这些人听到消息万分恐慌，向敦煌郡长请求："朝廷不派总督，我们也没办法勉强，但是请许可我们住在敦煌，表示朝廷并没有遗弃我们，假装总督随时可到我们这里，借此能对莎车起到阻吓的作用。"不由分说，他们都留在了敦煌。但仅过了一年，由于耐不住敦煌的寂寞，便纷纷自行回去了。

这时候，莎车王就明确地了解到汉朝廷是不会派遣总督的，大为高兴，大肆侵略各周边领地，大败鄯善军团，击斩龟兹。鄯善王再次请求汉朝的友好援助，并做出无可奈何的威胁："如果得不到帮助，我们将臣服匈奴汗国来对抗莎车。"

汉朝廷仍然没有做出决断，就这样各地就只能投靠另一棵大树匈奴汗国了。

弹指一挥间，28年过去了。

公元73年，汉王朝对北匈奴开始攻击，大将窦固深入天山，在现在新疆哈密地区搞兵团屯垦，并派遣他的一位部将班超去西域。

班超，字仲升，扶风郡平陵县人，是我国著名的史学家班彪的小儿子。他为人很有志向，不拘小节，品德也很好，在家中每每从事辛勤劳苦的粗活，一点儿也不感到难为情。同时班超还很有口才，广泛阅览了许多书籍。

公元62年，班超的哥哥班固受朝廷征召前往担任校书郎，他便和母亲一起随从哥哥来到洛阳。因为家中贫寒，他常常受官府所雇以抄书来谋生糊口。

天长日久，班超感到非常枯燥。他曾经停止工作，将笔扔置一旁叹息道："身为大丈夫，虽没有什么突出的计谋才略，但总应该学学在国外建功立业的傅介子和

班超塑像

侯 即我国古代的侯爵。从我国周代开始，爵位分为公、侯、伯、子、男爵，都是世袭罔替，封地也都称国，在封国内行使统治权。各诸侯国内，置卿、大夫、士等爵位，后也泛指对士大夫的尊称，比如"侯门"等。

从事 作为官名源于汉武帝时期，有刺史属吏之称，分为别驾从事史、治中从事史等，主要职责是主管文书、察举非法，后从事改为参军。

张骞，以封侯晋爵，怎么老是干这笔墨营生呢？"

周围的同事们听了这话都笑他。班超便说道："凡夫俗子又怎能理解仁人志士的襟怀呢？"

后来，他去见一个看相先生，这人对他说："你的先辈虽是平民百姓，但你日后定当封侯于千里之外。"

班超想问个究竟。这算命的指着他说："你有燕子一般的下巴，老虎一样的头颈，燕子会飞，虎要食肉，这是个万里封侯的命相。"

过了好久，明帝有一次问起班固："你弟弟现在在哪里？"

班固回答说："在帮官府抄书，以此所得来供养老母。"

于是明帝任命班超为兰台令史，后来因犯了小错误而被免官。

公元73年时，奉车都尉窦固带兵去与匈奴作战，

■班超出行西域浮雕

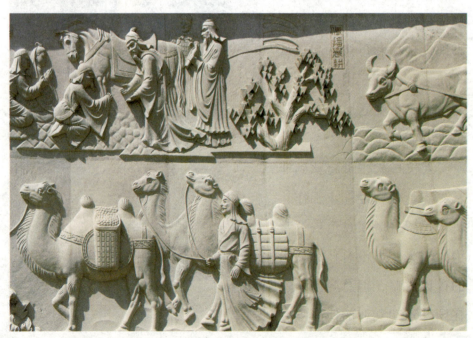

这时朝廷就任命班超为假司马随军出征，窦固让班超率领一支军队去攻打伊吾，双方交战于蒲类海，班超打了一个大胜仗回来。窦固认为他很有才干，于是便派遣他和从事郭恂一起去西域。

经过短暂而认真的准备之后，班超就和郭恂率领36名部下向西域进发。他们首先至鄯善，鄯善王广接待他们礼节非常恭敬周到，但不久突然变得怠慢起来。

班超对他的随从人员说："你们难道没觉察鄯善王广的态度变得淡漠了吗？这一定是北匈奴有使者来到这里，使他犹豫不决，不知道该服从谁好的缘故。头脑清醒的人能够预见到还未发生的事情，何况现在已明摆着呢？"

于是班超找来一个服侍汉使的鄯善人，诳骗他说："我知道北匈奴的使者来了好些天了，现在住在哪里？"这侍者一慌张害怕，就将实情全都招认了。

班超便关押了这个侍从，将一起去的36个人全部召集起来，与大家一同喝酒。

等喝到非常痛快的时候，顺势用话煽动他们说："你们诸位与我都身处边地异域，都想通过立功来求得荣华富贵。但现在北匈奴的使者来了才几天，鄯善王广便对我们不以礼相待了。如果一旦鄯善王广

■ 玉门关遗址 位于甘肃省敦煌市城西北的戈壁滩上，一名小方盘城，是长城西端重要关口。它是历史上中原和西域诸国来往及邮驿之路，也是古代"丝绸之路"北路必经的关隘。

司马 我国古代官员名称，殷商时代始置，位次三公，与六卿相当，与司徒、司空、司士、司寇并称五官，掌军政和军赋，春秋、战国沿置。汉武帝时置大司马，作为大将军的加号，后亦加于骠骑将军，后汉单独设置，皆开府。隋唐以后为兵部尚书的别称。

把我们缚送到北匈奴去，我们不都成了豺狼口中的食物了吗？你们看这怎么办呢？"

大家都齐声说道："我们现在已处于危亡的境地，是生是死，就由司马你决定吧！"

班超便说："不入虎穴，焉得虎子。现在的办法，只有乘今晚用火进攻匈奴使者了，他们不知我们究竟有多少人，一定会感到很害怕，我们正好可趁机消灭他们。只要消灭了他们，鄯善王广就会吓破肝胆，我们大功就告成了。"

众人提议道："应当和郭从事商量一下。"

班超说："是凶是吉，在于今日一举。郭从事是个平庸的文官，他听到这事必定会因为害怕而暴露我们的行动计划，我们便会白白送死而落下不好的名声，这就称不上是壮士了。"

大家说："好。"

天一黑，班超就带领兵士奔袭北匈奴使者的驻地。当晚正好刮起大风，班超吩咐10个人拿了军鼓，隐藏在屋子后面，相约："一见大火烧起，就立刻擂鼓呐喊。"其余人都带上刀剑弓箭，埋伏在门的两旁。

于是班超亲自顺风点火，前后左右的人便一起擂鼓呼喊。匈奴人一片惊慌。班超亲手击杀了3人，部下也斩得北匈奴使者及随从人员30多人，还有100多人统统被烧死在里面。

第二天一早，班超才回去告诉了郭恂。郭恂一听大惊失色，但一会儿脸色又转变了。

班超看透了他的心思，举手对他说："你虽未一起行动，但我班超又怎么忍心独占这份功劳呢？"

郭恂这才高兴起来。

接着，班超就把鄯善王广请来，将北匈奴使者的头给他看，鄯善举国震恐。班超趁势对鄯善王广晓之以理，又安抚宽慰了他一番，于是接受鄯善王广的儿子作为人质。

班超回去向窦固汇报，窦固十分高兴，上书朝廷详细报告班超的功劳，并请求另行选派使者去西域。

汉明帝很赞赏班超的胆识，就下达指令于窦固："像班超这样得力的使臣，为什么不派遣他，而要另选别人呢？可以提拔班超做军司马，让他继续完成去的任务。"

班超再次接受了使命，窦固想叫他多带些人马，他说道："我只

丝绸之路上的烽火台遗址

要带领原来跟从我的30余人就足够了，如果发生意外，人多了反而更增加累赘。"

当时，于阗王广德刚刚打败了莎车，一时声威大振，雄霸南道，而北匈奴又派了使者来监护他。班超西行，首先到达于阗，他发现广德王态度十分冷淡。

同时，于阗这个地方的风俗很迷信巫神。巫神散布谣言说："天神发怒了，你们为什么想去归顺汉朝？汉使有一匹嘴黑毛黄的好马，你们赶快把它弄来给我祭祀天神！"

于阗王广德听了就差人向班超索取那匹骝马。

班超暗中已得知这一阴谋，但仍满口答应献出此马，只不过提出要让巫神亲自来索取才行。不一会儿巫神来到，班超立即砍下了他的脑袋，亲自去送给于阗王广德，并就此事责备他。

广德早就听说班超在鄯善国诛灭匈奴使者的事，因而非常惶恐不安，便下令攻杀北匈奴的使者而归降班超。班超重重赏赐了广德及其臣下，于阗国就这样安抚镇定了。

穿越古今的古桥古道

■ 丝绸之路上的莎车古城遗址

那时，龟兹国王建是在北匈奴支持下上台的，他倚仗着北匈奴的势力，占据西域北道，攻破疏勒国，杀死国王，另立了龟兹人兜题为疏勒王。

第二年春天，班超带领部下取道小路，来到疏勒国，离兜题所居住的盘橐城只有90里，预先派部下田虑去劝告兜题降汉。

班超还告诉田虑说："兜题本非疏勒人，疏勒国民一定不会为他尽忠效命的，他如果不肯投降，就将他扣押起来。"

盘橐城遗址

田虑到达那里，兜题看到他孤单力微，一点儿也没有归降的意思。田虑乘他不提防，就突然上去擒获他并捆绑起来。兜题手下的人大出意外，都吓得逃走了。

田虑派人飞马驰报班超，班超马上开赴城中，召齐疏勒文官武将，历数龟兹王兜题的条条罪状，另立原来国王的侄子忠做疏勒国王，疏勒人都非常高兴。

新国王忠和他的下属官员都请求杀掉兜题，班超却不同意，为了显示威信于西域，反而把他释放送走了。

公元75年，汉明帝去世，焉耆国借东汉国丧机会，便攻陷了西域都护陈睦的驻地。班超孤立无援，而龟兹、姑墨两国又屡屡发兵攻打疏勒国。班超固守盘橐城，与疏勒王忠互为首尾，但兵少势单，一直

西域民俗风情

坚守了一年多。

汉章帝当时刚刚登基，考虑到陈睦全军覆没，恐怕班超势孤力单，难以立足下去，就下诏召回班超。

班超出发回国时，疏勒全国上下都感到担心害怕，一个名叫黎弇的都尉说道："汉使若离开我们，我们必定会再次被龟兹灭亡。我实在不忍心看到汉使离去。"说罢就拔刀自杀了。

班超看到于阗国民坚决不让他东行归汉，又想实现自己最初的壮志，于是改变主意返回疏勒。疏勒国中有两座城池，自从班超离去，又重新投降了龟兹国，而与尉头国联兵叛汉。班超捕杀了叛降者，又击破尉头国，攻杀600余人，疏勒国重新安定下来。

公元78年，班超率领疏勒、康居、于阗和拘弥4国军队1万多人，攻占了姑墨的石城，班超想要就此平定西域诸国，于是上奏朝廷，请求派兵，并分析西域各国形势及自己的处境，首次提出了"以夷制夷"的策略。

公元80年，章帝就封徐干为假司马，让他率领兵士1000人赶赴班超驻地。起先，莎车国以为汉兵不会到来，便投降了龟兹国，而疏勒国的都尉番辰也因此反叛，正好这时徐幹率军赶到，班超就与他一起先打击番辰，大获全胜，活捉了很多俘虏。

公元83年，朝廷晋升班超为带兵的长期使臣，并破格使用鼓吹幢麾，又晋升徐幹为军司马，另外派遣卫侯李邑护送乌孙使者回国。第二年，朝廷又派遣假司马和恭等4人率领800兵士前去协助班超，班超便发动疏勒、于阗兵攻打莎车王。莎车王暗地里派使者串通疏勒王忠，以重利诱惑他，疏勒王忠反叛。

班超于是另立疏勒王室的府丞成大为疏勒王，将不愿谋反的人全部调动起来攻打叛王忠，双方相持了半

府丞 我国古代官员名称，为太守的属官，在汉代时西域各国王室的行政首长也称府丞，而至明清两代，顺天、应天二府皆置府丞，为府尹副职。同时，明代詹事府、清代宗人府等也有府丞。

345

商贸纽带

陆上丝绸之路

■ 班超去西域路线图

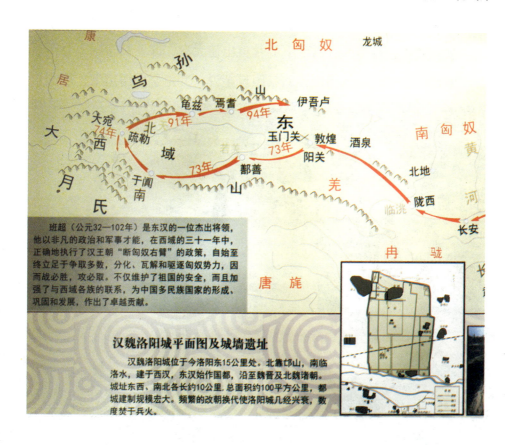

班超（公元32—102年）是东汉的一位杰出将领，他以非凡的政治和军事才能，在西域的三十一年中，正确地执行了汉王朝"断匈奴右臂"的政策，自始至终立足于争取多数，分化、瓦解和驱逐匈奴势力，因而战必胜，攻必取。不仅维护了祖国的安全，而且加强了与西域各族的联系，为中国多民族国家的形成、巩固和发展，作出了卓越贡献。

汉魏洛阳城平面图及城墙遗址

汉魏洛阳位于今洛阳东15公里处。北靠邙山，南临洛水，建于西汉，东汉始作国都，沿至魏晋及北魏诸朝。城址东西、南北各长约10公里，总面积约100平方公里，都城建制规模宏大。频繁的改朝换代使洛阳城几经兴衰，数度焚于兵火。

年，因为康居王派精兵援救，班超难以攻取乌即城。

这时，月氏王与康居王联姻不久，关系很亲密，班超就派人赠送很多金银锦帛给月氏王，让他劝止康居王。康居王便撤了兵，还生俘了叛王忠，把他押回疏勒国，乌即城便只好向班超投降。

又过了3年，忠去游说康居王，向他借兵回国，占领了损中，并暗中与龟兹勾结，派人向班超假投降，班超心里知道他们的阴谋，但表面上假装答应接受投降。

班超得悉敌军已经分兵而出，便秘密地把各部兵力召集拢来，在鸡叫时分飞驰奔袭莎车军营，莎车军一片惊乱，四方奔逃，班超追击并缴获了大量的牲畜财物，莎车王于是只有投降。龟兹等国只好各自撤退，班超从此威震西域。

公元95年，西域50多个国家都归附了汉王朝。朝廷下诏封班超为定远侯，赏给他1000户的食邑。

公元97年，班超派自己手下的甘英出使大秦，即罗马帝国，甘英就往西面走，后来没有到达，他回来跟班超说："走至大海边上，船夫告

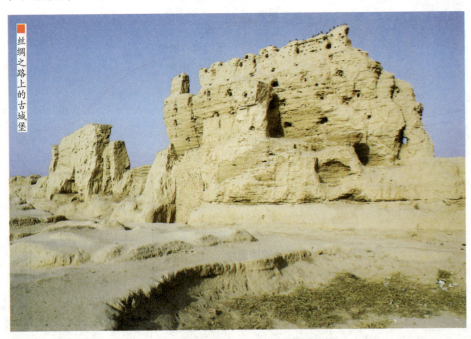

丝绸之路上的古城堡

班超去西域浮雕

诉我说，如果有顺风，3个月到罗马。如果逆风，要航行两年，你最少
准备3年粮食。但是茫茫大海，很多人顶不住海上生活，会死的。"

107年，东汉罢西域都护府，123年，以班勇为西域长史，此后丝
绸之路三通三绝，西域一直以长史行都护之职。

166年，大秦，即罗马的使臣来到洛阳，这是欧洲国家同我国的首
次直接交往。

当罗马人在公元前30年征服埃及后，加之张骞、班超去西域各国
后，我国倾国力向西拓展的机遇，通过丝路的交流与贸易，在印度、
东南亚、斯里兰卡、中亚、中东、非洲和欧洲之间迅速发展。

无数新奇的商品、技术与思想源源不断地往来于欧亚非三洲的各
个国家。大陆之间的贸易沟通变得规则、有序。

罗马人很快就加入到这条商道中，从1世纪起罗马人开始狂热地迷
恋着从帕提亚人手中转手取得的我国丝绸。

那时，丝绸成为罗马人狂热追求的对象。古罗马的市场上丝绸的
价格曾上扬至每磅约12两黄金的天价，造成罗马帝国黄金大量外流。

不仅仅是罗马人对来自东方的神奇玩意儿感兴趣，史料记载，埃及历史上著名的艳后克利奥帕特拉也曾经穿着丝绸外衣接见使节，并酷爱丝绸制品。

班超终于实现了立功异域的理想，将丝绸之路重新打通。他的名字和丝绸之路永远连在了一起，永垂史册。

他镇守西域之后，首次将丝绸之路从西亚一带打通延伸到欧洲，抵达了罗马，罗马也顺着丝路首次来到东汉京师洛阳，这是丝绸之路的完整路线。

班超经营西域30年，使东汉和西域的经济文化交流得以继续和发展，捍卫了"丝绸之路"，巩固了我国西部边疆，进一步促进了我国与西亚各国的经济文化交流。

穿越古今的古桥古道

阅读链接

班彪、班固、班超是班氏三父子，他们建功立业，青史载殊勋，炎黄子孙铭记于心。

班彪，字叔皮，东汉史学家。东汉初任徐令，因病免官。他专力从事史学，以《史记》所记史实，止于汉武帝太初年间，乃收集史料，作《后传》60余篇，为其子班固修《汉书》奠定了基础。

班彪写赋、论、书、记、奏，也颇有成就，功名传千秋。班固，字孟坚，东汉史学家和文学家。初期继续完成其父所著《史记后传》，后私撰汉史，汉明帝阅其稿，赞许有加，授予典校秘书。奉诏完成其父所著，历20余年，修成《汉书》。《汉书》是我国历史上第一部断代史，无论在史学上还是文学上都有很高的价值。班固善作赋，其《两都赋》，文辞渊雅，脍炙人口，古今传诵。

另外，班超的妹妹班昭也是著名的史学家。

唐宋丝绸之路二度繁荣

　　丝绸之路既是架设在东西方之间的友好桥梁，又是连接国内各民族的重要纽带。因此从丝路形成之日起，其发展的总趋势，不仅是向东西方延伸，同时也向南北方向扩展。

　　自我国东汉时候，开始在西域设置西域长史，并一直延至魏晋时期，时间长达五六个世纪。至十六国时期，中央的统治力慢慢衰落，丝绸之路也逐渐被废除了。

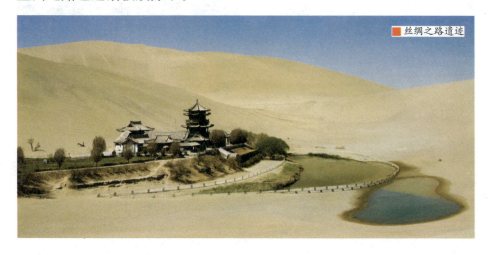

■ 丝绸之路遗迹

玉门关 始置于汉武帝开通西域道路、设置河西四郡之时，因西域输入玉石时取道于此而得名，为通往西域各地的门户。公元前111年，又增设张掖、敦煌两郡，同时建玉门关和阳关。从此，玉门关和阳关就成为西汉王朝设在河西走廊西部的重要关隘。

但是，从汉代开始，丝绸之路就沿着天山南北逐渐形成了东西交往的北、中、南3条基本干线；同时又由于南北边塞各民族的频繁活动，为唐代丝路向南北扩展奠定了基础。

随着我国进入繁荣的唐代，西北丝绸之路再度引起了我国统治者的关注。一般所谓的"丝路黄金时代"，主要是指唐代前期的陆上丝路，时至"安史之乱"以前，陆上丝路发展至高峰，形成了自汉以来东西陆路交通的极盛高潮。

其时外陆贸易空前繁荣，正如史籍所载："伊吾之右，波斯以东，商旅相继，职贡不绝。"

为了重新打通这条商路，唐朝政府借击破突厥的时机，一举控制西域各国，并设立安西四镇作为大唐政府控制西域的机构，新修了唐代玉门关，再度开放沿途各关隘，并打通了天山北路的丝路分线，将西线

■ 丝绸之路古城遗迹

打通至中亚。这样一来，丝绸之路的东段再度开放，新的商路支线被不断开辟，人们在青海一带发现的波斯银币是我国境内最多的，这证明青海也随着丝路的发展成为与河西走廊同等重要的地区。

同时，7世纪中叶后，阿拉伯帝国取代了波斯的中亚霸权，这一时期东罗马帝国、波斯保持了相对的稳定，从而使得丝绸之路再度迎来繁荣时期。

与汉朝时期的丝路不同，唐代控制了丝路上的西域和中亚的一些地区，并建立了稳定而有效的统治秩序。西域小国林立的历史基本解除，这样一来丝绸之路显得更为畅通。

丝路的南北扩展和横行线路密布以及整个丝路网状结构的形成，这是唐代前期陆上丝路高度发展的第一个重要反映。

唐代以前，随着我国北方民族的兴起，先后出现了匈奴、鲜卑、柔然和突厥等不断南下和西迁活动，因此漠北地区早就和西域丝路发生了联系。

但是，由于汉代以后，我国长期处于分裂局面，因而这些联系却常常被相互间的争夺和混战而遭到冲击和中断。

只有至唐代，由于我国重新统一和进一步扩大了西北疆域，团结

穿越古今的古桥古道

■ 唐太宗（599—649），李世民，唐朝第二位皇帝，著名政治家、军事家，还是书法家和诗人，为大唐统一立下汗马功劳，开创了著名的贞观之治，为后来唐朝全盛时期的开元盛世奠定了重要基础。

和联合了西北各民族，从而才使丝路向漠北方面获得了稳定的扩展。

唐朝初年，占据和控制了丝路的突厥族首先统一于唐朝政府。630年，唐太宗率军击败了东突厥贵族政权，并和西突厥加强了友好联系，接着又扫除了高昌、焉耆、龟兹等分裂势力。

640年，唐朝在西域地区设立了安西大都护府，统辖了下属的各个都督府和州，进一步加强了西部边疆的军事和行政管理，保证了丝路的繁荣畅通。

不久以后，唐朝政府又完成了对漠北地区的统一。

唐代以前，漠北地区先后属于东、西突厥控制下，当地的铁勒各部因不堪突厥贵族的压迫和剥削，薛延陀、回纥、拔野古、拔罗、制骨等多次掀起反抗突厥贵族的斗争。

唐朝初年，铁勒部斗争取得胜利，薛延陀政权建立，日益强大并在漠北称雄一时。

646年，唐军乘铁勒部内乱攻入漠北，薛延陀政权瓦解，下属回纥等铁勒23部归附唐朝，并"请置唐官"。唐朝政府于其故地设置了六府七州，后来又于贝加尔湖东北和唐努乌梁海一带增设了玄阙州、烛龙州和坚昆都督府。

上述各个府、州长官都督、刺史，皆由唐朝朝廷委任原诸部酋长担任，并归属于设立在内蒙古呼和浩特市西的故单于台的燕然都护府所统领。

龟兹 西域古国名，我国唐代安西四镇之一，又称丘慈、邱兹、丘兹。在极长的历史时期内，是丝绸之路新疆段塔克拉玛干沙漠北道的重镇，宗教、文化、经济等极为发达，此外尚有冶铁业，闻名遐迩，西域许多国家的铁器多来自于龟兹。

■ 新疆丝绸之路遗址

商贸纽带

陆上丝绸之路

此后，唐政府又应铁勒各部所请，特地在回纥以南开辟了"参天可汗道"，沿途置邮驿68所，并且还备有驿马、酒肉等专供往来官吏和行贾。

　　通过此"参天可汗道"，不仅加强了漠北与中原之间的联系，而且也开辟了西部与北部边疆往来的通道。从此以后，西部地区已和广大漠北连成一片，因而丝路向北面获得了显著扩展。

　　与丝路的北面一样，丝路也向南边发展。

　　唐代以前，随着羌族和吐谷浑等的兴起和活动，早已开辟了青藏高原和南疆地区相通的道路。如在北魏明帝时，宋云、惠生西游印度，曾由今青海柴达木盆地北边，涉行沙碛，直穿阿尔金山到达丝路南道上的且末后，再往西去。

　　此外，559年，乾陀罗僧侣阇那崛多东来时，走的也是相反方向的同一路线：他是经由丝路南道的和田至且末，再南下穿过阿尔金山，经由青海到达长安。

　　唐朝贞观年间，我国和印度发展友好关系，太宗命王玄策和李义

穿越古今的古桥古道

■丝绸之路上的沙雕作品

■ 吐蕃丝绸之路遗址

表出使印度，其中3次往返都是经由西藏—尼泊尔这一线路。

7世纪时，吐蕃兴起，兼并了吐谷浑后，继续保持了此条道路的畅通，并在西北开辟了经由喀喇昆仑通向尼泊尔的另一条通路。

通过上述支线的开辟，不仅说明了此道路的繁荣畅通，同时也反映了丝绸之路已向南面大大扩展。

随着唐代全国的统一，丝路正是这个统一的多民族国家由中央向南北方向大大扩展，其时丝绸之路北面已远越天山直抵漠北，而南面已超过了昆仑和喀喇，昆仑直接与青藏高原连接在一起。

与丝绸之路南北扩展的同时，其北面出现了经由阿尔泰山与漠北相通的道路。南面也出现了由阿尔金山翻越喀喇昆仑和青藏高原联系的路线。

与此同时，在新疆地区也出现了更多的横向路线，从而把整个丝绸之路连接成一个整体。这些横向

吐蕃 7—9世纪时我国古代藏族建立的政权，是西藏历史上创立的第一个政权。吐蕃和唐朝虽然进行了长期的军事斗争，但友好往来一直是双方关系的主流。汉文化的输入对吐蕃社会起了巨大的促进作用，吐蕃文化对汉族也有一定的影响。

线路虽然早已存在，如《隋书》所载"其三道诸国，亦自有路，南北交通"。

但至唐代时，由于完成了西部边疆的统一，扫除了广大西域地区之间的分裂割据，加强了相互间的联系，因而使各道路之间的横行线路大大增加。

唐代前期，除了在西域地区建立安西、北庭两大都护府，下辖各个都督府、州外，并在各地设置军、城、镇、守捉等各军事据点。这些府、州所在地和各军事据点，既是行政和军事要道，也是一些交通中心，它们彼此相通，从而形成了一条条纵横交错的路线。

尤其是著名的唐代安西、疏勒、于阗、碎叶四镇，更是四通八达、往来无阻的一个个交通中心。

虽然很早以前，东西方游牧民族就在中亚北部开辟了亚、欧相通的"草原之路"。以后在我国《三国志》中所引的《魏略·西戎传》中，也提至丝路北道。但由于绿洲地区的继续繁荣，丝路的东西往来仍然侧重在天山以南地区。

只有到后来突厥族兴起，丝路北道才越来越显示其重要性。突厥原游牧于叶尼塞河和阿尔泰山一带，它在6世纪中叶，已经是占有东自辽海以西，西至西海万里，南至沙漠以北，北至北海五六千千米的广大地区。

后来，突厥分裂为东西两大部分，西突厥曾和东罗马结成联盟，从而加强了相互间的政治、经济联系。据弥南窦史所记载，当时东罗马和西突厥之间互派使节，往来不绝。

按东罗马使臣蔡马库斯从西突厥返回拜占庭的路线，是和裴炬《西域图记》中的丝路北道完全符合的，都是经由天山以北和咸海、里海以及黑海北面直达地中海。

可见早在隋代，丝路北道已在西突厥控制下趋于繁荣了，至唐代初年，随着西突厥的统一于唐朝，则更加促进了它的兴盛和畅通。

早在贞观年间，唐太宗即在天山以北建立过瑶池都督府。唐高宗在歼灭阿史那贺鲁的分裂活动后，又在原西突厥聚居的天山北部设立了昆陵和蒙池两都护府，并下设许多都督府、州。

至702年，又从原安西大都护府中划出了北庭大都护府，其治所设

丝绸之路示意图

禅宗 佛教分为九乘佛法，禅宗即是教外别传之第十乘，禅宗又名佛心宗摄持一切乘，也是汉传佛教最主要的象征之一。汉传佛教宗派多来自于印度，但唯独天台宗、华严宗与禅宗，是由我国独立发展出的三个本土佛教宗派。

于庭州，所辖地区正是天山以北的丝路北道。

与天山以南的丝路相比较，丝路北道不仅缩短和减少了东西往来的距离与里程，并可摆脱翻越葱岭的天险，尤其是不受波斯垄断丝路的控制，从而使生产丝绸的中国和消费丝绸最多的东罗马直接发生交往。

因而丝路北道的繁荣是继汉代以来对外陆路交通发展的必然结果，也是整个陆上丝路发展高峰的重要标志。从此以后，回鹘、西辽以及蒙古向西扩展，都主要是经由丝路北道的西方发生联系。

由于丝路北道的繁荣，因而在唐代前期沿着天山以北出现了许多新兴都市和贸易中心，其中著名的有庭州、弓月、轮台、垣逻斯等。

以上表明，陆上丝路发展到唐代时出现了极盛高潮。这个高潮的形成，一方面，当然是与从汉代以来

■ 丝绸之路遗址

古代丝绸

对外陆路交通的进一步发展有关，同时也是唐代社会经济高度繁荣，尤其是和当时我国的统一强大以及统治者注重经营管理分不开。

另一方面，当时和唐代邻近的以西各国，都具有世界性的强大国家：横跨欧、亚北部的东罗马，占有整个西亚的波斯，尤其是后来兴起的大食倭马亚王朝，更是据有亚、非、欧的庞大帝国，它们都注重于对外陆路交通的开拓，极力加强和我国的政治、经济联系。

不仅是阿拉伯的商人，印度也开始成为丝路东段上重要的一分子。往来于丝绸之路的人们也不再仅仅是商人和士兵，为寻求信仰理念和文化交流的人们也逐渐出现在这一时期。

我国大量先进的技术通过各种方式传播到其他国家，并接纳相当数量的遣唐使及留学生，让他们学习中国文化。同时佛教、景教各自迎来了在我国广泛传播的机会，一时间唐朝人在文化方面得到极大的满足。

佛教自两汉间传入我国后，至南北朝开始大兴于我国，并使之中国化而形成禅宗佛教。佛教文化为我国传统哲学和后来宋明理学的发展注入了新的血液。

佛教的韵律更给我国古诗歌带来了四声平仄的提高，增加音乐节奏的美。它的内容更丰富了我国语言的词汇，如"大千世界""不二法门""恒河沙数""极乐世界""放下屠刀，立地成佛"等。这些数以百

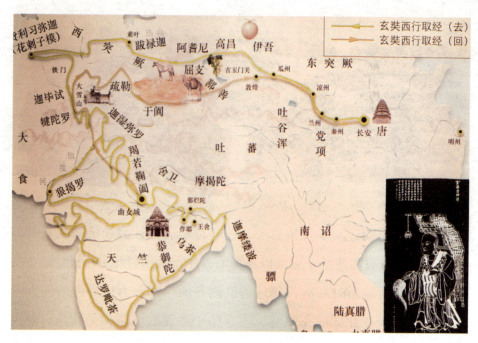

穿越古今的古桥古道

■ 玄奘取经路线图

计的成语成了各阶层的流行语。

唐代杜牧有诗："南朝四百八十寺，多少楼台烟雨中"，尚存的北魏嵩山嵩岳塔、唐代长安的大雁塔、扶风法门寺、五台山南禅寺，它们的石砌与木质斗拱建筑，精妙绝伦，鬼斧神工，堪称国宝，至今国际友人无不叹为观止。

唐太宗时，高僧玄奘由丝绸之路经中亚往印度取经、讲学，历时16年，所著《大唐西域记》一书，记载了当时印度各国的政治、社会、风土人情，成为印度学者研究印度中世纪历史的头等重要资料。他取回佛教经典657部，唐高宗特在长安建大雁塔使其藏经、译经。

稍后，高僧义净又由海道去印度，取回佛经400部，所著《南海寄归内法传》《大唐西域求法高僧传》，向我国介绍了当时南亚各国的文化、生活情

清真寺 也称礼拜寺，是伊斯兰教徒穆斯林礼拜的地方。我国唐宋时期称为"堂""礼堂""祀堂""礼拜堂"，元代以后称"寺""礼拜寺"。明代把伊斯兰教称为"清真教"，遂将"礼堂"等改称"清真寺"，沿用至今。

况，他们的艰辛活动，都是那时盛况一时的大事。

盛唐时期传入我国的伊斯兰教，是中近东大食帝国统治区胡商们作为主要媒介的。它受到唐朝官方的尊重，广州、长安等地开始出现了不少清真寺。

丝绸之路商贸活动的直接结果是大大激发了唐人的消费欲望，因为商贸往来首先带给人们的是物质上的富足，这些都是看得见、摸得着的，其次是不同的商品来源地域带给人们的精神差异的影响不同。

丝路商贸活动可谓奇货可点，令人眼花缭乱，从外奴、艺人、歌舞伎到家畜、野兽；从皮毛、植物、香料、颜料到金银珠宝、矿石金属；从器具牙角到武器、书籍、乐器，几乎应有尽有。

唐人的财力物力要比其他一些朝代强得多，因此他们本身就有足够的能力去追求消费，而丝路商贸活动只是为他们提供了机遇而已。

据《唐会典》记载，唐王朝曾与300多个国家和地区通使交往，每年取道丝绸之路前来长安这个世界最大都市的各国客人，数目皆以万计，定居我国的，单广州便以千计。

古代丝绸之路运输的丝绸

丝绸之路虽然在唐代前期发展至高峰，形成了它的"黄金时期"，但好景不长，至唐代中期便突然衰落。

随着安史之乱的爆发，唐朝驻守西疆的四镇边兵东调长安，一时西北边防空虚，吐蕃乘机北上占据河陇，回鹘亦南下控制了阿尔泰山一带，同时西边的大食也加强了中亚河中地区的攻势，随之出现了这三种力量之间的争夺与混战。

从此，唐朝政府失去了对西域的控制，一时丝路上"道路梗绝，往来不通"。由于唐朝失去了和西域的联系，陆上丝路由此中断。

阅读链接

美国学者谢弗指出："7世纪中国是一个崇尚外来物品的时代，当时追求各种各样的外国奢侈品和奇珍异宝的风气开始从宫廷中传播开来，从而广泛地流行于一般的城市居民阶层之中。"

受到唐朝复兴了的丝绸之路巨大影响的国家还有日本。8世纪日本遣唐使节带来了很多西域文物到日本首都奈良。这些宝贵古代文物在奈良正仓院保存下来。所以，奈良正仓院被称为丝绸之路的终点。日本最大的宗教佛教也是通过丝绸之路传来的。

1988年，奈良县政府在奈良市举行大规模的丝绸之路博览会。日本最大的电视台NHK曾从我国到欧洲以实地拍摄方式制作丝绸之路节目。

宋代丝绸之路继续拓展

丝绸之路在唐宋时期，已经成为比较固定的商贸和交通路线。

大体来说，丝绸之路是从长安经河西走廊至新疆境内，然后通往中亚的安息即古波斯，再到西亚，最后到了欧洲的大秦即古罗马。一般可分为三段，而每一段又都可分为北中南三条线路。

东段是指从洛阳、长安到玉门关、阳关。东段各线路的选择，多考虑翻越六盘山以及渡黄河的安全性与便捷性。中段是指从玉门关、阳关以西至葱岭。西段是指从葱岭往西经过中亚、西亚直至欧洲。

东段三线均从长安出发，到武威、张掖会合，再沿河西走廊至敦煌。

北线从泾川、固原、靖远至武威，路线最短，但沿途缺水、补给不易；南线从凤翔、天水、陇西、临夏、乐都、西宁至张掖，但路途漫长；中线从泾川转往平凉、会宁、兰州至武威，距离和补给在3线中都居中。

10世纪，北宋王朝为绕开西夏的领土去西域，开辟了从天水经青海至西域的"青海道"，成为宋代以后一条新的商路。

中段主要是西域境内的三条线路，它们随绿洲、沙漠的变化而时有变迁。640年，在中途设立的安西四镇附近，多有分岔和支路。

南道又称于阗道，东起阳关，沿塔克拉玛干沙漠南缘，经鄯善即若羌、于阗即和田、莎车等至葱岭。

中道起自玉门关，沿塔克拉玛干沙漠北缘，经楼兰、吐鲁番、焉耆、龟兹、姑墨、疏勒至费尔干纳盆地的大宛。

北道起自安西，经哈密、庭州、伊犁直至碎叶。

西段指自葱岭以西直至欧洲，它的北中南线分别与中段的三线相接对应。其中，经里海到伊斯坦布尔的路线是在唐朝中期开辟的。

北线沿咸海、里海、黑海的北岸，经过碎叶、怛罗斯、阿斯特拉罕等地到伊斯坦布尔。

中线自喀什起，走费尔干纳盆地、撒马尔罕、布

■ 丝绸之路葱岭遗迹 葱岭即指帕米尔高原。早在我国汉朝就以"葱岭"相称，因多野葱或山崖葱翠而得名。西汉时期，汉朝国力强盛，中原开始大规模对外通商，商人沿丝绸之路往来地中海各国，必须穿越帕米尔高原。到了唐代，这里又出现了一个新名字"帕米尔"。到了清代，帕米尔之名已完全取代了历代使用的其他名称。

■ 撒马尔罕民居

哈拉等到马什哈德，与南线会合。

南线起自帕米尔山，由克什米尔进入巴基斯坦和印度，也可从白沙瓦、喀布尔、马什哈德、巴格达、大马士革等前往欧洲。

但是，隋唐的耀眼繁华过后，大宋王朝一路蹒跚着走来。隋唐时期商队络绎的丝绸之路沉寂了许多，好似一首高亢的军歌降低了调门，在宋代变成低吟浅唱，继续着它黄沙漫漫、步履匆匆的行程。

比起盛唐，北宋的疆域很小，国力很弱。北宋舍弃洛阳和西安，将开封作为都城，丝绸之路便好似断了线的风筝，飞离了人们的视线。

其实不然，北宋著名画家张择端的《清明上河图》中有市井繁华，有手工业发达的明证，画中的丝绸店分明在提醒我们，北宋王朝没有割断丝路，而是用自己的方式延续了丝路，让丝路上的花雨依然飞

楼兰　楼兰王国从公元前176年以前建国，范围东起古阳关附近，西至尼雅古城，南至阿尔金山，北到哈密。至630年消亡，共有800多年的历史。当时，我国内地的丝绸、茶叶，西域的马、葡萄、珠宝，最早都是通过楼兰进行交易的。

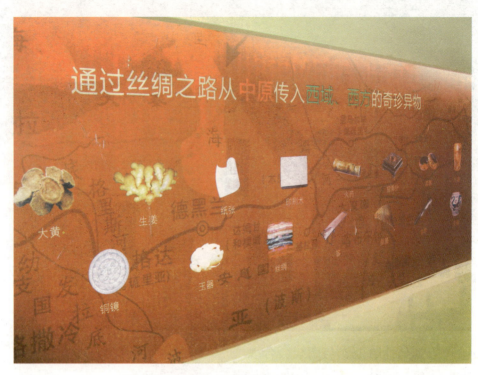

通过丝绸之路从中原传入西域、西方的奇珍异物

■ 丝绸之路传入物

司马光 世称涑水先生，北宋政治家、文学家、史学家。司马池之子。历仕仁宗、英宗、神宗、哲宗四朝，他主持编纂了我国历史上第一部编年体通史《资治通鉴》，并且他为人温良谦恭、刚正不阿，其人格堪称儒学教化下的典范，历来受人景仰。

舞，顽强地挤进人们的记忆。

虽然洛阳不再是国都，但它仍是世界经济文化的中心之一，是丝绸之路上的重要一站。

赵匡胤通过兵变当上皇帝，他清醒地知道，开封在地缘及政治上的局限性，再加上他出生在洛阳夹马营，因此一直想迁都洛阳，但终因阻力太大而作罢。

不过，赵匡胤及他的后继者曾多次对洛阳的城墙、宫殿进行修茸，洛阳的城市规模超过国都，在当时世界上也很罕见。至于洛阳的人口，北宋著名历史学家司马光《洛阳看花》诗中的"洛阳春日最繁华，红绿荫中十万家"就是最好的写照。

北宋时期，洛阳虽然只是陪都，但它是除国都之外最大的文化、经济中心，而洛阳繁华阜盛的市井生活在同时期的诗文及绘画中也有生动的体现。

据记载，北宋一个大臣抱怨世风奢靡时说："现在的农夫走卒居然也穿上了丝质的鞋子。"可以想象，北宋时的洛阳真是个遍地黄金的好地方。

1000多年前，洛阳就是北宋王朝的手工业基地之一。就拿丝织业来说，洛阳有官营的织锦院，民间织锦业也十分发达。

洛阳还是瓷器的烧制中心和集散地。北宋时期，洛阳的宜阳窑、新安窑是地方名窑，这里烧制的瓷器和当时汝窑生产的瓷器摆满了洛阳的商铺。在宋代，丝绸和瓷器仍是"出口"西域的主要商品。

因为丝绸的西输，有了一条丝绸之路；又因为瓷器的西输，丝绸之路又被称为陶瓷之路。丝绸的柔，瓷器的润，成就了北宋时期的洛阳，让它在隋唐之后，依然保持着强者的姿态。

因此，作为北宋的西京，洛阳仍是西方各国商人

汝窑 我国古代著名瓷窑，创烧于北宋晚期，以烧制青瓷闻名，汝窑的青瓷，釉中含有玛瑙，色泽青翠华滋，釉汁肥润莹亮，被历代称颂，有"宋瓷之冠"的美誉，又与同期官窑、哥窑、钧窑、定窑合称"宋代五大名窑"。

商贸纽带

陆上丝绸之路

■ 经丝绸之路传到西域的商品

于阗国 西域古王国名，即今新疆和田县。又作于填、于置、于殿、于寘等。我国唐代安西四镇之一。以农业、种植业为主，是西域诸国中最早获得中原养蚕技术的国家，故手工纺织发达。成为丝绸之路南道最重要的军政中心。魏晋至隋唐，于阗国一直是中原佛教的源泉之一。

和使节东来的必经之地，是中西陆路交通线上非常重要的一站。

北宋时期的丝绸之路虽然受到西夏的侵扰，但仍不断地将先进的科技文化成果传播到世界各地，茶叶的交易在这一时期也尤为突出。

我国古代的四大发明，在宋代开始广泛应用。印刷术发明以前，书籍的流传全靠手抄。北宋平民毕昇发明了活字印刷术后，通过丝绸之路传至波斯和埃及，再传入欧洲，将人们从繁重的抄写中解脱出来。

我国最早发明了指南针，并将其应用于航海。宋时的朱彧在《萍洲可谈》中记载，当时航海的人辨别方向就是用指南针。

当时，一些阿拉伯商人和波斯商人经常搭乘宋人的渔船往来贸易；他们发现指南针十分神奇，便央求宋人教他们如何制作。慷慨的宋人不仅让远道而来的客人学会了制作指南针的方法，还把这一发明通过丝

■北宋时洛阳城

■ 指南针 也叫罗盘针，是我国古代发明
的利用磁石指极性制成的指南仪器。大约
出现在战国时期。样子像一把汤勺，圆
底，可以放在平滑的"地盘"上并保持平
衡，而且可以自由旋转。当它静止的时
候，勺柄就会指向南方。不但最早为我国
发明，并随后演变成罗盘并应用于航海事
业上。

绸之路传至欧洲。

茶叶在宋代广泛种植，
史籍中有"茶兴于唐，盛于
宋"的说法。南宋文学家吴
曾在笔记《能改斋漫录》中
说"蜀茶总入诸蕃市，胡马
常从万里来"，就是描写北
宋交易茶叶的状况。

蕃市的设置，是宋代丝绸之路得以延续的重要依
托。蕃市是宋人与西域人茶马互市的场所。蕃市最初
设置在丝绸之路东段关陇中道上的原渭、镇戎、德顺
州境内。

由于当时西夏人频频侵扰，北宋不得已在丝绸之
路沿线多处布点，方便宋人与西域人进行贸易。

黄沙古道上，西域人用马匹与宋人交换茶叶、丝
绸，除部分自用外，绝大部分转运至中亚、西亚、欧
洲等地销售。这一时期，丝路之上商贾往来频繁，贸
易相当活跃。

通过丝绸之路，西夏、吐蕃、回鹘、于阗、龟
兹、波斯、印度、东罗马等国的使节以及毛皮、牲
畜、玉石、香料等不断地由洛阳和开封进入北宋腹

西夏（1038—
1227），又称邦
泥定国或白高大
夏国，是我国历
史上由党项族建
立的一个征服王
朝，主要以党项
族为主体，包括
汉族、回鹘族与
吐蕃族等民族在
内的国家。因位
于我国的西北地
区，史称"西
夏"。制度由番
汉两元政治逐渐
变成一元化的汉
法制度。

■ 唐玄奘塑像（602 —664），汉传佛教史上最伟大的译经师之一，我国佛教法相唯识宗创始人。出家后遍访佛教名师。玄奘所译佛经，多用直译，笔法严谨，所撰有《大唐西域记》，为研究印度以及中亚等地古代历史地理之重要资料。

地，北宋的丝绸、金银器皿等也源源不断地流向西方。宋室南迁后，与西方的陆上交通被阻断，茶马贸易才逐渐减少。

丝绸之路更深层的意义在于文化的交流，行走在丝路上的僧侣，默默地扛起了文化交流的重担。宋太祖赵匡胤扭转了长期以来我国社会形成的重武轻文之风，使宋代的文化非常繁荣，通过丝绸之路进行的文化交流日益频繁。

966年，赵匡胤酝酿已久，要效仿唐太宗派玄奘到西方取经，命行勤、继业两位高僧组织一个由157人组成的庞大巡游使团，前往天竺求法取经。

这个巡游使团是宋朝建立后第一个官方派遣的佛教使团，也是古代中原地区见诸经传的前往天竺取经的最后一个佛教使团，同时也是有文字可考的规模最大的赴天竺求法取经的使团。

他们这一去，就是12年。在这12个年头里，他们一直与丝路相伴，与飞扬的黄尘为伍。和唐玄奘当年的形单影只相比，他们的寂寞可能算不了什么。而同是到西天取经，吴承恩却以唐玄奘为主角，创作了流

沙门 又称娑门、桑门，意为勤息、息心、净志，原不论外道佛徒，总为出家者之名。沙门中最有影响的派别是佛教、生活派、顺世派、不可知论派等。沙门分为4种：胜道沙门、示道沙门、命道沙门和污道沙门。

芳百世的《西游记》，可见北宋时的行勤是寂寞的。

我们可以想象，一群表情严肃的僧侣伴着单调的驼铃声，在路上默默地走着，像一团灰色的云终年漂泊在丝路上，给浪漫的丝路平添了几丝落寞。

这支西行取经的队伍最终不辱使命，除了巡视佛祖圣地、拜访名僧、求法取经之外，他们还有更为重要的政治使命，即与所经过的各国建立友好关系。

他们一直向西，最后渡过恒河到达印度。每到一地，当地首领不仅热情地接待他们，还派人随行前往引导，与所经国家或地区进行友好往来。

971年，巡游使团成员沙门建盛准备先行回国，中天竺王子曼殊对北宋充满向往，也随之同往中原朝宋。此后，天竺僧人持梵夹来献者，不绝于旅。

行勤和继业等回国时，捎回了天竺国王没徙曩给宋朝皇帝的信。两人分别著有《西天路竟》《继业行程》，特别是《继业行程》被誉为"一部写在佛经角上的西域纪程"，详尽地记录了宋代葱岭以东丝绸之

信 古代称作"尺牍"。古人是将信写在削好的竹片或木片上，一根竹片或木片约在一尺到三尺之间，所以叫尺牍。"信"在古文中有音讯、消息之义，如"阳气极于上，阴信萌乎下。""信"也有托人所传之言可信的意思。在我国古代的书信中，最著名的是秦朝李斯的《谏逐客书》，还有司马迁的《报任安书》。

■ 丝绸之路上的敦煌月牙泉

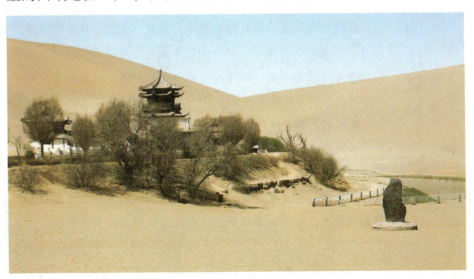

路的路线。由于印度与北宋相隔万里，交通十分不便，因此宋人由印度回国时，常常被"借"充当印度使者。

982年，益州僧人光远自印度归宋，奉天竺国王没徙曩的命令，将释迦舍利献给了宋太宗；清朝康熙年间，卫州僧人辞浣经西域回国，与回鹘僧人密坦罗同奉北印度国王及金刚坐国王那烂陀书进献。

1072年，吐蕃首领木征进献给宋神宗两名天竺僧人。次年4月，宋神宗"诏以使臣引伴住五台山，从其请也"。看来宋廷对这种礼品还是比较珍重的。

10世纪中叶以后，宋王朝先后与北方的辽、西夏、金处于敌对的形势中，影响了陆上丝绸之路的中西交往，受战乱影响，陆上的丝绸之路几度中断。

金国于1127年灭北宋，宋高宗赵构在南京应天府即位，后逃往临安，长期偏安江南，建立了南宋。加之中国经济、文化重心的南移，相对来讲，陆上丝绸之路要比从前有所衰落。但丝路没有因为政权的变更而断绝，这时，海上丝路发挥了巨大作用。

阅读链接

丝绸之路兴盛的原因包含经济、政治、文化、地理等方面因素。随着时间的推移，当这些因素发生变化以后，丝绸之路走向衰落便成为必然。由于沿线荒漠不断扩展，这里的古文明相继消失，因而丝路难以为继。

新疆塔里木盆地的塔克拉玛干沙漠南部，是我国历史上记载的发达地区之一。这里早在新石器时代就出现了灌溉农业，公元前2世纪，张骞去西域时，看到不少沙漠之中的城郭和农田。

至唐代，农业更为发达。《大唐西域记》记载古楼兰王国的兴盛情况，这个国家以楼兰绿洲为立国根本，繁盛情况持续了几个世纪。

元代丝绸之路走向衰落

　　宋、金、辽、西夏之后，当成吉思汗及他的子孙们金戈铁马地开疆辟土时，西北丝绸之路，包括南方丝绸之路和海上丝绸之路，都已经成为元朝内部的交通路线。

　　蒙古铁骑所至，既给封建经济带来了血与火的灾难，却也摧毁了

丝路佛教遗址分布图

穿越古今的古桥古道

驿站 是我国古代供传递官府文书和军事情报的人或来往官员途中食宿、换马的场所。我国是世界上最早建立组织传递信息的国家之一，邮驿历史长达3000多年。"驿站"这一场所虽然古已有之，但作为一个词语的出现是在蒙古元朝以后，元朝以前只称"驿"。

横亘于东西方传统贸易之路上的种种障碍，为元代时期丝绸之路的贸易提供了比较有利的社会环境。

蒙古帝国自窝阔台大汗起开始实施"站赤"即驿传制度，主要基于政治军事需要，更是为加强中央对边远地区的控制。

驿站分陆站、水站两种，以陆站为主。初建时全国驿站约1400余处，至元世祖时代，已超过万数。国家签发专为驿站服务的站户也达30万户以上。驿站体系规模之大，在世界交通史上是罕见的。

驿路不仅一度横贯欧亚，而且旁及中、西亚的察合台、伊利汗国，形成了空前庞大严密的欧亚交通网络体系。

驿站制度的实施，对于东西方之间、中原北方各地区、各民族之间的经济交流的畅通和扩大，起到了相当重要的作用。

首先，驿路的开设，使较长时期因民族、王朝之

■ 元代丝绸之路

■ 丝绸之路古城遗址

间连绵不绝的冲突、战争而造成的中西传统商道及中原北方民族贸易之路，得以再度畅通，人为的关卡垒栅不复存在。

这不但有利于元代帝国的军政令文通达四方，也使往来的中外使臣、商旅畅行无阻。

其次，尽管驿站划属元代政府政治军事体系，过往人员必须凭给驿玺书或差使牌符方能乘驿行进，但过往人员中就有不少来我国进行朝贡贸易的外国贡使或冒称"使臣"的外商。他们的外贸活动就在使臣的名义下，得到驿站优惠条件的保护。

摩洛哥人依宾拔都他来华后曾说："在中国行路，最为稳妥便利。"他还详细记载了驿站对客人及其财物安全的管理办法。

意大利神父马黎诺里也谈到钦察汗国对到中原去的商人、使者乘驿优待的类似情形。另外，由于元代帝国十分重视官营商业，曾给许多色目富商巨贾以特权，发给他们乘驿行走的金银牌符，使他们在元代帝

色目 指色目人。是元朝时我国西部民族的统称，也是元朝人民的4种位阶之一，一切非蒙古、汉人、南人的都算是色目人。传统的说法认为，在元代的社会阶层之中，色目人的地位在蒙古人之下，汉人和南人之上。元朝重用色目人，入居中原的色目人，多高官厚禄，巨商大贾。

■ 骆驼塑像

织造 明清于江宁、苏州、杭州各地设专局，织造各项衣料及制帛语敕彩绘之类，以供皇帝及宫廷祭祀颁赏之用。明于三处各置提督织造太监一人，清改任内务府人员，称织造。也是纺织技术的专业术语，指将经、纬纱线在织机上相互交织成织物的工艺过程。

国势力所达之处皆可通行，而且可供应驿马。桓州栈道就曾专为这些官商搬运段匹、杂造、皮货等物。

驿站制度的实施，客观上形成了元代时期以驿路为基本走向的欧亚商路网络。此期的丝绸之路大致以察合台汗国首府阿力麻里为枢纽，东西段均各分为两大干线。

东段：一条由蒙古帝国都城哈喇和林西行越杭爱山、阿尔泰山抵乌伦古河上游，然后沿该河行至布伦托海，再转西南到阿力麻里。

1295年，常德奉旨乘驿抵巴格达见旭烈兀，东段即走此路。

另一条由元大都西行，由宁夏过黄河入河西走廊；然后或由天山北道抵阿力麻里，或由天山南道入中亚阿姆河、锡尔河两河地区。

马可·波罗由陆路来华，即走此路。

西段：一条由阿力麻里经塔拉思取道咸海、里海以北，穿行康里、钦察草原抵伏尔加河下游的撒莱；再由此或西去东欧，或经克里米亚半岛过黑海至君士坦丁堡，或经高加索到小亚细亚。

14世纪来华传教的意大利人孟德科维诺曾说，这是欧亚间最短、最安全的路。

另一条由阿力麻里入中亚两河地区、经撒马尔罕、布哈拉去呼罗珊，即今阿富汗西北、伊朗东北，再至小亚细亚。

这相互交叉的两大干线之间，还有不少支线和间道，正反映了以驿路为基本走向的欧亚贸易之路网络型结构的特点。

元代时期官营手工业的发展，首先与蒙古对外扩张后的民族迁徙、掳掠工匠直接有关。蒙古贵族在立国之初就很重视发展手工业特别是武器制作业。由于本身经济技术水平较低，在对外战争中就特别注意掠占外族工匠。

元帝国建立后，仍沿袭了这一传统，只是官营手工业大部分转为日用消费品、工艺品的生产。元朝朝廷在全国建立了大批官营手工局

元代丝绸之路遗迹

院进行集中生产。

元大都及其附近地区设立了专为宫廷织造缎匹织染杂造人匠都总管府，下设绫锦局、纹锦局、弘州"纳失失"局、荨麻林纳失失局等，还有专为诸王百官织造缎匹的大都人匠总管府。

甘州与宁夏路一带，盛产白骆驼，以白驼绒与羊绒合纺之绒布，颇受国内外商人青睐。1281年，元政府即在河西设"织毛段匹提举司"，组织工匠生产这类产品。

元代统治者如此重视并大力发展官营手工业，一方面固然出于皇室贵族统治阶级的奢侈消费需要；另一方面也是为了更好地满足官营内外贸易的需求，并以各种奢侈品、特产品"赏赐"前来朝贡的诸汗国使臣。

蒙古贵族重金银器皿而轻陶瓷器皿，当时景德镇瓷局大规模瓷器生产，主要为满足内外贸易需要。官营纺织局院的各类精美产品，也

穿越古今的古桥古道

大量流入欧亚各地，在俄罗斯萨拉托夫附近乌维克村就曾发现过元代中式丝制对襟衫。

尽管元代官营手工业在社会经济中消极作用甚多，但从另一角度看，官营手工业可凭借国家统治强权集中全国技艺最精的工匠并具备最优良的生产条件，从而使其产品的质量和品级一般都可能在社会同类产品中居于最高水平。

这样，既可最大限度地满足统治阶级的消费需要，又可使中国商品在域外通商中具有较强的竞争力。

特别是在中世纪后期，西方已不同程度地掌握了我国某些特产产品如丝绸、瓷器等的生产制作技术的情况下，元代官营手工业对于丝路贸易这种一定程度上的"出口商品生产基地"的意义和作用，更是不能忽视的。

蒙古西征之后，在蒙古草原以西广大地域形成了四大汗国。虽然

■ 元代古城遗址

■ 元代宁夏遗址

至元代诸汗国事实上已成为各自独立的政权，但名义上仍奉元帝为大汗。既有这样一种名义上的臣属关系，它们与元帝国之间的各种联系和往来就是相当密切的。

元帝国与诸汗国之间的经济交流，除了商队贸易外，很重要的一个内容就是通过进贡与赏赐方式来进行的朝贡贸易。

诸汗国向元帝国所献的贡品一般均为奢侈品和特产产品，如西域的大珠、珍宝、玉器、水晶、驼马、文豹、狮虎、药物及特产的佩刀等。元帝国的回赐则有钞币、缎帛、绣彩、金银和东北特产猎鹰等。

在来华朝贡时，各汗国往往授命使者携带重金，以便来华后广购元朝各种特产，而使者本人也乘机贩运货物。因此，每一批使团实际上包含着一支庞大的商队。

西域诸汗国与元王朝的进贡和赏赐关系实质上是一种官方的易货贸易方式。所谓"贡献"和"赏赐",不过反映了双方商品的交换。

在蒙古西征之前,中亚腹地范围内的国际商队贸易就有一定规模,成吉思汗为了征服亚欧大陆,除了以武力掠夺邻近外族财富,还大力借助回族商队的长途贩运来筹措军饷。他曾多次派遣一些商队前往中亚各国进行贸易。

三次西征及南征后,元代帝国版图大大扩展。加之驿路的设立、欧亚交通网络的恢复,使欧亚广大地域范围内国际商队长途贩运活动再度兴盛起来。

元代时期中外关系史的一些名著,如《马可·波罗游记》《通商指南》《柏朗嘉宾蒙古行记》《卢布鲁

水晶 主要成分是二氧化硅,是贵重矿石,宝石的一种。水晶文化历史悠久,古人曾赋予它一串极富美感的雅称,我国最古老的称法叫水玉,意谓似水之玉,又说是千年之冰所化。不同的水晶有着不同的意义和象征,洁白无瑕的白水晶被意为纯洁、无私的化身。紫水晶被意为大红大紫和高贵的典范。水晶文化还包含了丰富的文明精神,因此水晶也是灵魂的物化。

■ 元代丝绸之路遗址

元代丝绸之路遗迹

克东行记》《大可汗国记》《马黎诺里游记》《鄂多立克东游录》等都大量记载了丝绸之路上商队贸易的情况。

根据这些史料记载，当时在漫长的丝绸之路上从事商队贩运贸易的，既有欧洲拜占庭帝国的君士坦丁堡、波兰、奥地利、捷克、俄国、意大利威尼斯、热那亚以及早期北欧汉撒同盟等地商人，又有西域蒙古诸汗国及其后裔统治的西亚、中亚地区的商人以及我国色目商人等。

欧洲和中、西亚商人一般都携带大量金银、珠宝、药材、奇禽异兽、香料、竹布等商品来我国或在沿途出售，他们所购买的主要是我国的缎匹、绣彩、金锦、丝绸、茶叶、瓷器、药材等商品。

由于从欧洲到我国路程十分遥远、沿途地理气候条件也非常复杂险恶，盗劫之虞难免发生，"然若结队至60人同行，即当最危之际，也与居家无异"。

所以商人的长途贩运，一般都必须集成数十人以上的商队结伴而行，而且需随地雇用翻译、随带必要的食品、什物、料草等。

元代大帝国强烈地影响了世界历史发展进程。其中至为重要的一点，就是在客观上通过欧亚广大地域范围内的民族大迁徙、大融合形成了人类历史上前所未有的东西方文化的广泛交流。

我国的四大发明——造纸、指南针、火药、印刷术在元代之前就已开始传入西域，但真正为欧洲人所了解、应用，恰恰都在这一时期。而其传播媒介和渠道，往往就是域外通商。

13世纪，伊利汗国为仿制元代纸钞，首次在伊朗采用雕版印刷术，从此就开始传入欧洲。我国的茶叶，最早通过西夏和高昌回鹘带入西域；13世纪后才通过色目商人经商传入西亚和俄罗斯。

元代时期丝路贸易恢复了宋朝以来基本中断的东西方国际陆路贸易，也恢复了东西方通过陆路进行的经济、政治、文化的交流。中西陆路通商再度兴起，并且俨然一派兴旺景象。

可见元代时期丝路贸易完全继承了汉唐以来东西方经济交流的历史传统，延续了这一在人类文明史上影响十分深远重大的经济活动。

据明代有关史料记载，欧洲、西亚的商队，仍沿着元代丝路故道来华交易一些传统的商品。

原四大汗国的后裔帖木儿帝国等中、西亚王朝，也仍继承原蒙古

元代商旅雕塑

诸汗国的传统，在较长时期保持着与明王朝的朝贡贸易关系；而当上述王朝受外族入侵瓦解后，这种朝贡关系则不复存在了。这些事例充分显示了元代丝路贸易对明代的深远影响。

虽然蒙古帝国的统治者们并没有建立严格的、十分完善的中央集权体系，各地并没有统一的行政体系。不过沿着丝路前进的人们，大多是以宗教信仰及其他文化交流为使命的人们，而不再是以商人为主导的丝绸之路了。诸如马可·波罗和长春真人的游记就体现了这一点。这从侧面反映了西北丝路的衰落。

此外，包括我国在内的亚欧大陆进入了逐渐寒冷的阶段。当丝绸之路的历史步入14世纪后，即被称为"明清小冰期"的开端后，西域地区脊背上已不再适合当时的人类居住。西北丝绸之路的东端几乎已经荒废。而西域各古国大多已不复存在，逐渐成为流沙之中见证丝路辉煌的遗迹了。

穿越古今的古桥古道

阅读链接

丝绸之路沿线的环境变迁和古文明消失，固然与降水量减少、冰川融水萎缩、河流断流、气候变干、水系改道等自然因素的变化有关。

但土地的过度开垦、水资源和生物资源的不合理利用、天然植被的破坏，以及盛唐以后民族纷争不断、战火摧残农业、灌溉兴废不常等人为因素，是这里古文明消失的主导原因。

丝绸之路有力地促进了中西方的经济文化交流，对促成汉朝的兴盛产生了积极作用。这条丝绸之路，一直是中西交往的一条重要通道。至今在我国的对外经济交流中，发挥着重大作用。

海上丝绸之路

　　与陆上丝绸之路一样，海上丝绸之路也是中外贸易通道。在这2000多年的中外贸易历史中，我国的主要输出品有时是丝绸，有时是瓷器或其他；而外国的贸易商品更是五花八门，因此有的学者也称之为瓷器之路、皮货之路或丝香之路等。既然丝绸之路已约定俗成，也就称海上丝绸之路，简称海上丝路。

　　海上丝绸之路的发展过程，大致可分为这样几个历史阶段：一是从周秦至唐代以前为形成时期；二是唐宋为发展时期；三是元、明两代为极盛时期。

商代箕子开辟海上丝路

    通过对远古时期的海船和陶器的发现，以及石器、铜鼓和铜钺的
分布区域的研究得知，早在先秦时期，我国的岭南先民已经穿梭于南
中国海乃至南太平洋沿岸及其岛屿，其文化间接影响到印度洋沿岸及
其岛屿。

停泊在港口的货船

■ 独木舟 又称独木船，是用一根木头制成的船，是船舶的"先祖"，是最早的船舶。在我国古籍《周易·系辞》中有"刳木为舟"的记载，就是说独木舟是刳木而成的。我国古代独木舟大致有三种类型，第一种是平底独木舟，头尾呈方形，没有翘起。第二种是尖头方尾独木舟，它的头部尖尖的，向上翘起，尾部是方的。第三种是尖头尖尾独木舟，舟头翘起，尾部也翘起。1958年，江苏武进县出土3条独木舟，据考证是春秋战国时的独木舟，是我国目前发现的最古老完整的独木舟，号称"天下第一舟"。

这说明早在距今6000年左右，我国的岭南先民已经利用独木舟在近海活动了。

距今3000—5000年期间，东江北岸近百千米的惠阳平原，已经形成以陶瓷为纽带的贸易交往圈，并通过水路将其影响扩大到沿海和海外岛屿。

根据当地发现的遗物以及结合古文献的研究表明，南越国已能制造二三十吨的木楼船，并与海外有了相当多的交往。

南越国的输出品主要是漆器、丝织品、陶器和青铜器；输入品正如古文献所列举的"珠玑、犀、玳瑁、果、布之凑"。当时的主要贸易港口有番禺和徐闻，番禺是广州的古称。

约公元前11世纪前后，商周交替之时商的重臣箕子被周武王封于朝鲜。这在《史记·宋微子世家》《尚书大传·洪范》中都有记载。

当时，箕子从山东半岛的渤海湾海港出发到达朝

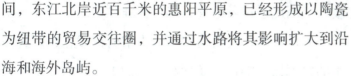

南越国 是秦朝将灭亡时，由南海郡尉赵佗起兵兼并桂林郡和象郡后于约前204年建立，国都位于今天的番禺，疆域包括今天我国的广东、广西两省区的大部分，福建、湖南、贵州、云南的部分地区和越南的北部。南越国又称为南越或南粤，在越南又称为赵朝或前赵朝。

■ 古代帆船模型

鲜，教朝鲜人民田蚕织作。我国的养蚕、缫丝、织绸技术也因此通过黄海最早传至朝鲜。

大量我国古代典籍和朝鲜史书的记载，在朝鲜出土的青铜器、陶器以及朝鲜的地面古迹，从三个方面相互印证，箕子受封的地方即后来的平壤。箕子朝鲜的历史延续了1000多年，直至西汉被燕国人卫满所灭，建立了卫满朝鲜。

箕子朝鲜可以说是朝鲜半岛文明开化之始，据说后世朝鲜人喜爱白色的民俗就是商代的遗风。

箕子到朝鲜半岛不仅传去了先进的文化，先进的农耕、养蚕、织作技术，还带入了大量青铜器，另外还制定了"犯禁八条"这样的法律条文，以至箕子朝鲜被中原誉为"君子之国"。

公元前3世纪末，第一次有了关于朝鲜的文字记载。司马迁在《史记》中说，商代最后一个国王纣的

周武王（约前1087—前1043），姬发，西周王朝开国君主，周文王次子。因其兄伯邑考被商纣王所杀，故得以继位。他继承父亲遗志，于公元前11世纪消灭商朝，夺取全国政权，建立了西周王朝，表现出卓越的军事、政治才能，成为我国历史上的一代明君。

兄弟箕子在周武王伐纣后，带着商代的礼仪和制度至朝鲜半岛北部，被那里的人民推举为国君，并得到周朝的承认，史称"箕子朝鲜"。

自古以来，中朝两国人民都珍视这一有据可查的史实。在朝鲜有自己的历史记载以来，朝鲜、韩国的史书和教科书都沿袭了这一历史学说。

箕子朝鲜乃殷商遗裔在朝鲜半岛上所建地方政权，臣于周，后又臣于秦，为周秦海外之属国。箕子朝鲜为卫氏朝鲜所取代，卫氏朝鲜为汉之"外臣"、属国。

箕子与箕子朝鲜在我国商周古史、我国东北史上占据重要位置。箕子以一个哲学家、政治家、殷商思想文化的代表，我国古代知识分子的代表出现在中国历史、中国思想文化史上。箕子作为一个哲人，在商周政权交替与历史大动荡的时代中，怀才不遇，"违衰殷之运，走之朝鲜"，他在那里建立东方君子国，其流风遗韵，千年犹存。

根据韩国人的历史书《三国遗事》记载，檀君的后人在箕子来到朝鲜之后，带着人民南迁，以免和箕子带来的人冲突。这些人后来成了韩国的始祖。

高句丽 我国西汉至隋唐时期东北地区的一个边疆少数民族。公元前37年，夫馀人朱蒙在玄菟郡高句丽县辖区内建立政权。668年，高句丽被唐王朝联合朝鲜半岛东南部的新罗所灭，在历史上持续了705年之久，具有悠久的历史。

■ 乌篷船模型

《汉书》 又称"前汉书"，由我国东汉时期的历史学家班固编撰，是我国第一部纪传体断代史，《汉书》是继《史记》之后我国古代又一部重要史书，与《史记》《后汉书》《三国志》并称为"前四史"。

同时，箕子在客观上开辟了我国东海的丝绸之路，把我国的先进文化带至那些未开化的地方，推动了东亚国家与我国的交流。

我国和日本一衣带水，日本自古以来就有关于蚕业的传说：公元前219—公元前210年，秦始皇为求长生不老丹，曾派徐福率领童男、童女、船员、百工共数千人东渡日本，传播养蚕技术，日本人民后来尊祀徐福为"蚕神"。

也有记载说，公元前3世纪，江浙一带的吴地有兄弟两人，东渡黄海至日本，传授蚕织和缝制吴服的技艺。其后，内地人士或经由朝鲜，或从山东出发，三三两两地到日本定居，交往十分密切，并促进了日本蚕业的发展。

秦汉时期，是开发海上丝绸之路并将航向远洋

■ 古船剖面结构图

■ 古代海上丝绸之路

发展的时代。《淮南子》记载，秦始皇进军岭南时，"一军处番禺之都"。

《史记》把广州列为汉初全国九大都会之一，《汉书》说："番禺其一都会也"，说明在秦汉时期番禺就是诸侯王的都城了。当时广州已是海外贸易的中心和"犀角、象牙、翡翠、珠玑"及"果布"等舶来品的集散地。马来语称龙脑香为"果布婆律"。

在汉武帝时派出属黄门的译长率团带着丝绸、黄金出使印度、黄支国和斯里兰卡，开展贸易活动。之后印尼、天竺和掸国（今缅甸）都遣使来我国开展贸易。

226年，三国吴国官员朱应、康泰出使扶南，即柬埔寨等国，历时10余年。至南北朝时，广州已是"舟舶继路，商使交属"的繁华港口了。

自汉朝开始，丝绸业发达之后，我国与马来半岛就已有接触，尤其是唐代之后来往更加密切。作为往来的途径，最方便的当然是航海，而中西贸易也利用此航道做交易之道，这就是海上丝绸之路。

《淮南子》又名《淮南鸿烈》《刘安子》，是我国西汉时期创作的一部论文集，由西汉皇族淮南王刘安主持撰写，故而得名。该书在继承先秦道家思想的基础上，综合了诸子百家学说中的精华部分，对后世研究秦汉时期文化起到不可替代的作用。

西汉朝廷派出绎使率领的船队，沿着民间贸易开发的海上航线，到达中南半岛，南洋群岛，印度东南海岸和斯里兰卡等地。

公元前1世纪，我国丝绸已成为地中海世界最珍贵的衣料，其中部分衣料是从海上丝绸之路到达地中海东岸的。同时，外国的香料、金银器、宝石、琉璃器等货物也从海路运到我国来。

随着汉代种桑养蚕和纺织业的发展，丝织品成为这一时期的主要输出品，而乳香和家内奴仆是以往输入品中所未见的。

特别是东汉后期，航船已使用风帆，罗马帝国已第一次由海路到达广州进行贸易。同时，我国带有官方性质的商人也到达罗马，这标志着横贯亚非欧三大洲的、真正意义的海上丝绸之路的形成。

我国自古以丝绸闻名于世，古希腊人把丝叫作SER，就是从"丝"字读音而来的，SERES就是制丝的人，以后被引申为产丝的地方：中国，因此古希腊人曾把中国称为赛里斯。

丝绸之路开辟后，我国丝绸远销至罗马帝国，但要经过亚洲西部古国安息商人转销。罗马人希望能找到海上通道到中国。汉武帝时，

穿越古今的古桥古道

古代帆船模型

■ 古代码头

罗马帝国曾到汉朝入贡。

　　汉代海上丝绸之路是我国海船经南海，通过马六甲海峡在印度洋航行的真实写照，这条海路自广东徐闻、广西合浦往南海通向印度和斯里兰卡，以斯里兰卡为中转点。

　　这样，我国从斯里兰卡可以购得珍珠、璧琉璃、奇石异物等；而我国的丝绸等由斯里兰卡可转运到罗马，从而开辟了海上丝绸之路。

　　古罗马学识渊博的科学家普林尼所著的《自然史》说，在罗马恺撒时代，拉切斯等人从斯里兰卡岛海道出使罗马，据拉切斯对罗马人说，他父亲曾亲自到过中国，还说中国和罗马都与斯里兰卡有直接往来。

　　普林尼还介绍说，罗马贵族"投江海不测之深，以捞珍珠"。罗马贵族把珠宝除留给自己享用外，还

璧 古代的一种器物名，一般为玉制，也有用琉璃制的。璧的形状通常呈扁圆形，中心有一圆孔，但也有出廓璧，即在圆形轮廓外雕有龙形或其他形状的纽。通常在矿石山上开采出来。玉璧是古代贵族所用的礼器，不同时代和不同情况下，也有起信物和装饰物作用的。

■ 航海罗盘 作为一种指向仪器，在我国古代军事、生产、日常生活、地形测量上，尤其在航海事业上，都起过重要的作用。航海罗盘用于航海之后，不论天气阴晴，航向都可辨认。史籍中最早记载到航海罗盘用于航海的是在北宋。朱彧在他的《萍洲可谈》一书中评述了当时广州航海业兴旺的盛况，同时也记述了我国海船在海上航行的情形。航海罗盘为郑和开辟中国到东非航线提供了可靠的保证。

以它们"远赴赛里斯以换取衣料"。赛里斯就是指中国，衣料就是丝绸。

《后汉书·西域传》记载："至166年，大秦王丹敦遣使自日南徼外，献象牙、犀角、玳瑁，始乃一通焉。"这是我国同欧洲国家直接友好往来的最早记录。

这种友好往来，突破了斯里兰卡的中转，是接通了海上远洋东西航线直接进行的。这样，我国便可以与欧洲国家直接进行贸易。

阅读链接

有史料记载，在东晋时期，广州成为海上丝绸之路的起点。当时，中国的对外贸易涉及达15个国家和地区，不仅包括东南亚诸国，而且西到印度和欧洲的大秦。

经营方式一是我国政府派使团出访，二是外国政府遣使来中国朝贡。

丝绸是主要的输出品。输入品有珍珠、香药、象牙、犀角、玳瑁、珊瑚、翡翠、孔雀、金银宝器、犀象、棉布、斑布、金刚石、琉璃、珠玑、槟榔、兜銮等。

广州海上丝绸之路贸易的发展，致使对外贸易收入成为南朝各政权的财政依赖。

三国孙权拓展海上丝路

我国汉末三国时期，正处在海上丝绸之路从陆地转向海洋的承前启后与最终形成的关键时期。

这一时期，孙权雄踞江东，以古之大禹为榜样，主张"国以民为本，民以食为天""不更通伐，妨损农桑"而竭力发展经济，开创造船业，训练水师，以水军立国，并派遣航海使者开发疆土，与外通好，做出了重大贡献。

航船和航舰是航海的必备条件与主要工具。在三国之前，一般都是靠帆船与信风，在海上漂泊无定，几近冒险，为此而丧生者，不计其数。

至三国时期，由于孙吴同曹魏、刘蜀在长江上作战与海上交

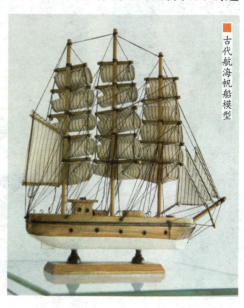

古代航海帆船模型

穿越古今的古桥古道

通的需要，积极发展水军，船舰的设计与制造有了很大的进步，技术先进，规模也很大。

据张大可著《三国史》，孙吴造船业尤为发达。汉代主要造船地区在长江下游苏州、无锡、安庆等地，多是平底内河船。孙吴造船中心，移往建安郡侯官、临海郡永宁县、横屿船屯、南海郡番禺县等港口。孙权设置典船都尉，专门管理造船工场。

孙吴所造的船，除了军舰之外，其次为商船，数量多，船体大，龙骨结构质量高。最大舰可载3000士兵，有上下5层，雕镂彩画，非常壮丽，续航能力强。

载马80匹的海船称小船，航行在南海上的商船，"大者长20余丈，高出水两三丈，望之如阁楼，载六七百人，物出万斛"。

孙吴武装船队出海百余艘，随行将士万余人，北

■ 精致的古船模型

上辽东、高句丽，南下夷州，即今台湾，及东南亚今越南、柬埔寨等国，吴国灭亡时，有战船、商船等5000多艘。

古代货船模型

孙吴发达的造船业对后世出海远航创造了更为有利的条件，对于贸易与交通的发展，海上丝路的进一步形成起了积极的推动作用。

三国时期，随着造船业的崛起与发展，人们很自然地把目光从内河而投向海外。江东地区的先民早就积累了相当丰富的航海知识与技术，这可以从先民们的探索历史中得到印证。

一是季风，古称"信风"，与海流为先民们的出海远航提供了必不可少的条件。

二是冲淡水性质的沿岸流，造成先民们出海的好时机。

三是天文航海术与地文航海术，成为先民们远航时判别时间与方向的依凭。

四是船舶操纵技术，提供了比以前更为可靠的技术保证。

由于航海术的提高，三国孙吴多次派使者出海远航，成为开拓性的壮举。

只有大船而无驾驭大船的水手和船员，也无法出海远航。这一点，孙权及其东吴以"水军立国"的战略思想，培养与造就了一大批善于水上作业的精兵强将。

这在汉代尚不具备这种条件，而且经过此后许多年的传承与发

■ 古代造船场景 早
在新石器时代，我
们的祖先就广泛使
用了独木舟和筏，
并且走向了海洋。
秦汉时期，我国造
船业的发展出现了
高峰。据古书记
载，秦始皇曾派大
将率领用楼船组成
的舰队攻打楚国。
到了汉朝，以楼船
为主力的水师强大
起来。舰队中配备
有各种作战舰只，
有在舰队作为最前
列的冲锋船"先
登"，楼船是汉朝
有名的船型，它的
建造和发展也是
造船技术高超的
标志。

展，对后世也确有肇始与开启之功。

孙权水军士卒训练有素，良将云集，纪律严明，因而战斗力很强，就连大政治家、大军事家曹操也十分钦佩。

公元213年，曹操与孙权在濡须的一场水战中吃了败仗，被歼3000人，自溺数千人。

而望孙权，则仪表堂堂，沉着指挥，战船高大，器械精良，军伍整肃，作战勇敢，曹操既惊奇又敬佩地说："生子当如孙仲谋，刘表儿子若豚犬耳！"这是作战对方对孙权的称赞。

孙权水军的精良，在客观上是因为它具有得天独厚的优越条件：其一，有一条从黄海到南海漫长的海岸线；其二，有长江、钱塘江、赣江、闽江、湘江、东江、北江、西江以及太湖、洞庭湖、鄱阳湖等大江大湖，而且江湖连接成网；其三，国内有较发达的炼铜、炼铁、造船、纺织等工业，为发展水军提供了雄厚的物质基础和足够的技术力量。其四，吴与魏、蜀基本上以长江、湘江为界，争夺要地，战争的特点是水战，这就决定了发展水军的必要性和迫切性。

孙吴的"地利"条件之长，正是蜀魏"地利"条件之短，孙吴发展水军是完全符合客观实际的。

更重要的是，孙权及其东吴拥有出海的大船与技术，拥有人才与水兵不说，如果缺乏从事海外贸易的物资，这条海上丝绸之路也就不可能形成。

三国时期，作为海上贸易之"大宗"者，当首推丝绸。孙吴的丝织业已远超两汉的水平与规模，而有自己独特的创新与发展。

孙吴时期，统治者重视农桑，致力垦荒，许多大臣都提出了这类建议。

259年，景帝孙休下诏："今欲偃武修文，以崇大化，推此之道，当由于士民之赡，必须农桑，田桑已

■ 丝绸之路起始地

陆逊（183—245），本名陆议，字伯言，吴郡吴县人。三国时期著名的军事家、政治家。东吴名将，历任吴国大都督、上大将军、丞相。东吴大帝孙权兄长沙桓王孙策之婿，世代为江东大族。222年，陆逊在夷陵击败刘备所率蜀汉军，一战成名。

至，不可后时。"说明孙吴政权对丝绸生产的重视。

非但如此，陆逊还在海昌屯田时，"督劝农桑"；诸暨、永安等地也生产御丝；永嘉还贡八蚕之绵。可见丝绸生产区域得到扩大。

后来在安徽南陵县麻桥乡发现东吴墓葬，随葬有梭子、纺锭等纺织工具和记有练、绢、绣、锦、缯、纻、布的遣册，极有可能就是一位丝绸生产者的墓葬，这为东吴丝绸生产提供了实物证据。

三国时吴国还设有官营丝绸生产机构。史载孙权夫人潘氏，"父为吏，坐法死，夫人与姊具输织室。权见而异之，召充后宫"。同时，孙权又曾"敕御府为母做锦被，改易帷帐，妻妾衣服悉皆锦绣"。由此看来，御府中也生产锦绣等丝绸产品，具体生产作坊就是御府下属的织室。

例如两晋时期，据《邺中记》记载："石虎中、尚方御府中巧工作，绵织成署皆数人。"

石虎即赵石虎的官营丝织作坊，在当时规模最大，尚方御府，即后赵主管这类作坊的组织，其下又有织锦署、织成署等。

三国孙吴在上述诸方面都在汉代有较大进步，具有

■ 大型帆船模型

出海远航的主客观条件，因而形成东海丝绸之路。

他根据季风的变化规律和海流的方向，在夏季的6—8月，从江浙沿海出发，借助风帆和海流移动的力量，以及天文、地文导航，在顺风顺水相送下，航渡出海近则台湾，远则日本等地。

这条航线的有无，已被后世的航行所证实。古代日本与中国南朝的交通，唐代及唐代以后遣唐使以及贸易商船的往来，大多采用这条路线，自然与利用海流、天文和地文导航有关。

不过这条航线事先是不一定了解的，更不会知道所到之处是什么地方，远航的结果，往往后来才知道。

在海上丝绸之路的形成与发展过程中，许多方面的事实都说明雄踞江东的孙吴很有作为、很有建树并卓有成效。

阅读链接

据考证，三国当时孙吴造船业已经达至国际领先的水准。

1955年，在广州出土了东吴的陶制船模，船模从船首至船尾有8根横梁，8根横梁说明有8副舱板，它们把船体分成9个严密的船舱。

这就是用横梁和隔舱形成的分隔舱结构造船技术。船要航行时，即使有一两个船舱受到破坏进水了，水也不会流入其他船舱中，船也不会马上沉没。进水的船舱可以抓紧时间抽水，堵塞漏洞和进行其他修理，并不影响船的继续航行。

唐宋海上丝路继续发展

海上丝绸之路是古代我国与外国交通贸易和文化交往的海上通道，它的开辟，使我国当时的对外贸易兴盛一时。

海上丝绸之路形成以后，随着时代的变迁和各个朝代的发展，航海路线不断得以完善。

隋朝统一全国，结束了几百年之久的分裂割据局面。594年，隋文帝下诏立祠祭祀四海，在广州外港黄木湾建南海神庙，此后历代帝王都派员到庙立碑致祭，后世存有各种御碑、古碑30多通，有南方"碑林"之称。

古代对外贸易的真丝

607年，隋炀帝派屯田主事常骏和虞部主事王君政出使赤土国，即今马来西亚，那时的使官其实主要也进行贸易活动，这也进一步

发展了海上丝绸之路。

■ 古代泉州码头场面

广州黄埔庙头村的南海神庙是我国最大的海神庙，是古代海上交通的重要遗址，是当时国家重视海外贸易的体现。中外商船出海前按例到庙拜祭，祈求航海一帆风顺，贸易兴隆。庙前有"海不扬波"石牌坊。神庙所在的古扶胥镇有繁华的外贸集市。

以此为起点的海上丝绸之路，通达南洋、南亚、西亚和东非，因此南海神庙又称波罗庙，后世形成了庙会，十分热闹，其间有数万人来赶庙会。

中日两国之间一衣带水，通过朝鲜半岛或经由日本海环流水路，交往十分方便。

据日本古史记载，公元前6年，我国的罗织物和罗织技术已传到日本。3世纪，我国丝织提花技术和刻板印花技术传入日本。

隋代，我国的镂空版印花技术再次传至日本。隋

隋文帝 我国隋朝开国皇帝。他在位期间成功地统一了百年严重分裂的中国，开创先进的选官制度，发展文化经济。使得中国成为盛世之国。是西方人眼中最伟大的中国皇帝之一，被尊为"圣人可汗"。

古代海外贸易场景

唐代时期，日本使节和僧侣往来中国频繁，他们在浙江台州获得青色绫，带回日本作为样板，仿制彩色锦、绫、夹缬等，日本一直沿用着我国唐代的名称，如绞缬、蜡缬、绸、绫、羽等。

在唐代，江浙出产的丝绸直接从海上运往日本，丝织品已开始由礼物转为正式的商品。

奈良是当时日本的首都，可以说是我国丝绸之路的终点，正仓院则是贮藏官府文物的场所。

671年，唐代僧人义净出访东南亚和印度等30余国，历经25年，译经56部，共230卷，著《大唐西域求法高僧传》，为61人立传，这些人大部分是取海道往印度的。

唐代是南海海上丝绸之路发展的第一个高峰，在广州光塔路一带居住有12万外国商人，主要是阿拉伯人，这里有蕃坊，还有蕃市、蕃学、蕃仓，形成了当

刘禹锡 字梦得，唐朝文学家，哲学家，自称是汉中山靖王后裔，曾任监察御史，有"诗豪"之称。他政治上主张革新，是王叔文派政治革新活动的中心人物之一。后来永贞革新失败被贬为朗州司马，其间写了著名的《汉寿城春望》。

时十分繁华的国际珠宝市场。

唐代天宝年间，阿拉伯人建造了怀圣寺光塔，这是我国最早的伊斯兰塔，具有导航、瞭望和气象观测作用，是我国海上丝绸之路的丰碑，一直保存着清真先贤古墓等重要遗物。

唐太宗时，每年来广州的外国商船多达4000艘，603—894年间，日本来唐人数达3622人。

753年，扬州高僧鉴真经5次东渡失败后终于成功到达日本。

隋、唐、宋、元时期，由于政府重视海外贸易和海外交通航线的开辟，中西贸易出现了空前的繁荣，特别是广州港已发展到能容大小海舶千艘。

正如唐代诗人刘禹锡所写：

连天浪静长鲸息，映日船多宝舶来。

■ 我国古船模型

唐人贾耽记载的《广州通海夷道》是当时中西交通的最长航线，长达14000千米。其时市舶的收入已成为国家财政收入的一大支柱，失去这一财源，"国藏渐当废竭"。广州市场上"雄番夷之宝货，冠吴越之繁华"。

至宋代，广州城市进一步国际化，宋神宗年间已是"城外蕃汉数万家"。有的番商"住唐"达"五代""家资数百万缗""广州富庶天下闻。"

古代意大利旅行家鄂多立克说广州"是一个比威尼斯大三倍的城市，整个意大利都没有这个城的船只多"。

阿拉伯游历家伊本·白图泰认为广州是"世界大城之一也。市场优美，为世界各大城所不及"。

1080年，宋朝正式颁布《广州市舶条》，并向全国推行。从机构和制度上加强对外贸的监督、管理。

宋朝是我国历史上经济最繁荣、科技最发达、文化最昌盛、艺术最高深、人民生活水平最富裕的朝代之一，也是当时世界上发明创造

唐代丝绸之路示意图

最多的国家。

宋朝也是我国为世界贡献最大的时期，我国历史上的重要发明一半以上都出现在宋朝。那时我国四大发明的3项发明在宋代得到大规模实际的运用，像火药、指南针、印刷术、纸币、锤线纺织、瓷器工艺的重要改革等。

同时，宋朝航海、造船、医药、工艺、农技等技术都达至古代前所未有的高度，指南针在宋代开始大量装备远洋船舶。

泉州也是"海上丝绸之路"的起点之一，早在唐代，泉州刺桐港就是我国四大外贸港口之一，在宋时与埃及亚历山大港齐名，被誉为"东方第一大港"。

泉州素有"海滨邹鲁"之誉，人文荟萃，文化昌盛，中西文化长期在这里交流汇聚，造就了灿若繁星的文化名人，留存了以南戏、南

■ 宋代航海罗盘

穿越古今的古桥古道

音、南少林为代表的辉耀古今的文化遗产和大量世人罕见的中外历史文化瑰宝。

两宋时期的海上丝绸之路东向日本、高丽，航行季节多在夏、秋，利用东南季风渡海。

南宋时，前往高丽有两条路线可行，这两条航线形成于唐朝。唐代承汉代南朝海航传统，黄海北线、南线并存，又新开辟东海南线、北线航路。

东海南线是从日本大阪出发，经过平户岛，沿九州西岸南下，经沏津、种子屋久诸岛、冲绳，最后横渡海峡，抵达我国。《新唐书》记载："新罗梗海道，更由明、越州朝贡。"

东海北线是从江浙沿海诸港出发，途经日本九州直航，当时的商人多取这个路线通航。

宋代渡海远航，已广泛使用指南针导航，其一为水罗盘；其二为磁性工具。可以说，宋代首用磁性工

《新唐书》 北宋时期宋祁、欧阳修等人编撰的一部记载唐朝历史的纪传体断代史书，"二十四史"之一。《新唐书》在体例上第一次系统地论述了唐代府兵等军事制度和科举制度。它是我国正史体裁史书的一大开创，以后各朝史书，多循此制，这也是《新唐书》在我国史学史上的一大功劳。

具导航，开创了世界航海史的新纪元。市舶司制度起源已久，在我国历代与海外贸易、交往过程中曾发挥过重要作用。

在唐朝时，官方就开始有了专门管理外贸的机构：市舶司。当时，浙江的明州就设有市舶司，隶属于浙江舶务。基于市舶司制度的完善和宋王朝对于海外贸易的重视，宋代对于对外贸易的管理是相当成功的。

对于进口货物，首先到官署即市舶司登记，缴纳一般大约10%的入口关税，之后再流入市场，当然，开始的时候仅允许在管定地点贸易，但是不久之后就放弃了这些限制。

宋政府市舶司对于对外贸易也是有严格监控的。在制度上，宋政府对于出口货物有几项禁令，基本目的是防止战略性资源外流到敌国手中，比如铁和兵器是严禁带往海外的，对进口货物也有一些是禁止入境的。

市舶司及其相关制度措施的实施，保护并且拓展了正常的对外贸

宋代帆船模型

■ 南宋古船模型

知州 古代官名。宋以朝臣充任各州长官，称"权知某军州事"，简称知州。"权知"意为暂时主管，"军"指该地厢军，"州"指民政。明、清以知州为正式官名，是各州行政长官，直隶州知州地位与知府平行，散州知州地位相当于知县。

易，而且使宋代以前朝贡贸易为主、礼节性为主的经济来往，逐渐转变为官方和民间贸易并存的局面，以政治性贸易为主的地理交往转变为中朝民间资本自发追求商贸利益的航海行为，自此，我国与朝鲜半岛互市，兴旺发达。

明州自古就是我国东南沿海外贸海港，在闻名中外的海上丝绸之路中扮演着极其重要的角色。明州港作为外贸港经过唐代长期发展、积淀后，在宋代达到鼎盛时期。

市舶司制度建设的完善，尤其是明州高丽使行馆的建设等，都为明州在宋代中国与朝鲜半岛海上贸易的作用创造了优越的条件，高丽使行馆也成为海上丝绸之路和海港文化的重要象征。

高丽与宋朝的朝贡贸易，有东路、南路两条贡道。据《宋史》记载，高丽使者一般皆由山东登州登陆，由陆路到都城开封朝贡，即东路。当时，高丽使臣向宋朝廷建议，为了避开契丹国的威胁，要求改变贡道，通过水路由明州登陆，再转杭州经运河到开封，即南路，获得宋王朝的批准。

1052年左右，市舶收入达53万贯，至1066年左右，增至63万贯，这是一笔可观的收入。有鉴于此，明州人楼异在任随州知州向皇帝陛辞时，建议在宁波设来远局，建高丽使行馆，以供高丽使者每年来宋贸易之用。他的建议获得宋徽宗采纳，便改命他任明州知州，以执行这一任务。楼异到明州后，于1117年在月湖建高丽使馆，这是设在江南的唯一的高丽使馆。

高丽使馆安置的货物有两部分：一部分是从高丽运来的朝贡货物，这些货物在三江口经过抽解，即缴纳船舶税，一般为10%。剩下的大部分，据《宋史·食货志》的《互市舶法》记载，由明州官府统购，或付以铜钱，或以货换货，所换的货物主要为丝织品、瓷器、茶叶、书画、乐器、雕塑品等。这些货物，自然需要安顿在高丽使馆。

海上丝绸之路在宋朝发展至顶峰，通过海上航道，我国与世界许多地区保持着贸易联系，这种贸易也促进了宋朝经济的繁荣发展。

阅读链接

已故著名学者邓广铭教授指出："宋代是我国封建社会发展的最高阶段，其物质文明和精神文明所达到的高度，在中国整个封建社会历史时期之内，可以说是空前绝后的。"

明州宋高丽使馆遗址位于浙江省宁波市月湖东岸宝奎巷一带，馆制经重新兴建后位于风景秀美的月湖公园内。1984年被海曙区人民政府公布为区级文物保护单位。1999年在月湖改造时，发现了高丽使馆的准确遗址。现高丽使馆为月湖景区景点之一，并被辟为高丽使馆史迹陈列室。

元代海上丝路逐步完善

至我国元代时期，陆上丝绸之路因元朝疆域远至黑海、波斯湾地区，已经十分畅通，同时海上丝路也更为繁荣了。

忽必烈尽管是来自内陆深处的草原皇帝，可是面对浩瀚无限的蓝色海

海上丝绸之路遗址

■ 古代航海图

洋，他踔厉风发地敞开了国门，对推动社会对外开放采取积极的态度，元世祖的气魄和胸襟，不仅丝毫不亚于汉武唐宗，更是以后的明清诸帝所无法相比的。

1278年8月，大汗发布诏旨，"诸番国列属东南岛屿者，皆有慕义之心，可因蕃舶诸人宣布朕意，诚能来朝，朕将宠礼之，其往来互市，各从所欲！"这不仅是招徕海外番商与元朝"往来互市"的宣传书，也是鼓励元朝官民参与构建"蓝色梦想"的动员令。

元代政府旗帜鲜明地施行对外开放，有政治上的世界意义，说明蒙古大汗具有"世界君主"的意识，他们在极为广袤的土地上普遍建立驿站制度，便利了中外交通。统治者还不时地把目光远远地投向西欧，虽然未能君临彼土，但也不断保持联系，来则"嘉其远来"，去则有所企求。

另外，元代政府的开放也有经济上的重商倾向。元王朝坚持鼓励商业活动的政策。从大汗本人起，蒙

忽必烈（1215—1294），元世祖孛儿只斤·忽必烈，他建立了幅员辽阔的统一多民族国家元朝。他在位期间，加强中央集权，使得社会经济逐渐恢复和发展。他不仅是蒙古民族光辉历史的缔造者，也是蒙古族卓越的政治家、军事家。

儒学 儒家学说，或称为儒教，是以信奉孔子为先师，以"儒"为共同认可符号，各种与此相关，或声称与此相关的思想道德准则，是中华文明最广泛的信仰构成。春秋战国时期，孔子在鲁国讲学，以"诗、书、礼、乐、易、春秋"之六经为经典，奠定了儒家的最早起源。

古贵族几乎都热衷于从商业活动中赢取厚利。

他们自己不会经商，而是把国库或个人的本银交给中亚伊斯兰商人翰脱来经营，他们分享利润。是由政府管理和控制的，在旅行、住宿等方面得到政府的保护，形成了元代特殊的商人集团。

翰脱的商业活动范围极广，在国内渗透到西藏这样的边地，在国外延伸到伊利汗国和印度。通过翰脱的活动，元代中国的商业金融业在一定程度上是具有国际性的。

同时，元代的对外开放也有文化上的兼容并纳。元代在文化上的兼容并纳首先表现于它的宗教政策。蒙古朝廷对各种宗教采取优容的态度，对各教一视同仁，不分彼此。这就从总体上，从传统上打破了汉、唐、宋等历代大王朝"独尊儒术"的局面。这在某种

■ 五桅沙船模型

■ 泉州丝绸之路上的货船模型

程度上是有利于中外文化的交流的，因为儒学失去了独尊的地位，它对于其他文化的排斥力就削弱了。

元代航海家汪大渊两次从泉州出海远航达12年，并著有《岛夷志略》，记载我国丝绸从泉州输往海外达40多个国家和地区。

元代在泉州、庆元、上海、澉浦、温州、广州、杭州设立了7处市舶司，管理对外贸易。多口岸向日本出口龙缎、苏杭五色缎、花宣缎、杂色绢、丹山锦、水绫丝布等。

这些港口往来船舶如梭，十分繁华，特别是泉州港的繁荣，给许多外国旅行家留下了深刻印象。

元朝外贸实行的是"官船贸易"方式，与一些国家签订商约，当时我国的海船已极其牢固和庞大，并且设施较为齐全，大批士兵随船往返，可防止海盗的袭击。

我国商船按期将生丝、花绸、缎、绢、金锦等运到各国，东起菲律宾及印尼各岛，西至印度的科泽科特、伊朗的霍尔木兹、伊拉克的

■ 古代港口码头

巴士拉、也门的亚丁、沙特阿拉伯的麦加、埃及的杜米亚特，直至大西洋滨摩洛哥的丹吉尔，南面可远销至马里的摩加迪沙、坦桑尼亚的基尔瓦等地。

元朝政府与高丽、安南等国也有官方往来，多以丝绸作为国礼相赠。除了由国家控制丝绸出口外，元朝规定不许私贩，但仍有一些海外商人私下闯入产区收购，如元朝常有人从钱塘江逆流而上，到建德去求购生丝。

1258年，曾为"海上丝绸之路"劲旅的西亚阿拔斯王朝，被旭烈兀率领的元朝西征军推翻，强大的阿拉伯帝国的帆船队宣告衰败，元朝商船队在海上丝绸之路上获得空前机遇，元代海外活动的范围也远远超过了前代。

据《元史》记载，亦黑迷失是元朝杰出的远洋航海家、外交家兼水军将领，除率水师攻打过爪哇国、今苏门答腊岛中部的南巫里、苏木都剌、不鲁不都等岛国外，还率官方贸易船队4次奉旨出航南亚。

旭烈兀 成吉思汗之孙、拖雷之子、忽必烈、蒙哥和阿里不哥的兄弟，是伊利汗国的建立者，西南亚的征服者。作为成吉思汗的孙子，旭烈兀的一次次辉煌战绩也证明了他无愧于杰出军事统帅的称号，他将"上帝之鞭"伸向了西亚，在真主的土地上建立了自己的国家。

继亦黑迷失访问印度半岛的八罗孛国、马八儿国和僧珈剌国后，这几个国家纷纷"奉表称藩"，但印度半岛的一个重要国家俱兰国未有回应，这使得忽必烈很不高兴。

于是，1279年底，忽必烈派广东招讨使杨庭璧出使俱兰国。1280年杨庭璧到达俱兰，国王表示来年再遣使通交，杨庭璧带着俱兰国书回元。

1281年11月，忽必烈第三次派杨庭璧一人率使团携国书远洋前往俱兰国。

至1286年，在杨庭璧与亦黑迷失的多次远洋出使影响下，南洋与东非的10个国家先后与元朝建立了外交关系。

在元朝的海上丝绸之路上，浙江澉浦的杨氏家族在元朝赫赫有名。最初，杨发掌管元朝的庆元、上海、澉浦3处市舶司，后在家乡修筑船场造大船，并进行航海贸易，成为一代海商巨富。

杨发去世后，其子杨梓继承了父亲的船队，主要从事对日本和高丽等国的海上贸易。忽必烈虽然对日

招讨使 我国古代官名。置于唐贞元年间。后遇战时临时设置，常以大臣、将帅或节度使等地方军政长官兼任，掌镇压人民起义及招降讨叛，军中急事不及奏报，可便宜行事。辽北面边防官与金沿边诸路也常设招讨司，长官为招讨使。元代常于边陲地区置招讨司，长官为招讨使。

417

文明桥梁

海上丝绸之路

■ 丝绸之路古船

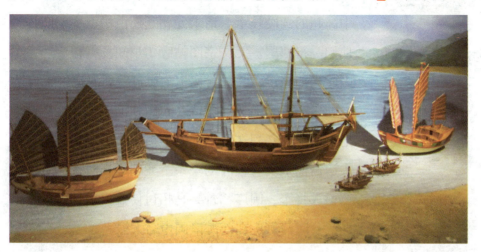

■元代货船模型

穿越古今的古桥古道

千户 官名，金朝始置，为世袭军职。成吉思汗建国后封功臣，也用此名，又称千夫长。元朝于各路设千户所，置千户为长官，隶属于万户，下领百户。以统兵数量分为上、中、下三等。700人以上为上千户所，500人以上为中千户所，300人以上为下千户所。

本两次用兵，但从没有禁止过与日本的民间贸易。

1301年，杨梓之子杨枢承包了泉州致用院的官本船，出海经商贸易，并率远洋船行至西洋，适遇波斯王派遣使臣那怀数人欲去元国"来贡珍物"，于是载着那怀等一同回国来朝。1303年，杨枢与那怀平安到达中国，那怀等人去京城觐见了天子。

1304年，那怀因为念及杨枢海船之稳定与远洋途中高超的驾驶技术，请求元朝廷还由杨枢率船队护送他们一行回国。元文宗图帖睦尔早知杨枢精于船事，因此当即同意，并加封杨枢为忠显校尉海运副千户。

泉州在元朝长期保持着我国和世界第一大商港的地位，与忽必烈在灭宋前后积极招降、重用阿拉伯商人后裔蒲寿庚有很大的关系。元朝廷当时授蒲寿庚为昭勇大将军、闽广都督兵马招讨使兼提举福建广东市舶，一时蒲寿庚在南海诸国声名大振。

1279年6月，元朝政府派蒲寿庚部下尤永贤招谕南毗国，"占城、马八儿诸国遣使"来华，其他国家和地区的使者和商人也相继而至。通过招谕活动，泉州港的海外交通贸易蒸蒸日上，在元代出现了鼎盛的局面，跃居为世界大港，以"刺桐港"之称名扬四海。

蒲寿庚的另一贡献是促成了元世祖忽必烈对妈祖的加封。1278年8月，元世祖"制封泉州神女号护国明著灵惠协正善庆显济天妃"。这与元朝急于恢复海外贸易和击灭南宋残部有关，这是应蒲寿庚奏封而决定的。

元代与我国交往的海外国家和地区，见于文献的就有220个左右。元朝还对我国以南海域做了"西洋"和"东洋"的划分。这是海外地理知识的进步。

元朝还在宋的市帕司制度上制定了"元丰市帕条"，加强了朝廷对外贸的科学管理，对以后影响很大。

元朝还制定了《至元法则》和《延佑法则》，相对于"元丰市舶条"来说，前者是全国一律的系统规定，侧重于商船管理、商品管理和征税、中外商人使者管理与限制等方方面面，堪称我国历史上第一部系统性较强的外贸管理法则。

阅读链接

在13世纪时期，元朝不仅是陆地的亚洲第一强国，而且是海上亚非第一强国。

虽然元朝对日和爪哇海战惨败，但海航和海上贸易以及海道运粮都很成功，虽也曾搞过海禁，但并不多，可与明朝并称海上丝绸之路的最光辉鼎盛时期。

这一切与忽必烈作为雄才大略的元世祖重视国家海域治理和海外贸易，重用蒲寿庚，亦黑迷失那样熟悉海外交通、国情和贸易的人才，采取积极鼓励对外开放，进行海上贸易和外交的国策，有非常重要的关系。

明代海上丝路达到极盛

朱元璋建立明朝后，海上丝路也达至极盛，其中特别值得一提的是郑和七下西洋的壮举。

1405—1443年，郑和奉命统率一支庞大的船队七下西洋，前后达28年之久，遍访亚洲30多个国家，每次有大小船只200余艘，船员2.7万人。

明代的《郑和航海图》是我国最早的航海图。

从元朝时，我国的远洋贸易就非常发达，拥有当时世界上贸易量最大的几个港口和世界上最强大的海军和大

■ 郑和（1371—1433），原名马三保，明朝伟大的航海家。1381年冬，明军进攻云南，10岁被掳入明营，受宫成为太监，后进入朱棣的燕王府。在靖难之变中，为朱棣立下战功。1404年，明成祖朱棣认为马姓不能登三宝殿，因此在南京御书"郑"字赐马三保郑姓，改名为和。

■ 明代帆船模型

量的民船和商船，为明朝的航海奠定了基础。

郑和七下西洋，既有永乐帝朱棣宣扬大国国威，出于政治目的的需要，也有我国元朝远洋贸易的传统。

1405年六月，郑和第一次下西洋，顺风南下，到达爪哇岛上的麻喏八歇国。爪哇古名阇婆，今印度尼西亚爪哇岛，为南洋要冲，人口稠密，物产丰富，商业发达。

当时，这个国家的东王、西王正在打内战。东王战败，其属地被西王的军队占领。

郑和船队的人员上岸到集市上做生意，被占领军误认为是来援助东王的，被西王麻喏八歇王误杀170人。郑和部下的军官纷纷请战，说将士的血不能白流，急于向麻喏八歇国进行宣战，给以报复。

"爪哇事件"发生后，西王十分惧怕，派使者谢罪，要赔偿6万两黄金以赎罪。

郑和第一次下西洋就出师不利，而且又无辜损失了将士，按常情必然会引发一场大规模战斗。

朱棣（1360—1424），明朝第三位皇帝，明太祖朱元璋第四子。1402年登基，改元永乐。他五次亲征蒙古，巩固了北部边防，维护了中国版图的统一与完整。多次派郑和下西洋，加强了中外友好往来。编修《永乐大典》，疏浚大运河。在位期间经济繁荣、国力强盛，史称"永乐盛世"。

然而，郑和身负永乐皇帝的秘密使命，怕一旦大开杀戒，沿路西洋各国恐惧明朝前来侵略，之后又得知这是一场误杀，鉴于西王诚惶诚恐，请罪受罚，于是禀明皇朝，化干戈为玉帛，和平处理这一事件。

　　明王朝决定放弃对麻喏八歇国的赔偿要求，西王知道这件事后，十分感动，两国从此和睦相处。

　　郑和在处理"爪哇事件"中，不但没动用武力，而且不要赔偿，充分体现了郑和是传播和平的使者，他传播的是"以和为贵"的我国传统礼仪，以及"四海一家""天下为公"的中华文明。

　　1407年10月13日，郑和回国后，立即进行第二次远航准备，主要是送外国使节回国。这次出访人数据史载有2.7万多人。所到国家有占城、渤尼、暹罗、真腊、爪哇、满刺加、锡兰、柯枝、古里等。

　　到锡兰时，郑和船队向有关佛寺布施了金、银、丝绢、香油等。

　　1409年2月15日，郑和、王景弘立《布施锡兰山佛寺碑》，记述了所施之物。船队于当年夏季回国。

　　1409年10月，永乐皇上再次命正使太监郑和、副使王景弘、侯显

郑和粮船

郑和宝船

率领官兵2.7万余人，驾驶海船48艘，从太仓刘家港起航，出访海上诸国。费信、马欢等人会同前往。

满剌加当时是暹罗属国，正使郑和奉帝命招敕，赐双台银印，冠带袍服，建碑封域为满剌加国，暹罗因此不敢再骚扰。满剌加九州山盛产沉香和黄熟香，郑和等差官兵入山采香，得直径八九尺，长八九丈的标本6棵。

在这次下西洋过程中，郑和的船队在锡兰与国外发生了战役，结果大胜敌军。

1411年，满剌加国王拜里米苏剌，率领妻子陪臣540多人来朝，朝廷赐海船回国守卫疆土。从此"海外诸番，益服天子威德"。

礼部、兵部议奏，对锡兰战役有功将士754人，按奇功、奇功次等、头功、头功次等，各有升职，并赏赐钞银、彩币锦布等。

此后郑和又多次奉命出海。

1422年9月3日，郑和船队第六次下西洋回国，随船来访的有暹罗、苏门答腊和阿丹等国使节。

1424年，明成祖去世，仁宗朱高炽即位，以经济空虚为由，下令停止下西洋的行动。但至1430年，宣德帝又以外番多不来朝贡，命郑和往西洋忽鲁谟斯等国公干，随行有太监王景弘、李兴、朱良、杨真，右少保洪保等人。

第七次下西洋人数，根据明代祝允明《前闻记下西洋》记载，有官校、旗军、火长、舵工、班碇手、通事、办事、书弄手、医士、铁锚搭材等匠、水手、民梢等共2.7万多人。返航途中，郑和因劳累过度于1433年4月初在印度西海岸古里去世，船队由太监王景弘率领返航。

郑和的7次下西洋，加强了我国明政府与海外各国的联系，向海外诸国传播了先进的中华文明，加强了东西方文明间的交流；这也是我国古代历史上最后一件世界性的盛举。

在客观上，郑和下西洋改变了自明太祖朱元璋以来的禁海政策，开拓了海外贸易，使海上丝绸之路达至极盛时期。

郑和之后的明清两代，由于实施海禁政策，我国的航海业开始衰败，这条曾为东西方交往做出巨大贡献的海上丝绸之路也逐渐消亡了。

朱元璋之后的明成祖、明宣宗、明英宗等历朝政府，也都颁有禁海令，并以立法形式将禁海令列入《大明律》，强令军民等人遵守不逾。

但是，明政府实行朝贡贸易的过程中，不可避免地出现问题，即由于明朝以"怀柔远人"和"厚往薄来"的原则进行朝贡贸易，结果造成了以高于"贡品"若干倍价值的货品"赏赉"朝贡国。

这么一来，必然增加明政府的财政负担，而且随着朝贡次数的增加而负担越来越重。于是，明政府不得不对朝贡贸易的贡期、贡道、贡船、贡品和人数等进行调整和限制，其中一个重要环节就是对广东实行优惠的特殊政策。

首先，准许非朝贡国家商船入广东贸易。

1509年，暹罗船舶遭到风暴而漂流入广东海域内，镇巡官按规定"以十分抽三，该部将贵细解京，粗重变卖，留备军饷"，准其贸易。

礼部　我国古代官署。南北朝北周始设，隋唐为六部之一。历代相沿。长官为礼部尚书。管理全国学校事务及科举考试及藩属和外国之往来事。礼部下设4个司，分别为仪制清吏司、祠祭清吏司、主客清吏司和精膳清吏司。

■ 郑和下西洋时的船队

布政使 我国古代官名。明初于各地置行中书省。1376年撤销行中书省，以后陆续分为13个承宣布政使司，全国府、州、县分属之，每司设左、右布政使各一人，与按察使同为一省的行政长官。后为加强统治，设置总督、巡抚等官，布政使权位乃轻。

第二年，明朝礼部肯定镇巡官的这种做法，认为"泛海客商及风泊番船"不属于朝贡船，因此不是市舶司的职权范围，理应由镇巡及三司官兼管。

既然准许非朝贡国家的船舶进入广东贸易，那就从根本上违背了明政府原来制定的"有贡舶即有互市，非入贡即不许互市"的朝贡贸易原则，说明朝贡贸易首先在广东衰落，从而助长了广东私人出海或在本地与番商贸易的发展。

后来遭到布政司参议陈伯献和巡抚广东御史高公昭等官员的反对，但因为广东右布政使吴廷举巧辩兴利，以"缺少上供香料及军门取给"为理由，奏请广东仍然保持"不拘年份，至即抽货"的做法，使广东的对外贸易呈现出"番舶不绝于海澨，蛮夷杂沓于州城"的一派繁荣景象。

特别是至1553年前后，明政府也允准非朝贡国家

■ 郑和下西洋运输货物的宝船

葡萄牙人在浪白澳、澳门以至"中国第一大港"广州进行贸易。这就说明，广东的朝贡贸易已名存实亡，私人与朝贡、非朝贡国家均可以在广东进行贸易。

由此可见，明政府一方面禁止浙江、福建等沿海省地私人出海贸易；另一方面又用行政的和法律的手段将朝贡贸易强令于广东进行。

于是，广东省会的广州港重新成为我国海上丝绸之路的第一大港，而且是全国唯一合法的对外贸易海港，海外多数朝贡国家来中国进行贸易多取广东水道。

因此，明代成为日本大量进口我国丝绸的时期。这一时期，日本从我国输入的生丝、绢、缎、金锦等不计其数。

从明朝发布第一个禁海令，至废止海禁时止，其间接近200年之久，这个时代，正值葡萄牙、西班牙开始大航海的时候。

1557年葡萄牙人已经来到大明国门口，建立了澳门殖民地。

澳门自古以来是我国的领土。

1553年，在广东海道副使汪柏同意葡萄牙商人缴纳10%以上关税

我国古代丝绸

的条件下，得以在澳门进行临时贸易；1573年，明政府允准葡萄牙商人以每年交纳地租银500两租居澳门进行贸易。

至1582年，两广总督陈瑞，对租居澳门的葡萄牙人答应"服从中国官吏的管辖"的前提下，允准葡萄牙人租居澳门。这是明朝广东地方政府最高官吏第一次对葡萄牙人租居澳门贸易的承认。于是澳门就成为广东省管辖下的一个特殊的葡萄牙侨民社区。

从此之后，葡萄牙人簇拥而来澳门经商和居住，不断"私创茅屋营房""增缮周垣，加以统治，隐然敌国"。他们还视两广总督戴耀任职期间对澳门管理不力为可欺，"骄悍不法"，私自允许日本的朱印船入澳门贸易。把商船停泊在大调环、马骝洲等地外洋而偷漏船钞、货税，甚至派小艇以保护"经济之舶"，不受明朝政府守澳官的盘诘等。

葡萄牙人在澳门的这种超乎寻常贸易的举动，自然引起我国人民的不满和朝野仕宦的忧虑，纷纷向明朝皇帝上书禀奏，一致认为广东地方官吏让葡萄牙人进入和租居澳门，实为国家安全的一大威胁和隐患。并向皇帝提出如何处理租居澳门葡萄牙人的种种主张，请求皇帝"早为万全之虑"予以裁夺和实施，以保国家之安全和领土主权之完整。

1614年，朝廷采纳了霍与瑕和张鸣冈的奏议，"部议从之"，正式确定早在1582年陈瑞已经准许葡萄牙人租居澳门贸易、建城设官管理的方针。

从此，澳门成为我国历史上一个由我国政府行使主权直接管理、葡萄牙人租居和经营贸易的"特殊地区"。

明朝政府采取这一政策，既有效地管治澳门，又使澳门成为广东海上丝绸之路的港口和东西方国家进行国际贸易的中继港，对于明代广东海上丝绸之路的高度发展起了积极的作用。

阅读链接

由于朱棣皇帝对郑和的人品、才能、知识有充分的了解，才委以下西洋的重任。郑和少年时就在朱棣身边长大，跟着朱棣南征北战，是"靖难之役"的有功之臣，并被朱棣皇帝视为心腹。

但是，更为重要的是郑和本人所具备的素质和条件适合担任下西洋总兵正使一职，率领船队下西洋。

首先，郑和懂兵法，有谋略，英勇善战，具有军事指挥才能。郑和下西洋中的几次军事行动也证明了郑和的军事指挥才能，确保了这几次军事行动的成功。

郑和知识丰富，熟悉西洋各国的历史、地理、文化、宗教，具有卓越的外交才能。在郑和下西洋前，郑和曾出使暹罗、日本，有进行外交活动的经验。

郑和具有一定的航海、造船知识。郑和从小就从其父亲那里得到有关的航海知识，熟悉海洋，向往航海。在郑和担任内官监太监时，营造宫殿，监造船舶，有造船经验。

郑和身份特殊，熟悉回教地区习俗。郑和下西洋途经的国家、地方，无论信仰风俗是什么，郑和凭菩萨戒之善巧方便，出色地完成了远航任务。

正是由于郑和自身条件和所具备的才能、素质，才为朱棣皇帝所赏识，并委以重任，成为下西洋船队的统帅。

清代海上丝路逐渐没落

　　清廷入关之后，为了禁止和截断东南沿海的抗清势力与据守台湾的东宁国部的联系，以巩固新朝的统治，曾经五次颁布禁海令，并于1660年、1662年、1678年3次颁布"迁海令"，禁止人民出海贸易。

清代绸缎庄

但是，已经建立千年的海上丝绸之路并未断绝。清初，广州通向欧洲的丝绸之路，仍沿明代的航线。

1683年清军攻占台湾后，康熙曾大量学习西方科学，他接受东南沿海的官员请求，停止了清前期的海禁政策。但是康熙的开海禁是有限制的，其中最大的限制就是不许与西方贸易。

而且此时日本的德川幕府为了防止中国产品对日本的冲击，对与清朝的贸易也采取严格的限制。因此，此时的海外贸易与明末相比，已经大为衰弱。

1685年，清政府下令"开海贸易"，并在广东、福建、浙江、云南四处设置口岸，置海关和建立关税制度。从此结束了禁海闭关政策，一些欧洲国家循着明末已经开辟的欧亚航线先后来到广州。

1689年，英国商船"防御号"首先进入广州，此后，英国东印度公司的船队分为两队，分年轮流驶来，有些船只经由孟买、马德拉斯和加尔各答到我国，而其他船则是直达船。他们的船是1800—2000吨的豪华大船。

织锦 用染好颜色的彩色经纬线，经提花、织造工艺织出图案的织物。我国丝织提花技术起源久远。早在殷商时代已有丝织物。周代丝织物中出现织锦，技艺臻于成熟。汉代设有织室、锦署，专门织造织锦，供宫廷享用。北宋宫廷在汴京等地建立规模庞大的织造工场，生产各种绫锦。

1698年，法国"安菲德里蒂"号来到广州，正式开始中法两国的贸易；1715年，奥地利3艘商船驶抵广州；据统计，1714—1720年，英、法等国到广州贸易的船有68艘；1739年，瑞典"哥德堡号"首次驶入广州。

随着英国、法国、瑞典、丹麦、奥地利、西班牙、荷兰等西方国家的商船先后进入广州，而且就在广州对外贸易不断发展的同时，美国商船"中国皇后"号于1784年2月22日自纽约起航，载着40多吨的洋参，于8月28日到达广州，标志着美国直达广州航线的开通。

这艘360吨的船是一群纽约商人购置和装备的，船长是约翰·格林。该船抵达广州黄埔港时，受到广州海关官员的欢迎。船货管理员山茂召说："中国人很喜欢她(船)……称我们为新民族。当我们用地图示以我国的疆界及现在和日益增加的人口时，他们看到

■ 清代的船模

他们的物产将有这样一个广大市场，很为高兴。"

"中国皇后号"返回美国时，带回了瓷器、丝绸、织锦、茶叶、漆器、家具等多种中国货。

山茂召在1786年又一次驶往广州。他在写给他的弟兄的信中说："我这次出行的条件，颇有大展宏图的希望。"

"中国皇后"号的航行路线，是按照欧洲国家商船航行的传统航线，即从纽约起航之后，向东航行，横越大西洋，到达非洲大陆的最西边塞内加尔的佛得角。又横渡印度洋，穿越印度尼西亚的苏门答腊和爪哇岛之间的海峡，然后驶向我国的澳门。抵达澳门后，由我国引水员领入内河，抵达黄埔。

值得注意的是，稍后纽约的"白特塞"号的出航是绕道合恩角驶往南洋，再从那里驶赴广州，然后取道好望角折回纽约，全程共计23个月。

"中国皇后"号两次胜利远航广州和运回名贵的丝绸、瓷器、茶叶等物品的消息，很快便传遍了美国波士顿、费城、塞勒姆、普鲁维登斯、巴尔的摩等东部沿海城市。

海上丝绸之路运输的丝绸

于是，这些城市的富商们也纷纷派遣商船到广州贸易。1786年，费城的"广州"号商船和塞勒姆的"伟大的土耳其"号商船相继驶往广州。

继1790年3月"马萨诸塞"号从波士顿驶向广州之后，接着又有"华盛顿夫人"号"香客"号从波士顿驶入广州。随着中美贸易的不断扩大，1805年有37艘美国船装载价值近575万美元的货物至广州进行贸易。到18世纪末，美国的对华贸易仅次于英国，居第二位。

自从清政府下令开海贸易并设立粤海关等4所海关之后，又实行"以官制商，以商制夷"的管理海外贸易的制度，于1686年在广州设立"十三行"经营对外贸易。

"十三行"也称洋行、洋货行、外洋行，"十三行"的名字源于明代。清初设立"十三行"并非固定13名行商，而是时多时少，数量一直在变化。

广东海关设立的时候，由于外国商船抵港的并不多，当时的"十三行"只有几家行商，凡是从内地运来的茶、丝等货物，都在这里交易、过秤、打包，并加上标记。经与外商洽谈订货之后，从这里运往黄埔，十分便利。

当时的"十三行"是广州官府特许经营海外贸易的唯一机构，它的职能包括如下几个方面：

第一，经营"外洋贩来货物及出海贸易货物"，即独揽广州的对外贸易，代购代销进出口货物；第二，行商向粤海关代纳所有进出口货物的关税；第三，按照官府的指令，转达政府对外商的有关规定和与外商之间的各项交涉；第四，负责监督外商，为外商做担保人。

上述四个方面是互相关联的不可分割的统一整体。清政府设立海关和在广州成立"十三行"作为专营对外贸易的机构，这些都是历史的进步，但赋予民间商业机构的某些外交事务，则给行商造成了不应有的压力和困难，甚至受到不应有的惩罚。这无疑是不合时宜的。

在对外贸易过程中，清政府为了严格控制外国商人特别是英国商人企图"移市入浙"，打进中国丝茶产区和害怕"外夷桀骜"，无法驾驭，便于1757年封闭福建、浙江、江苏三大海关，只保留广东海关一口对外通商，全国的进出口贸易统由广州出入。

从这时开始至1842年的80多年间，"十三行"总揽全国的对外贸易，成为我国唯一的独特的商贸团体。

后来，"十三行"行商组建公行团体，这在当时的历史条件下不仅是我国对外贸易方面的一个创举，而且很有必要。它可以使广州的对外贸易减少许多不必要的麻烦、纠纷和业务上的损失，可以促进行商之间的互济，可以加强与外商的沟通。

事实上，外商对公行这一团体机构也很满意。

伴随着广州与西方各国的贸易往来，西方的艺术家、科学家、学者、旅行家、传教士、医生也接踵而来。这些人

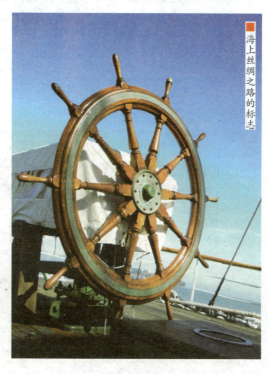

海上丝绸之路的标志

或者出于商业的需要，或者慕名前来学习我国的文化艺术和了解人情风俗，或者出于传教，或者披着宗教的外衣搜集情报。

那些到过我国的西方人，推动着更多的西方国家的人士学习我国的语言文字和生活习俗，收集我国国画、文学作品以及我国重要产品的制造技术和方法，并在一些西方国家掀起学习、仿制中国瓷器、纺织品和精湛工艺品的浪潮，出现了一股"中国热"。

意大利、荷兰、法国、德国、英国等西方国家都先后仿制中国瓷，英国于18世纪60年代，在弓城设立的新广州瓷厂，设备和图式都来自广州。

尽管如此，清朝的海上丝绸之路并没有取得很大效益，由于清政府看不清当时形势，所做的贸易都是亏本生意。

清朝的闭关锁国政策，完全阻碍了清朝与西方世界的接触，使清朝丧失了与世界同步发展的最佳时期，为后来清朝百年积弱落后埋下伏笔，而清朝朝廷则有着不可推卸的责任。当时西洋的科技发展蓬勃，渐渐地超越了以土耳其为首的伊斯兰世界和以清朝为首的东方世界。

西部茶马古道

汉藏通途

"茶马古道"是指存在于我国西部地区，以马帮为主要交通工具的民间国际商贸通道，是我国西南民族经济文化交流的走廊。

"茶马古道"兴于唐宋，盛于明清。分川藏、滇藏两路，连接川、滇、藏，延伸入不丹、尼泊尔、印度境内的为滇越茶马古道，直至西亚、西非红海海岸。

"茶马古道"是一个非常特殊的地域称谓，是一条世界上自然风光最壮观，文化遗产最丰富，开发潜力最大的地域。

隋唐首先开辟茶马古道

　　在我国西南横断山脉的高山峡谷，在滇、川、藏"大三角"地带的丛林草莽之中，绵延盘旋着一条神秘的古道，这就是世界上地势最高的文明文化传播古道之一的"茶马古道"。

　　其中，云南省丽江古城的拉市海附近有保存较完好的茶马古道遗址。

丽江茶马古道碑刻

■ 茶马古道运输商队雕塑

与丝绸之路齐名的茶马古道，在中华民族的文明史上占有重要地位，它在促进内地与藏区经济文化交流，加快藏区乃至内地文明进程，以及维护民族团结和国家统一等方面，都功不可没。

茶马古道是指存在于我国西南地区，以马帮为主要交通工具的民间国际商贸通道，是我国西南民族经济文化交流的走廊。

茶马古道源于古代西南边疆的茶马互市，兴于唐宋，盛于明清，连接川、滇、藏，延伸入不丹、锡金、尼泊尔、印度境内，直至西亚、西非红海海岸。

滇藏茶马古道大约形成于6世纪后期，它南起云南茶叶主产区思茅、普洱，中间经过大理白族自治州和丽江地区、香格里拉进入西藏，直达拉萨。

有时，茶马古道还要从西藏转口印度、尼泊尔，是古代我国与南亚地区一条重要的贸易通道。

茶马古道起源于唐宋时期的"茶马互市"。因西

普洱是"茶马古道"上的重要的驿站。闻名中外的普洱茶，数百年来以"普洱"两字出名。然而，"普洱"地方，在唐宋元明时期，名为"步日睑""步日部"，到清代时才叫"普洱府"，而茶名却在清代前已称"普茶"。是因种茶民族"濮人"在其居住而得名。

藏属于高寒地区，海拔都在三四千米以上，糌粑、奶类、酥油、牛羊肉是藏民的主食。

在高寒地区，需要摄入含热量高的脂肪，但没有蔬菜，糌粑又燥热，过多的脂肪在人体内不易分解，而茶叶既能够分解脂肪，又防止燥热，故藏民在长期的生活中，创造了喝酥油茶的高原生活习惯，不过藏区并不产茶。

而在内地，民间役使和军队征战都需要大量的骡马，但供不应求，恰恰藏区和川、滇边地盛产良马。于是，具有互补性的茶和马的交易即"茶马互市"便应运而生。

这样，藏区和川、滇边地出产的骡马、毛皮、药材等和川滇及内地出产的茶叶、布匹、盐和日用器皿等，在横断山区的高山深谷间南来北往，流动不息，并随着社会经济的发展日趋繁荣，形成了一条延续千年的"茶马古道"。

从这个意义上说，"茶马古道"字面来讲是一个有着特定含义的历史概念，它在唐宋形成的初期，多指汉、藏之间以进行茶马交换而形成的一条交通要道。

但是，既然茶马古道是在漫长的历史年代形成的，当然也随着历史的演进而发生着变化。

据史料记载，我国茶叶最早向海外传播，可追溯至南北朝时期。当时我国商人在与蒙古毗邻的边境，通过以茶易物的方式，向土耳其输出茶叶。

隋唐时期，随着边贸市场的发展壮大，加之丝绸之路的开通，我国茶叶就以茶马交易的最初方式，经回纥及西域等地向西亚、北亚和阿拉伯等国输送，中途辗转西伯利亚，最终抵达俄国及欧洲各国。

从唐代开始，历代统治者都积极采取控制茶马交易的手段。756—758年，在蒙古的回纥地区驱马茶市，开创了茶马交易的先河。

茶马古道主要有3条线路即青藏线、滇藏线和川

回纥 即回鹘，其全盛时期为8—9世纪，以外蒙古之鄂尔坤河畔为据点，而进入中亚。该族最初为铁勒之一部，在突厥统治之下，至隋代时独立，后隶属于唐。和唐王朝保持着相当密切的政治、经济和文化往来，促进了唐代的中外文化交流。

■ 茶马古道文化城

都督 我国古代军事首长的官名。最初是作为监督军队之官，后汉光武帝建武初年，因为征伐四方，乃于出征时暂时设置督军御史以监督诸军，事成回师后则罢官。汉末三国时形成军事职称，在魏晋之后发展成为地方军事长官，明代以后成为中央军事长官。

藏线，在这3条茶马古道中，青藏线兴起于唐朝时期，发展较早；而川藏线在后来的影响最大，最为知名。这几条道路都与昌都有着密切的关系，其中，滇藏线和川藏线必须经过昌都，他们的发展都是与茶马贸易密切相关的。

滇藏线茶马古道出现在唐朝时期，它与吐蕃王朝向外扩张和对南诏的贸易活动密切相关。

678年，吐蕃势力进入云南西洱海北部地区。680年建立神川都督府，吐蕃在南诏设置官员，向白蛮、黑蛮征收赋税，摊派差役。双方的贸易也获得长足的发展，茶马贸易就是重要内容之一。

南诏与吐蕃的交通路线大致与今滇藏公路相近，即从现在云南大理出发，北上至剑川，再北上至丽江，过铁桥城继续沿江北上，经锛子栏至聿赍城，前行到盐井，再沿澜沧江北上至马儿敢，即西藏芒康、

■ 滇藏茶马古道路线图石刻

■ 茶马古道文物

左贡，分两道前往西藏：一道经由八宿邦达、察雅到昌都；一道径直由八宿至波密，过林芝前往拉萨。

历史上茶马古道滇藏线有三条道路：一条由内江鹤丽镇汛地塔城，经过崩子栏、阿得酋、天柱寨、毛法公等地至西藏；一条由剑川协汛地维西出发，经过阿得酋、再与上一条道路相交至西藏；一条由中甸出发，经过尼色落、贤岛、崩子栏、奴连夺、阿布拉喀等地至西藏。其主要通道即与后来的滇藏线接近。

茶马古道在云南境内起点就是唐朝南诏政权的首府所有地大理。其中，大理、丽江、中甸、阿墩子即德钦等地，都是茶马贸易十分重要的枢纽和市场。

滇藏线茶马贸易有自己的特点：由云南内地的汉商把茶叶和其他物品转运到该地转销给当地的坐商或者西藏的贩运商人。又从当地坐商那里购买马匹或者其他牲畜、药材运至丽江、大理和昆明销售。

茶马贸易 也称茶马互市，起源于唐代，是我国西部历史上汉藏民族间一种传统的以茶易马或以马换茶为中心内容的贸易往来。实际上是朝廷在西部游牧民族中尚不具备征税条件的地区实行的一种财政措施。

西藏、川藏的藏商，大多换取以茶叶为主的日用品返回西藏。运输工具主要是骡马和牦牛等。

具体说来，滇藏道起自云南西部西双版纳洱海一带产茶区普洱，经大理、丽江、中甸，即香格里拉县、德钦、芒康、察雅至昌都，再由昌都通往西藏地区邦达、林芝至拉萨。

在唐代，青藏道是西藏地区与中原地区往来的主要交通要道。唐代吐蕃王朝对外扩张，除南线争夺南诏外，几乎都是经青海地区，北线争夺河西、陇右、西线争夺安西四镇。

因此，吐蕃东线争夺剑南、唐蕃之间的和亲、问聘等使臣往来，都是由天水、大非川、暖泉、河源、通天河到拉萨。当年文成公主和金城公主也是经青海入藏的。

随着吐蕃王朝的瓦解，宋代藏族地区处于分裂状

■ 茶马古道雕塑

态，青藏道已失去了原有的军事要道和官道的作用。

但自唐代茶叶传入藏区以后，茶叶具有助消化、解油腻的特殊功能，使食肉饮乳的畜牧人民皆饮茶成风。西北各族纷纷在沿边卖马以购买茶叶，而宋朝为了获得战马，便决定在西北开展茶马贸易，出卖茶叶，购买战马。

■茶马古道文物

北宋熙宁以后便在四川设置茶马司，将四川产的茶叶运往甘肃、青海地区，设置卖茶场和买马场，并规定名山茶只许每年买马不得他用，每年买马达1.5万匹以上。

这样一来，就使青藏道由唐代的军事政治要道成为茶道。这是茶马古道的主要干线，也是长期以来人们对茶马古道的一种约定俗成的理解与认识。

阅读链接

文成公主乃唐朝以远支宗室之女和亲，金城公主实为和亲公主之真实宗室女身份，为雍王李守礼的女儿。

公主入藏，唐王朝明言，其为雍王李守礼之女。李守礼其父为章怀太子李贤，即唐高宗李治第六子，唐中宗与唐睿宗之兄。唐中宗亲自送金城公主至始平县，再以左卫大将军杨矩持节送往吐蕃。

金城公主生王子墀松德赞后，引起没有生育之大妃子纳朗嫉恨，趁公主分娩时抢走婴儿，对外宣称孩子是她所生。历时一年有余，金城公主方与儿子团聚。

明清茶马古道继续发展

茶马交易治边制度从隋唐始，至清代止，历经岁月沧桑近千年。在茶马市场交易的漫长岁月里，我国商人在西北、西南边陲，用自己的双脚，踏出了一条崎岖绵延的茶马古道。

唐宋时期，内地输往藏区的茶叶主要是青藏道。但自宋朝以来，

茶马古道牌楼

甘孜州就是从四川至康区、西藏的川藏茶马古道的交通枢纽和要冲地带。

宋元时期，官府就在黎雅、碉门等地与吐蕃等族开展茶马贸易，但数量较少，所卖茶叶只能供应当地少数民族食用。

元代时，官府废止了宋代实行的茶马治边政策。

至明代，又恢复了茶马政策，而且更加重视，把这项政策作为统治西北地区各族人民的重要手段。

运送茶叶使用的袋子

于是从明代开始，川藏茶道正式形成，川藏茶道的兴起，促使川藏沿线商业城镇的兴起和西藏与内地的联系加强。

明代初期，从川西到康藏的川康茶马古道主要有两条：一条从邛崃至名山、雅安、荥经、汉源、泸定、康定，然后出关经道孚、炉霍、甘孜、德格，渡金沙江进入西藏。

从邛崃至康定段俗称"大路"，由此道进入康定的茶称"大路茶"。明代时期，黎、雅、碉门成为川西茶马互市的最大市场，史书中有对"秦巴之茶"的记载：

自碉门、黎、雅，抵朵甘、乌斯藏，五千余里皆用之。

明洪武年间，又开通了一条从碉门经泸定岚安、烹坝的茶马贸易通道，于岩州设市，置岩州卫，保护市易。川西茶马互市的市场从黎

州西移至岩州，即泸定县岚安乡。该道在历史上俗称为"小路"，沿此道运往打箭炉的茶称"小路茶"。打箭炉即康定。

由此，川藏道进入康定起，就分成南、北两条支线：北线是从康定向北抵达昌都，再由昌都通往西藏地区；南线则是从康定向南，经雅江、理塘、巴塘、芒康、左贡至昌都，再由昌都通向西藏地区。

由于明朝运往西北输入藏区的茶叶仅占全川产量的十分之一，支付在甘青藏区"差发马"所需茶叶，其余大部分川茶，则由黎雅输入藏区。而西藏等地藏区僧俗首领向明朝朝贡的主要目的又是获取茶叶。因此，他们就纷纷从川藏道入贡。

1398年5月，在四川设茶仓四所，"命四川布政使移文天全六番招讨司，将岁输茶课乃输碉门茶课司，余就地悉送新仓收贮，听商交易及与西蕃市马"。

1458年，明朝规定今后乌思藏地方该赏食茶，于碉门茶马司支给，这样就会促使乌思藏的贡使只得由川藏道入贡，不再由青藏的洮州路入贡。

1470年，明朝更明确规定乌思藏赞善、阐教、阐化、辅教四王和附近乌思藏地方的藏区贡使均由四川道入贡。

同时，明朝在雅州、碉门设置茶马司，每年数百万千克茶叶输往康区转至乌思藏，从而使茶道从康区延伸至西藏。

而乌思藏贡使的往来，又促进了茶道的畅通。于是由茶叶贸易开拓的川藏茶道同时成为官道，而取代了青藏道的地位。

明太祖洪武年间，一匹上等马最多换茶叶60千克。明万历年间，则规定一匹上等马换茶30篦，中等20篦，下等15篦。

明代文学家汤显祖在《茶马》诗中这样写道："黑茶一何美，羌马一何殊。羌马与黄茶，胡马求金珠。"足见当时茶马交易市场的兴旺与繁荣。

汉藏通途

西部茶马古道

■ 茶马古道上的马塑像

打箭炉 即康定。相传，三国时期蜀汉军师诸葛亮率大军南征孟获途经雅安，曾遣一名叫郭达的将军，到今天的康定城一带为军队造箭，郭达将军一人每天能造箭数千支，当地百姓感到惊奇，将其视为神灵供奉，并将郭达造箭之地叫作"打箭炉"。

明代末期，岩州市废，打箭炉市兴。进入清朝后，打箭炉成为藏区盛极一时的汉藏贸易中心，同时也成为汉藏文化交流的中心，历代中央王朝治藏的重镇。

清朝进一步加强了对康区和西藏的经营，设置台站，放宽茶叶输藏，打箭炉成为南路边茶总汇之地，更使川藏茶道进一步繁荣。

川藏道崎岖难行，开拓十分艰巨。由雅安至康定运输茶叶，少部分靠骡马驮运，大部分靠人力搬运，称为"背背子"。

那时，行程按轻重而定，轻者日行30多千米。途中暂息，背子不卸肩，用丁字形杵拐支撑背子歇气。杵头为铁制，每杵必放在硬石块上，天长日久，石上留下窝痕，数百年后仍清晰可见。

从康定到拉萨，除跋山涉水之外，还要经过许多人烟稀少的草原，茂密的森林，辽阔的平原。要攀登陡峭的岩壁，两马相逢，进退无路，只得双方协商作

■ 茶马古道骡马雕像

价，将瘦弱马匹丢入悬岩之下，而让对方马匹通过。

要涉过汹涌咆哮的河流，巍峨的雪峰。长途运输，风雨侵袭，骡马驮牛，以草为饲，驮队均需自备武装自卫，携带幕帐随行。

青藏高原，天寒地冷，空气稀薄，气候变幻莫测，民谚说：

正二三，雪封山；四五六，淋得哭；七八九，稍好走；十冬腊，学狗爬。

这更加形象地描述了行路艰难的景况。

川茶就是在这种艰苦的条件下运至藏区各地的，川藏茶道就是汉藏人民在这样艰苦条件下开拓的。川藏茶道的开拓，也促进了川藏道沿线市镇的兴起。

大渡河畔被称为"西炉门户的泸定"，明末清初不过是区区"西番村落"，为南路边茶入打箭炉的重要关卡。

1706年，建铁索桥。外地商人云集泸定经商。至1911年，设为县治，后来发展到商贾30余家，成为内地与康定货物转输之地。

康定在元代时尚是一片荒凉原野，关外各地及西藏等处商人运土产至此交换茶叶布匹，只得搭帐篷竖锅桩，作为住宿之处，明代才形成一个村落。随着藏汉贸易南移，逐渐发展成为边茶贸易中心。

1729年，置打箭炉厅，设兵戍守其地，番汉咸集，交相贸易，成

茶马古道文物马铃

■ 茶马古道路牌

锅庄 又称果卓、歌庄、卓等，藏语意为圆圈歌舞，藏族的三大民间舞蹈之一。在节日或农闲时跳。锅庄分为用于大型宗教祭祀活动的"大锅庄"、用于民间传统节日的"中锅庄"和用于亲朋聚会的"小锅庄"等几种，规模和功能各有不同。

为闹市。

从此"汉不入番，番不入汉"的壁垒被打破，大批藏商越静宁山进入康区，大批的陕商和川商涌入康区。内外汉番，都聚集在一起。

这个因茶叶集市而兴起的城市，藏汉贸易通过"锅庄"为媒介，雍正至乾隆时期，锅庄由13家发展至48家，商业相当繁荣，成为西陲一大都市。

此外还有里塘、巴塘、道孚、炉霍、昌都、松潘等地都是在清代茶道兴起而发展成为商业城镇的。

总之，川茶输藏是促进川藏交通开拓和川藏高原市镇兴起的重要因素。

川藏线既是一条经济线，也是一条政治线、国防线，它把我国内地同西藏地区更加紧密地连接在一起，使近代的外国帝国主义势力再也无力把西藏从我国分离出去。

清代，茶马治边政策有所松弛，私茶商人较多，在茶马交易中则费茶多而获马少。1735年，官营茶马交易制度终止。

鸦片战争以后，英帝国主义为了侵略西藏，就力图使印茶取代川茶在西藏行销。他们认为一旦印茶能取代川茶的地位，英国即可垄断西藏之政治与经济。

为此，英帝国主义甚至用武力入侵拉萨，强迫印茶输藏。从此，反对印茶销藏，保护川茶销藏，成了我国汉、藏人民反对英国侵略西藏的重要内容。

当时西藏人民为了国家利益，宁愿以高出印茶十来倍的价格购买川茶，而拒食印茶。西藏地方政府面临印茶销藏带来的政治经济危机，更是竭力主张禁止印茶入藏。

十三世达赖喇嘛还亲自出面向清朝呼吁，要求清朝政府配合行动，制止印度茶销藏。清朝四川总督刘秉璋更是主张力禁印茶进藏，免贻后患无穷。

清朝奉命与英国谈判《藏印通商章程》的张荫棠从汉藏经济、政府收税以及茶农茶商利益考虑，也力主反对英国在西藏倾销印茶，保

茶马古道小巷

川藏线上的小镇

护川茶销藏。

其后川督赵尔丰为了反对英帝侵略西藏，保卫边疆，则在雅安设立边茶公司，支持西藏人民抵制印茶。

边茶公司改良茶种，整顿川茶，并在西藏设立分公司，打破了边茶不出炉关的限制。并在里塘、巴塘，昌都设立售茶分号，减少中间环节，迅速将川茶运往西藏。

从这个意义上说，在茶马古道上，四川茶叶也成了汉、藏民族共同反对英帝国主义侵略西藏、倾销印茶的斗争武器。

阅读链接

20世纪初期，印茶乘机大量销入藏区，西藏地方上层在英帝国主义的煽动下进攻川边地区，四川与西藏发生军事冲突。

双方的亲密联系有所削弱，唯有川茶仍畅行于川藏之间。

在当时的特殊历史条件下，川茶更成为一种"国防商品"，沟通内地与西藏的重要经济联系，并借此增进了西藏地方政府与中央的政治关系和汉藏民族团结。

茶马古道富有文化内涵

　　自唐宋以来延续达1000多年并在汉、藏之间发挥过重要联系作用的茶马古道，作为中华民族形成过程的一个历史见证，是我们中华多民族大家庭的一份珍贵的历史文化遗产，也是一条异常古老的文明古道。

　　从茶马古道的路线看，昌都是茶马古道上的一个重要枢纽，它不

茶马古道遗址

穿越古今的古桥古道

■ 茶马古道上的昌都古镇

仅是滇藏道和川藏道两条道路的必经之地，而且也是这两条道路的一个交汇点。

事实上，茶马古道并非只在唐宋时代汉、藏茶马贸易兴起以后才被开通和利用的，早在唐宋以前，这条起自西藏，经林芝、昌都并以昌都为枢纽而分别通往川、滇地区的道路就已经存在和繁荣了。

它不仅是西藏与川滇地区之间古代先民们迁移流动的一条重要通道，同时也是川、滇、藏三地之间古代文明传播和交流的重要孔道。

从古文化遗迹看，远在四五千年以前，昌都就出现了像卡若遗址这样大型而且时间延续极长的古人类聚落遗址。这说明至少在新石器时代晚期，昌都一带以卡若文化为代表的古文化已相当繁荣。

昌都之所以能在如此早的时代就产生如此发达的古代文化，其原因正在于昌都是位于今川、滇、藏三地之间古代文明交流与传播的一个重要孔道上。

从卡若文化中，既可见到川西、滇西北地区原始文化的因素与特点，也可见到黄河上游地区马家窑等原始文化的某些影响，同时亦能发现其自身的特点，说明卡若文化具有浓厚的复合文化特点，它并不是一个孤立发展的原始文化，而是与周邻地区诸多原始文化之间存在广泛的联系和交流。

■ 仁布古镇遗址

卡若文化的这一特点，正好说明当时的昌都一带不仅是西藏与川、滇西部地区原始文化发生交流联系的一个通道，同时也是各种原始文化因素传播和荟萃的一个重要枢纽地区。

此外，在川西高原的甘孜、阿坝自治州境内和滇西北横断山区一带，发现了大量的石棺墓葬，俗称"石棺葬"。这种石棺葬在岷江上游地区、雅砻江流域和金沙江流域地区均有较为密集的分布。

川、滇西部地区的石棺葬虽存在某些地方性差异，但其主要特征和文化面貌在总体上趋于一致，其时代则是从商周一直延续到东汉。

值得注意的是，石棺葬不但在昌都地区的芒康、贡觉、昌都有发现，而且在林芝都普，山南隆子、错那、乃东乃至喀则地区的仁布、萨迦等地也均有发现。

石棺葬 古人以石制棺椁常饰以雕刻。是古代西南夷民族中普遍流行的一种葬俗，文献和考古发现对此已有相当多的揭示。石棺葬主要分布在藏彝羌走廊与西南地区，但其影响却比较广泛，在西北、华北、东北等地也有发现。其时间跨度很长，上起新石器时代，下至秦汉时期乃至更晚。

■ 茶马古道上的小镇

　　从石棺葬形制和墓葬器物上，明显可以发现西藏石棺葬同川、滇西部地区石棺葬之间存在密切的关联性，特别是昌都和林芝一带的石棺葬，基本上与川滇西部地区的石棺葬属同一个文化系统。

　　从分布上看，则更能说明问题。川滇西部是石棺葬最流行、最集中和发现数量最多的地区，而西藏所发现的石棺葬绝大多数集中分布在由川滇西部高原进入西藏主要通道的沿线范围。

　　从川滇西部高原越过金沙江、澜沧江、怒江等，经昌都—林芝—山南—日喀则，这是古往今来由川滇西部进入西藏的一个主要通道，也是最便捷、最易行走和最重要的路线。

　　一般说来，古人选择道路主要是沿河道而行。这条路线的绝大部分路段恰恰是河流所形成的天然通道，而茶马古道就正好是沿着这一通道行进的。所以，由石棺葬可以证明，以昌都为枢纽的茶马古道路线很早以来就是一条藏、川、滇三地原始居民进行沟通往来的重要通道。

　　青藏高原是世界上海拔最高、面积最大的高原，被称作"世界屋脊"或"地球第三极"，所以，茶马古道也是世界上海拔最高的文明古道。

　　正因为它是世界上海拔最高的道路，并且几乎横穿了整个青藏高原，所以其通行难度之大在世界上的各文明古道中当是首屈一指。

茶马古道所穿越的青藏高原东缘横断山脉地区是世界上地形最复杂和最独特的高山峡谷地区，故其崎岖险峻和通行之艰难亦为世人罕见。

茶马古道沿途皆高峰耸云、大河排空、崇山峻岭、河流湍急。据统计，经川藏茶道至拉萨，"全长2400多千米，所过驿站50多个，渡绳桥15座，渡铁桥10多座，翻越山脉七八十座。

清代人们对茶马古道之险峻崎岖有生动的描述，焦应旂的《藏程纪略》记载：

> 坚冰滑雪，万仞崇岗，如银光一片。俯首下视，神昏心悸，毛骨悚然，令人欲死。是诚有生未历之境，未尝之苦也。

第三极 世界上除了有北极、南极，还有第三极：世界的高极，即青藏高原。世界第三极海拔世界最高；气温与南北极同样寒冷；很多地方与南北极一样，渺无生命；温度日差大。青藏高原现有名胜古迹多被列入了各级文物保护范围，它是全人类的文化遗产。

459

汉藏通途

西部茶马古道

■ 茶马古道上的商人雕塑

张其勤的《炉藏道里最新考》记载，由打箭炉去拉萨，历时5个月，"行路之艰苦，实为生平所未经。"

杜昌丁等的《藏行纪程》记滇藏茶路说：

> 十二阑干为中甸要道，路止尺许，连折十二层而上，两骑相遇，则于山腰脊先避，俟过方行。高插天，俯视山，深沟万丈，绝险为生平未历。

茶道通行之艰难，可见一斑。

茶马古道沿线高寒地冻，氧气稀薄，气候变幻莫测。清代人们所记沿途"有瘴气""令人欲死"之现象，确实非常严重。茶马古道沿途气候更是所谓"一日有四季"，一日之中可同时经历大雪、冰雹、烈日和大风等，气温变化幅度极大。

■ 马夫雕塑

千百年来，茶叶正是在这样人背畜驮历尽千辛万苦而运往藏区各地。藏区民众中有一种说法，称茶叶翻过的山越多就越珍贵，此说法生动地反映藏区得茶之不易。如此漫长艰险的高原之路，使茶马古道堪称"世界上通行难度最大的道路"。

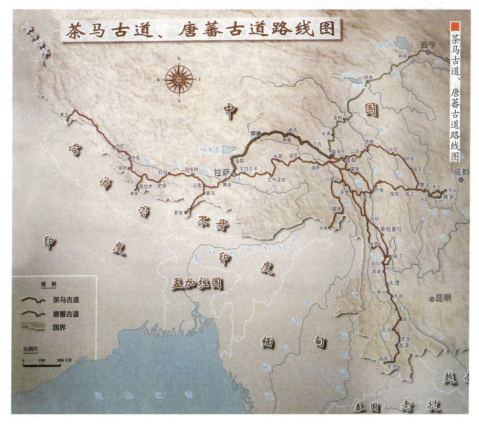

茶马古道、唐蕃古道路线图

　　我国是一个多民族国家。因此，我国的历史很大程度上也是多民族逐渐聚合在一起的历史。茶马古道所见证的，正是汉、藏乃至西南其他民族怎样逐渐聚合的历史过程。

　　汉族文明的特点是农业和儒教；藏族文明的特点则是畜牧业和藏传佛教，两者都有深厚的底蕴，但也有一些差异，而正是茶马古道，使两者在历史发展进程中紧密地联系在了一起！

　　藏族是一个在我国历史舞台上发挥过重要作用的民族，藏族之所以成为我国多民族大家庭中的一员，虽然由多种原因所促成，但可以肯定的是，这条连接汉、藏之间的茶马古道在其中发挥了非常重要的作用。

　　汉、藏之间在经济上的互补性和相互依存，是使其共同成为中华民族大家庭成员的一个重要原因。所以，茶马古道的意义显然并不仅止于历史上的茶、马交换，事实上它既是历史上汉、藏两大文明发生

■ 茶马古道遗址

交流融合的一个重要渠道，也是促成汉、藏两个民族进行沟通联系并在情感、心理上彼此亲近和靠拢的主要纽带。

这恰如我国藏族英雄史诗《格萨尔》中所言：

汉地的货物运到藏区，是我们这里不产这些东西吗？

不是的，不过是要把藏汉两地人民的心连在一起罢了。

《格萨尔》传唱千年的史诗，也叫《格萨尔王传》。主要流传于我国青藏高原的藏族、蒙古族、土族、裕固族、纳西族、普米族等民族中，以口耳相传的方式讲述了格萨尔王降临下界后降妖除魔、抑强扶弱、统一各部，最后回归天国的英雄业绩。

这是藏族民众对茶马古道和茶马贸易之本质的最透彻、最直白的理解。

所以，无论从历史与现实看，茶马古道都是汉、藏民族团结的象征和纽带。

另外，茶马古道所穿越的川滇西部及藏东地区是我国典型的横断山脉地区，也是南亚板块与东亚板块挤压所形成的极典型的地球皱褶地区。岷江、大渡河、雅砻江、金沙江、澜沧江、怒江6条大江分别自北向南、自西向东地从这里穿过，形成了世界上最独特的高山峡谷地貌。

沿着茶马古道一路走来，任何人都可以深刻地感受到一个现象，沿途的民居样式、衣着服饰、民情风俗、所说语言乃至房前屋后宗教信仰标志始终都像走马灯一样变化着，让人应接不暇。

对这种现象，当地谚语有一个形象的概括，叫"五里不同音，十里不同俗"。这种多元文化特点，使茶马古道成为一条极富魅力且多姿多彩的民族文化走廊。

茶马古道所途经的河谷地区大多是古代民族迁移流动的通道，许多古代先民在这里留下了他们的踪迹，许多原生形态的古代文化因素至今仍积淀和保留在当地的文化、语言、宗教和习俗中，同时也有许多历史之谜和解开这些历史之谜的线索蕴藏其中。

走马灯 又名马骑灯，是我国传统灯笼之一。灯笼内点上蜡烛后，蜡烛产生的热力造成气流，使得轮轴转动。轮轴上有剪纸，烛光将剪纸的影投射在屏上，图像便不断走动。因多在灯各个面上绘制古代武将骑马的图画，而灯转动时看起来好像几个人你追我赶一样，故名为走马灯。

阅读链接

千百年来，不仅是汉、藏之间，藏族与西南其他少数民族乃至藏族内部各族群之间的文化交流与传播均在茶马古道上默默地、不间断地进行着，这里既有民族文化的冲突与碰撞，也有各民族文化之间积极的互动、融合与同化。

事实上，正是这条东西横跨数千千米，穿越青藏高原众多不同民族、不同语言和不同文化地区的茶马古道，犹如一条彩带将这些不同的文化形态有机地串联起来，使他们既保持自己的特点，又彼此沟通联系并协同发展。

所以，茶马古道既是民族多元文化荟萃的走廊，又是各种民族文化进行交流、互动并各自保留其固有特点的一个极具魅力的地区。

茶马古道的繁荣和发展

　　从久远的唐代开始，历经岁月沧桑1000余年，茶马古道就像一条大走廊，连接着沿途各个民族，发展了当地经济，搞活了商品市场，促进了边贸地区农业、畜牧业的发展。

　　与此同时，沿途地区的艺术、宗教、风俗文化、意识形态也得到

■ 青藏线上的黎雅古镇

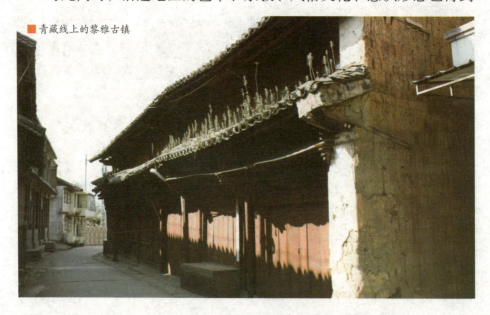

空前的繁荣和发展。

茶马古道是一条经济文化交流的道路，是一条民族团结的道路，更是维护祖国统一的纽带。它之所以蜚声海内外，因为其在历史上发挥了巨大的作用。

首先，茶马古道促进了西藏与祖国的统一，加强了西藏和内地的联系，促进了西藏与祖国的统一和藏汉人民唇齿相依、不可分离的亲密关系。

马队雕塑

通过这条古道，不仅使藏区人民获得了生活中不可或缺的茶和其他内地出产的物品，弥补了藏区所缺，满足了藏区人民所需。而且，茶马古道让长期处于比较封闭环境的藏区打开了门户，将藏区的各种土特产介绍给内地，形成了一种持久的互补互利的经济关系。

这种互补关系使藏汉民族形成了在经济上相依相成、互相离不开的格局。由此进一步推动了藏区与祖国的统一和藏、汉民族的团结，其中茶马古道发挥了最重要的作用。

其次，茶马古道带动了藏区社会经济的发展。沿着这条道路，伴随茶马贸易不仅大量内地的工农业产品被传入藏区，丰富了藏区的物资生活，而且内地的先进工艺、科技和能工巧匠也由此进入藏区，推动了藏区经济的发展。

例如，因茶叶运输的需要，内地的制革技术传入藏区，使藏区的

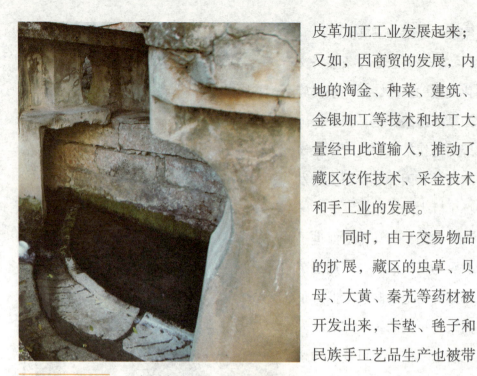

■ 茶马古道纳西族三眼井

皮革加工工业发展起来；又如，因商贸的发展，内地的淘金、种菜、建筑、金银加工等技术和技工大量经由此道输入，推动了藏区农作技术、采金技术和手工业的发展。

同时，由于交易物品的扩展，藏区的虫草、贝母、大黄、秦艽等药材被开发出来，卡垫、毪子和民族手工艺品生产也被带动起来，有了很大的发展。

据统计，宋代四川产茶，其中一半经由茶马古道运往了藏区。明代经由黎雅、碉门口岸交易的川茶占全川茶叶的80%以上。清代大批的藏区土特产也经由此路输出。

在这一贸易的带动下，藏区商业活动迅速兴起，出现了一批著名的藏商；出现了集客栈、商店、中介机构为一身的特殊经济机构锅庄。

康巴处于这条大道的中心，受这种环境的熏陶，最早改变了重农轻商的观念，养成了经商的习惯，康巴商人的精明能干，由此远近闻名。

另外，茶马古道上的许多交易市场和驮队、商旅的集散地、食宿点，在长期的商贸活动中，逐渐形成为居民居住的市镇，促进了藏区社会的城镇化发展。

虫草 又称冬虫夏草或冬虫草，冬天是虫，夏天就变成草。冬虫夏草是一种叫作蝙蝠蛾的动物，将虫卵产在地下，使其孵化成长得像蚕宝宝一般的幼虫。有一种孢子，会经过水而渗透到地下，专门找蝙蝠蛾的幼虫寄生，并吸收幼虫体的营养，而快速繁殖，称为虫草真菌。

如打箭炉在元代尚为荒凉的山沟，明代开碉门、岩州茶马道后，这里逐渐成为大渡河以西各驮队集散之地，清代开瓦斯沟路，建泸定桥，在其地设茶关后，迅速成为商业重镇。

于是，西藏和关外各地的驼队络绎不绝地来往于打箭炉，全国各地的商人在这里齐集，形成了以专业经营的茶叶帮，专营黄金、麝香的金香帮，专营布匹、哈达的邛布帮，专营药材的山药帮，专营绸缎、皮张的府货帮，专营菜食的干菜帮，以及专营鸦片、杂货的云南帮，等等。

于是，在茶马古道上就应运而生出现了48家锅庄、32家茶号以及数十家经营不同商品的商号，兴起了奉茶、制革、饮食、五金等新兴产业。民居、店铺、医院、学校、官署、街道纷纷建立，形成一座闻名中外的繁荣热闹的城镇。

在甘孜州境内，除打箭炉外，泸定也是历史上汉藏贸易的一个重镇，它包括今泸定岚安、化林坪和泸桥镇。

泸城镇的开发与繁荣则无不与汉藏贸易与泸定桥之建造有关，泸定县治，旧称泸定桥。海拔1.4千米，明代以前为"西番"村落，番名

■茶马古道骆驼队

■ 茶马古道上的古镇牌坊

岳钟琪 清朝名将。字东美，号容斋，1710年，34岁的岳钟琪随父入了川籍，由捐纳同知改武职，任松潘镇中军游击、副将，后擢四川提督、署川陕总督，以宁远大将军率军，1732年被罢官下狱，1737年得释，为四川提督，平大金川有功，封公爵。

"阿龙"，属杂道长官司管辖。清初从音译"安乐坝"，安乐坝其时与此河原相连。

昌都由于是川藏、滇藏、青藏3条茶马古道的交通枢纽和物资集散地，也随着茶马贸易的发展而成为康区重镇和汉藏贸易的又一中心。

茶马贸易的兴起，使大量藏区商旅、贡使有机会深入祖国内地；同时，也使大量的汉、回、蒙、纳西等民族商人、工匠、戍军进入藏区。在长期的交往中，增进了对彼此不同文化的了解和亲和感，形成了兼容并尊、相互融合的文化格局。

特别是在康定这一汉藏贸易的中心地，多元文化并存的现象十分突出。

进入清朝以来，入藏和来康的文人雅士、官吏逐渐增多，来到康区，因事因景而感发抒怀之诗词、文章、著作渐增，并流行于世。

例如，姚莹的《康辅纪行》、岳钟琪的《泸定桥诗》、刘赞廷的《懒兵诗》，康定头道水"小天都"瀑布的摩崖石刻、和宁等人的《咏小天都瀑布》等诗都脍炙人口。

此外，康定地名和泸定桥来历的传说中，既有汉族的传说故事，也有藏族的传说故事，两种传说依然在民间流传，而无厚此薄彼之非议。

历史已经证明，茶马古道原本就是一条人文精神的超越之路。马帮每次踏上征程，就是一次生与死的体验之旅。茶马古道的艰险超乎寻常，然而沿途壮丽的自然景观却可以激发人潜在的勇气、力量和忍耐，使人的灵魂得到升华，从而衬托出人生的真义和伟大。

不仅如此，藏传佛教在茶马古道上的广泛传播，还进一步促进了滇西北纳西族、白族、藏族等各兄弟民族之间的经济往来和文化交流，增进了民族间的团结和友谊。

沿途，一些虔诚的艺术家在路边的岩石和嘛呢堆绘制、雕刻了大量的佛陀、菩萨和高僧，还有神灵的动物、海螺、日月星辰等各种形

■ 古代马帮雕塑

象。或粗糙或精美的艺术造型为古道漫长的旅途增添了一种精神上的神圣和庄严，也为遥远的地平线增添了几分神秘的色彩。

川藏茶马古道文化在四川从川古的邛崃一直延伸到金沙江畔，其中康定、泸定成为茶马古道文化的核心区，汉、藏文化的交汇点。

在茶马古道上的许多城镇中，藏族与汉、回等外来民族亲密和睦，不但令藏文化与汉文化、伊斯兰文化、纳西文化等不同文化并行不悖，而且在某些方面互相吸收，出现复合、交融的情况。

例如在康定、巴塘、甘孜、松潘、昌都等地，既有金碧辉煌的喇嘛寺，也有关帝庙、川主宫、土地祠等汉文化的建筑，有的地方还有清真寺、道观。各地来的商人还在城里建立起秦晋会馆、湖广会馆、川北会馆等组织，将川剧、秦腔、京剧等戏剧传入藏区。

文化的和谐又促进了血缘的亲和，汉藏联姻的家庭在这里大量出现，民族团结之花盛开在茶马古道之上。

阅读链接

风靡海内外的歌曲《康定情歌》就是多元文化交融并存的结果。这首歌的雏形来自康定三道桥民间，属于流行于康定的许多民歌中的一首歌曲。在这首歌曲中，人们既能感受到藏族民歌的韵味，又能体察到汉族民歌的影子，集中地体现了多元文化交融升华的产物。

一首《康定情歌》和一座泸定桥使康定和泸定两座城市成为无人不知，无人不晓的历史名城，成为甘孜州人文旅游资源最闪亮的品牌。

著名国画大师张大千、吴作人，都曾到过茶马古道上的康定采风作画；著名民族学家，历史地理学家任乃强先生在康区多年，为后世留下了不少著作；川剧表演艺术家陈书舫、舞蹈家戴爱莲等曾在康定表演……这种文化现象不仅成为康巴文化的重要组成部分，而且光点越发明亮。